Hans Mayer
Versuche über die Oper

Suhrkamp

edition suhrkamp 1050
Neue Folge Band 50
© Suhrkamp Verlag, Frankfurt am Main 1981.
Erstausgabe.
Alle Rechte vorbehalten, insbesondere das der Übersetzung,
des öffentlichen Vortrags
sowie der Übertragung durch Rundfunk und Fernsehen,
auch einzelner Teile.
© des Photos von Hans Mayer: Alexander Beck
Satz: Mühlberger, Augsburg
Druck: Nomos Verlagsgesellschaft, Baden-Baden
Umschlagentwurf: Willy Fleckhaus
Printed in Germany.

Inhalt

Anhang

»Cosi fan tutte«
und die Endzeit des Ancien Régime

Am 26. Mai des Jahres 1789, wenige Wochen nach Zusammentritt der französischen Generalstände in Paris, erscheint der durch Vermittlung Goethes zum Professor für Geschichte an der Universität Jena ernannte Schriftsteller Friedrich Schiller im überfüllten Hörsaal, um seine Einführungsvorlesung zu halten. Als Thema wählte er sich den Fragesatz: »Was heißt und zu welchem Ende studiert man Universalgeschichte?«

Am 14. Juli des Jahres 1789 marschiert das Volk von Paris vom Palais-Royal durch den Faubourg St. Antoine nach Osten, zum Stadtgefängnis der Bastille. Das Bollwerk einer willkürlichen Verhaftungspraxis wurde zerstört und demoliert. Es gab nicht mehr viele Gefangene zu befreien. Eine läßliche Praxis des unsicher gewordenen Absolutismus hatte den Terror bürokratisiert und dadurch gemildert. In der Nacht zum 5. August beschlossen die Repräsentanten der drei Stände im französischen Volk (Adel, Geistlichkeit und Bürgerstand) die Abschaffung aller Privilegien. Von nun an sollte die bürgerliche Gleichheit herrschen.

Am 29. Dezember dieses Jahres 1789 lud Mozart in Wien seine Logenbrüder Puchberg und Haydn zu einer »kleinen Opernprobe« in seine Wohnung. Es handelte sich um eine Probe zu »Cosi fan tutte«. Die Premiere fand am 26. Januar in der Kaiserlichen Oper statt: mit großem Erfolg. Dann starb Joseph II. im Februar. Die Aufführungen der Opera buffa mußten abgebrochen werden, allein nach Ablauf der Trauerzeit kam das Werk wieder auf den Spielplan: nach wie vor mit dauerhafter Wirkung.

Man wird zu fragen haben, ob sich zwischen diesen so heterogenen Ereignissen des Jahres 1789 ein innerer Zusammenhang herstellen läßt. Gleichzeitigkeit pflegt die Aleatorik nicht auszuschließen. Von der zufälligen Koinzidenz aber sind die Gleichzeitigkeiten zu trennen. Auch bei »Gleichzeitigkeit« im Sinne der Geschichtsphilosophie wird man im Sinne von Henri Bergson zwischen »Temps« und »Durée« unterscheiden müssen: zwischen der nach dem Uhrzeiger ablaufenden Zeit und der »Dauer«. Diese Durée jedoch hat mehr zu bedeuten als bloße, rein subjektiv bestimmte Erwartungszeit. Bergsons berühmtes Beispiel ist das Glas mit Zuckerwasser. Der Durstige hat Zucker ins Glas mit Wasser geschüttet und wartet darauf, daß sich der Zucker auflöse. Die Ungeduld des Durstigen wird, als Dauer, mit der objektiv ablaufenden Zeit konfrontiert.

Auch der historische Kalender präsentiert immer wieder den Kontrast zwischen bloßer, chronologischer Gleichzeitigkeit und einer »Dauer«, welche zwischen den scheinbar disparaten und unvergleichbaren Vorgängen innerhalb eines eng umgrenzten geschichtlichen Ablaufs die Zusammengehörigkeit herzustellen sucht: sei es im Sinne einer Übereinstimmung und Konkordanz, sei es auch im Sinne entschiedener Ungleichzeitigkeit.

Endzeiten, vor allem die einer geschichtlichen Katastrophe voraufgingen, sind häufig gekennzeichnet durch solchen Kontrast zwischen Zeit und Dauer, Chronologie und geistiger Zusammengehörigkeit. Zu unterscheiden ist die geschichtliche Anfälligkeit einer Gesellschaft von den geistigen oder künstlerischen Leistungen, die während einer solchen geschichtlichen Agonie zustande kommen. Dann kontrastiert der geistige Überbau einer Gesellschaft im engeren Sinne, wo Dekadenz des gesellschaftlichen Seins im dekadenten Bewußtsein ihren Widerschein findet, mit der künstlerischen oder intellektuellen Vorwegnahme eines Künftigen. Dem Widerschein des Untergangs antwortet *zur gleichen Zeit* die Antizipation eines Neuen, also ein »Vorschein« im Sinne von Ernst Bloch.

Gleichzeitigkeit und Ungleichzeitigkeit im Jahre 1789

Die Zusammenschau der Jenenser Antrittsvorlesung Friedrich Schillers mit dem Ereignis des Bastillesturms und der Verkündung von Menschen- und Bürgerrechten ist als solche der geschichtlichen Gleichzeitigkeit zu verstehen. Zeit und Dauer fallen zusammen. In einem Brief an Christian Gottfried Körner nach Dresden hat Schiller über die Umstände seiner ersten akademischen Vorlesung berichtet. Ein Hörsaal war ausgewählt worden für etwa hundert Zuhörer; er ist sogleich überfüllt, man muß in das größte Auditorium umziehen. Der Zug der Studenten bewegt sich durch die Straßen Jenas. Das Gerücht kommt auf, es sei Feueralarm gegeben worden; am Schloß kam die Wache in Bewegung, aber dann heißt es: »Der neue Professor wird lesen.« Schiller wird sehr gefeiert, bekommt am Abend ein Ständchen, am 27. Mai wiederholt er die Rede noch einmal: abermals vor vollbesetztem Saal. Es handelte sich nicht nur, wie damals Wohlmeinende etwas verärgert angenommen hatten, um die Sensation eines Augenblicks, wo man herbeieilte, um den skandalösen Dramatiker der »Räuber« nunmehr auf dem akademischen Katheder zu bestaunen.[1]

Beziehungen waren unschwer herzustellen zwischen der objektiven Endzeit in jenem Frühjahr des Jahres 1789 und den Antizipationen in Schillers Perspektive einer Beschäftigung mit der Universalgeschichte. Folgt man den Schlußgedanken dieser programmatischen Vorlesung, die so entschieden zwischen dem kleinen Karrierismus des Brotstudenten und den geschichtlichen Spekulationen eines »philosophischen Kopfes« zu unterscheiden weiß, so stellt sich leicht die Verbindung her mit den Pariser Ereignissen des Sommers 1789. Bereits bei Schiller findet sich die Verurteilung einer Endzeit zugleich mit dem Bekenntnis zur Geschichte als einer Historie der permanenten Aufklärung: »Der Mensch verwandelt sich und flieht von der Bühne; seine Meinungen fliehen und verwandeln sich mit ihm: die Geschichte allein bleibt unausgesetzt auf dem Schauplatz, eine unsterbliche Bürgerin aller Nationen und Zeiten. Wie der homerische Zeus sieht sie mit gleich heiterm Blicke auf die blutigen Arbeiten des Kriegs und auf die friedlichen Völker herab, die sich von der Milch ihrer Herden schuldlos ernähren.«[2]

Schiller konnte an jenem 26. Mai 1789 nicht ahnen, wie nahe bereits die Endzeit herangekommen war, allein das Verhalten der Geschichte vor solchen Endzeiten ist ihm durchaus bewußt: »Kein falscher Schimmer wird sie blenden, kein Vorurteil der Zeit sie dahinreißen, denn sie erlebt das letzte Schicksal aller Dinge. Alles, was aufhört, hat für sie gleich kurz gedauert: sie hält den verdienten Olivenkranz frisch und zerbricht den Obelisken, den die Eitelkeit türmte. Indem sie das feine Getriebe auseinander legt, wodurch die stille Hand der Natur schon seit dem Anfang der Welt die Kräfte des Menschen planvoll entwickelt, und mit Genauigkeit andeutet, was in jedem Zeitraume für diesen großen Naturplan gewonnen worden ist; so stellt sie den wahren Maßstab für Glückseligkeit und Verdienst wieder her, den der herrschende Wahn in jedem Jahrhundert anders verfälschte. Sie heilt uns von der übertriebenen Bewunderung des Altertums und von der kindischen Sehnsucht nach vergangenen Zeiten; und indem sie uns auf unsre eigenen Besitzungen aufmerksam macht, läßt sie uns die gepriesenen goldenen Zeiten Alexanders und Augusts nicht zurückwünschen.«[3]

Der Schluß dieser Rede ist natürlich eine Exhortation im Sinne der rhetorischen Überlieferung; allein er ist in weit höherem Maße zugleich eine Bestimmung der Perspektive. Die jedoch wird nicht von der Endzeit her gesehen, sondern vom geschichtlich und gesellschaftlich Neuen, das Schiller nicht konkret anzugeben vermag, und dem er sich auch, wie bekannt, sogleich entzog, als es in Form einer verstörenden Realität auftrat. Der junge Professor aber hatte es mitgewollt in seinem Redetext: »Unser menschliches Jahrhundert herbeizuführen, haben sich – ohne es zu wissen oder zu erzielen – alle vorhergehenden Zeitalter angestrengt. Unser sind alle Schätze, welche Fleiß und Genie, Vernunft und Erfahrung im langen Alter der Welt endlich heimgebracht haben. Aus der Geschichte erst werden Sie lernen, einen Wert auf die Güter zu legen, deren Gewohnheit und unangefochtener Besitz so gern unsre Dankbarkeit rauben: kostbare teure Güter, an denen das Blut der Besten und Edelsten klebt, die durch die schwere Arbeit so vieler Generationen haben errungen werden müssen! Und welcher unter Ihnen, bei dem sich ein heller Geist mit einem empfindenden Herzen gattet, könnte dieser hohen Verpflichtung eingedenk sein, ohne daß sich ein stiller Wunsch in ihm regte, an das kommende Geschlecht die Schuld zu entrichten, die er dem vergangenen nicht mehr abtragen kann?«[4]

Vision und Spekulation hatten Schiller sehr weit vorgetrieben. Eine Gleichzeitigkeit wurde hergestellt, die der Professor in Jena auch noch während der ersten Ereignisse, die aus Paris berichtet wurden, mitzuvollziehen und zu sanktionieren gewillt war. In Jena selbst übrigens hatte sich die Zukunftsvision bald im akademischen Alltag verflüchtigt. Zurückgeblieben war deutsche Misere. Schiller hatte einen Titel und Anspruch auf Hörergebühren, doch kein Gehalt. Deshalb befürwortete Goethe in Weimar die Berufung des damals noch ungeliebten Mannes, weil sich damit eine »Akquisition ohne Aufwand« für das Herzogtum einrichten ließ. Im zweiten akademischen Semester zu

Jena hatten sich, als Folge von Ungeschicklichkeiten und Mißverständnissen, nur dreißig Hörer eingefunden, von denen bloß zehn die Kolleggelder entrichteten. Bereits am Ende dieses Jahres 1789 empfindet Schiller sein Lehramt als Belastung. Die Antrittsvorlesung über Perspektive und Funktion eines Studiums der Weltgeschichte paßte als Gleichzeitigkeit in eine Epoche, die Weltgeschichte im höchsten Verstande bedeuten sollte: als Endzeit und Anfang in einem.

Das zeitliche Zusammenspiel hingegen zwischen Bastillesturm, Abschaffung der Privilegien, Proklamierung von Bürger- und Menschenrechten in Frankreich – und der Bühnenpremiere einer Opera buffa aus der Feder von Lorenzo da Ponte und W. A. Mozart müßte – obenhin betrachtet – als Gleichzeitigkeit des Zufalls am Ende dieses Jahres 1789 registriert werden. Allein just die Verkennung und lange Zeit geradezu bösartige Verdammung der Oper »Cosi fan tutte« spricht gegen eine solche Aleatorik. Auch »Cosi fan tutte« hat mit der Endzeit des Ancien Régime und mit den Ereignissen des Jahres 1789 zu tun. Dies letzte Gemeinschaftswerk von da Ponte und Mozart blieb singulär. Der Mozartforscher Alfred Einstein bezeichnete das Libretto da Pontes als dessen Meisterwerk.[5] Für den »Figaro« hatte es ein Schauspielmodell von Beaumarchais gegeben, für den »Don Giovanni« eine dramatische Bühnentradition. Hingegen wurde das Spiel der drei Frauen und drei Männer in »Cosi fan tutte« voller Originalität entworfen. Das Ergebnis sei, meint Alfred Einstein, ein Zustand der ästhetischen Zufriedenheit: wie bei einer glanzvoll durchgeführten Schachpartie.

Andererseits hat sich das bürgerliche 19. Jahrhundert über das unmoralische Libretto entrüstet und es dem Tonsetzer nahezu als Lüsternheit ausgelegt, daß er sich dazu herbeiließ, diese elegante Zote zu komponieren. Beethoven betonte, einen Text solcher Art zu komponieren, wäre für ihn unmöglich gewesen, was man aufs Wort glauben darf. Richard Wagner ging weiter und behauptete, es gereiche Mozart zur Ehre, daß ihm die Musik zu einem höfischen Auftragswerk wie dem »Titus« schwächer ausgefallen sei als jene zum »Don Giovanni«, und die Musik zu »Cosi fan tutte« – erfreulicherweise! – weit schwächer als zum »Figaro«. Womit Wagner sagen will: eine bessere Musik zu »Cosi fan tutte« wäre bei solchem Libretto von Übel gewesen: »Wie schamlos würde es die Musik entehrt haben!« schreibt der Komponist der Venusbergmusik aus dem »Tannhäuser«.

Der Irrweg der Oper durch das Viktorianische Europa im 19. Jahrhundert ist reich an Zügen der Groteske. Der Mozartforscher Otto Jahn war um Beispiele nicht verlegen; allein auch er selbst mißdeutete das rätselhafte Spätwerk Mozarts, wenn er die spezifische Originalität einer Musik, welche keineswegs schwächer ist, wie Wagner behauptet hatte, als die Partitur von »Figaros Hochzeit«, als dramaturgischen und künstlerischen Mangel ankreidete: die verwirrende Fähigkeit dieser Musik nämlich, immer wieder von der Lüge in die Akzentuierung wahren Gefühls auszuweichen. Weshalb Jahn und Ulibischew nicht daran glauben, daß Dorabella den als Exoten verkleideten Guglielmo und Fiordiligi den ebenso verkleideten Ferrando wirklich »lieben« können. Wenngleich die Musik für diesen Sachverhalt spricht, der freilich eine Konstellation der Untreue bedeutet und damit – im Sinne des bürgerlichen Familienrechts – der weiblichen Unmoral.

Es gab eine deutsche Bearbeitung von »Cosi fan tutte« unter dem pastoralen Titel »Liebe und Versuchung«. Der Dresdner Bariton Scheidemantel kam auf die absurde Idee, das Libretto da Pontes schlechthin zu beseitigen und Mozarts Musik zum Libretto der »Dame Kobold« von Calderón spielen zu lassen. Es gehört zu den vielen Hellsichten und erfreulichen Erkenntnissen in Ernst Lerts Buch »Mo-

zart auf dem Theater« von 1921, wenn er den inneren Zusammenhang von Mozart und da Ponte gegenüber allen
prüden Bearbeitern folgendermaßen interpretiert: »Am
glücklichsten fand noch Devrients Bearbeitung die Feigen-
blätter für Mozarts Stück, welche Bearbeitung die allen
sicher besitzenden Eheherren so erschreckliche Wahrheit,
daß es necessità del cuore, eine Herzensnot der Frauen,
bilde, Sinnesgeschöpfe des Augenblicks zu sein, der Pasto-
renmoral zu dienen, in einem sehr ehrbaren Streich ver-
ballhornt, den zwei bräutliche Lustspielbackfische ihren
eifersüchtigen Ehekünftigen spielen. Was aber – beim
Eros! – hat die Birch-Pfeiffer in Mozarts Partitur wieder-
zukäuen? Nur damit unsere ehelichen Gatten den ruhigen
Schlaf des befriedigten Alleinbesitzers schnarchen dürfen,
soll der freie Mimus Mozarts kastriert werden?«[6]
Wie ist jenseits von Prüderie, Mißverstehen und Heuchelei diese Konfrontation einer ursprünglich so erfolgreichen
Oper mit der Nachwelt, mehr als ein Jahrhundert lang, zu
erklären? Man wird auf jene Zusammenhänge vom Jahre
1789 zurückgehen müssen. »Cosi fan tutte« ist ein Werk,
dessen Premiere zwar ein halbes Jahr nach Erstürmung der
Bastille stattfand, das aber in höchst vermittelter und be-
drohlicher Weise zur Epoche gehört, die mit dem 14. Juli
1789 abgeschlossen wurde. Mozarts Oper von Lüge und
Wahrheit, Treue und Untreue, Ambivalenz der Gefühle
wie der Moralbegriffe gehört zum Ausklang der Rokoko-
Gesellschaft. Sie antizipiert in Wahrheit das Ende der Feudalwelt, weil sie, in aller C-Dur-Herrlichkeit, vollkommen
hoffnungslos zu Ende geht. Dies ist eine Opera buffa, bei
welcher das Lachen vergeht.

Endzeitbewußtsein im Ancien Régime

Man hat sich merkwürdigerweise die Frage kaum gestellt, ob die europäische Literatur und Dramatik des letzten Jahrzehnts vor Ausbruch der Französischen Revolution, die Epoche also zwischen 1780 und 1789, dafür Anzeichen bietet, daß die Zeitgenossen insgeheim *im Bewußtsein lebten, einer gesellschaftlichen Endzeit anzugehören.* Bildende Kunst verklärte und ironisierte in einem den Verfall der etablierten Moral und Gefühlswelt. Im verbürgerlichten England hatte William Hogarth immer wieder eine Welt der Libertinage und Verführung beschworen, die mit Mitteln der Satire jenen selben Tatbestand evozierte, den Mozart und da Ponte mit den Kunstmitteln der Elegie behandelt hatten. Der Germanist Wolfdietrich Rasch hat in seinen »Annalen der deutschen Literatur« behauptet, in der deutschen Literatur beweise die Vielfalt von Publikationen in den achtziger Jahren eine erstaunliche Vielfalt der Kultur. Er stellte den von Goethe entrüstet abgelehnten, damals erschienenen Roman »Ardinghello« von Wilhelm Heinse neben Goethes »Iphigenie auf Tauris«, die »Kritik der reinen Vernunft« neben Mozarts »Don Giovanni«.[7]

Allein das ist eine Pedanterie der Erscheinungsdaten, die möglicherweise von Vielfalt kündet, doch nicht von einer treibenden geistigen Bewegung in jenem letzten Jahrzehnt des Ancien Régime. Anders sieht es aus, wenn man den Roman »Ardinghello«, diese Utopie des irdischen und moralfreien Eudämonismus, mit Goethes »Torquato Tasso« zusammenstellt. Wenn man erinnert, daß der Roman »Anton Reiser« von Karl Philipp Moritz mit dem Untertitel »Ein psychologischer Roman« erschien, und wenn man »Cosi fan tutte« einbezieht in jene singulären Produktionen der achtziger Jahre. Zu schweigen von dem in Frankreich im Jahre 1782 erschienenen Roman »Les liaisons dangereuses« von Choderlos de Laclos.

Worin besteht die Gemeinsamkeit solcher Werke eines Ausklangs der Feudalwelt? Man kann sie als Vorgang einer *Erotisierung und Ästhetisierung des Lebens* interpretieren. Die »glücklichen Inseln« der erotischen Freizügigkeit bei Wilhelm Heinse und die Formalisierung der Lebensformen im »Torquato Tasso«, wo erlaubt ist, was sich ziemt, und wo sich ziemt, was die feudale Hierarchie rechtfertigt, gehören zusammen. Die Theaterwelt im »Anton Reiser« und die bewußt von Mozart und da Ponte erdachte *Theaterwirklichkeit* von »Cosi fan tutte« ergänzen einander als Situationsanalyse. Das Ancien Régime ist nicht unmoralisch im Sinne von Vorstellungen der bürgerlichen Tugend, weil Unmoral immer noch eine Bejahung der Moral voraussetzt. Die Welt des Ancien Régime hingegen lebte als Immoralismus. Erotischer Genuß und ästhetische Formvollendung sind an die Stelle einer Lebensperspektive getreten. Moralität ist nicht denkbar ohne Finalität. Das Ancien Régime besaß kein Ziel mehr, nur noch den Genuß. Man lebte in einer ewigen Gegenwart ohne Zukunft.

Ästhetisierung der Existenz in einer gesellschaftlichen Endzeit

Es gibt einen merkwürdigen Aufsatz *Friedrich Nietzsches* vom Jahre 1873, der in den Zusammenhang der »Unzeitgemäßen Betrachtungen« gehört. Unter dem Titel »Über Wahrheit und Lüge im außermoralischen Sinn« reflektierte der damalige Schopenhauerianer und Noch-Wagnerianer über das Denken einer Endzeit, worin Glaubensinhalte von einst zu rituellen Übungen und Konventionen degenerierten! Nietzsche formuliert in Kenntnis bürgerlicher Konventionen: »Wir wissen immer noch nicht, woher der

Trieb zur Wahrheit stammt: denn bis jetzt haben wir nur von der Verpflichtung gehört, die die Gesellschaft, um zu existieren, stellt: wahrhaft zu sein, das heißt, die usuellen Metaphern zu brauchen, also moralisch ausgedrückt: von der Verpflichtung, nach einer festen Konvention zu lügen, herdenweise in einem für alle verbindlichen Stile zu lügen.«[8]

Diese Welt aber, worin es keine Unterscheidungskriterien mehr gibt zwischen Lüge und Wahrheit, wohl auch zwischen echten und falschen Gefühlen, hinterläßt, wie Nietzsche scharfsinnig erkannt hat, eine geistige Leere. Geblieben ist, was der Philosoph als »Residuum einer Metapher« definiert: die Identität des Menschen ist gestört. Gelangte er zum Bewußtsein dieses Vakuums, »so wäre es sofort mit seinem ›Selbstbewußtsein‹ vorbei«. Wer in solcher Leere zu leben gezwungen ist, muß folglich den Alltag wie den Festtag seines Daseins als Konvention und Ritual konzipieren: als »Metapher«. Die Metapher aber, das Ritual, das Fest und die festliche Konvention: sie alle gehören im weitesten Verstande zur ästhetischen Sphäre. Nietzsche formulierte vorsichtig, wenn er vom »außermoralischen Sinn« gesprochen hatte, allein das war bloß eine negative Abgrenzung. Positiv gesehen handelte es sich, im Gegensatz zu einer (möglichen) moralischen Existenz, um die ästhetische Daseinsentwicklung. Ästhetische Existenz aber ist undenkbar ohne die mehr oder weniger totale *Erotisierung des Daseins*. Nicht zufällig gipfelt bei *Sören Kierkegaard* in seinem Buch »Entweder – Oder« die Darstellung einer nichts als ästhetischen Existenz in der umfassenden Analyse des Donjuanismus und des »Don Giovanni« von Mozart.

Friedrich Nietzsches Hellsicht hatte früh bereits die Ästhetisierung und Erotisierung des bürgerlichen Lebens vorausgesehen. Auch die bürgerliche Welt nämlich, die als moralische Antithese am Ausgang des Ancien Régime der ästhetisch-erotischen Lebensform des Feudalismus opponiert hatte, war im Laufe des 19. Jahrhunderts ihrerseits formalisiert und schließlich ästhetisiert worden. Die moralischen Postulate der bürgerlichen Aufklärung und der Französischen Revolution verloren ihren Sinn. Im Zeitalter Friedrich Nietzsches waren sie bereits zur Metapher degradiert. Im deutschen Sturm und Drang opponierten jeweils die bürgerlichen Moralisten gegen Frivolität und Libertinage der Aristokraten und ihrer Parasiten: durch Beaumarchais gegen Clavigo, durch den Pastor Moser als Gegenspieler eines Franz Moor. In der Französischen Revolution verlangten die Jakobiner unter Führung von Robespierre, man müsse »die Tugend auf die Tagesordnung setzen«, und noch bei Büchner in »Dantons Tod« wirft der bürgerliche Moralist Robespierre seinem Gegenspieler Danton vor, den er des geheimen Aristokratismus zeihen will: »Danton, das Laster ist zu gewissen Zeiten Hochverrat.«

In seiner Analyse der moralischen Existenz, die er mit dem bloß ästhetischen Dasein konfrontiert, wählt sich Kierkegaard die Beispiele einer geopferten Moralität ausschließlich im Bereich der späten Rokoko-Welt: bei Goethe und Mozart. Sie alle sind Opfer einer herrenhaften Libertinage: Marie Beaumarchais aus dem »Clavigo«; das kleinbürgerliche Gretchen; die Bürgersfrau Donna Elvira aus Burgos. Dem Entweder des Don Giovanni stellt Kierkegaard das Oder der Donna Elvira gegenüber.

Les liaisons dangereuses
(Choderlos de Laclos)

Fast 110 Jahre liegen zwischen Nietzsches Betrachtung über Wahrheit und Lüge im außermoralischen Sinn und dem Roman »Les liaisons dangereuses« von Choderlos de

Laclos, der in einer Auflage von 2000 Stück zuerst im März 1782 herauskam und sogleich von einer faszinierten und verwirrten Leserschar verschlungen wurde, so daß noch im Erscheinungsjahr eine zweite Auflage nötig wurde. Auch die Königin Marie-Antoinette las das Buch, das auf weite Strecken hin alle Möglichkeiten auch ihrer eigenen weiblichen Existenz zu streifen schien. Die Tochter der Maria Theresia war jedoch auf der Hut. Der Roman von Laclos wurde zwar eingebunden gleich anderen Büchern der königlichen Bibliothek, allein er wurde nicht als Bestandteil dieser offiziellen Bücherei registriert.[9]

Auch die »Gefährlichen Liebschaften« gehören, gleich dem »Ardinghello« von Wilhelm Heinse und der Oper »Cosi fan tutte«, zu den skandalösen Erzeugnissen dieses ausgehenden Ancien Régime in Europa. Ein Jahrhundert lang wurde der Roman von Laclos immer wieder verboten, verbrannt, verurteilt. Nicht bloß in den Jahren 1823/24, als sich bourbonische Restauration in Frankreich um eine bigotte Moralität mühte: ohne viel Erfolg, wie sich zeigen sollte. Noch am 3. Dezember 1865 kam es zu einer gerichtlichen Verurteilung des angeblich obszönen Literaturwerks. Als Groteske nimmt sich dies Verdikt aus innerhalb einer damaligen Umwelt des genießenden, erotisierten Zweiten Kaiserreichs eines Dritten Napoleon. Es war nicht nur Heuchelei dabei im Spiel. Noch die Brüder Edmond und Jules de Goncourt bezeichnen in ihren Tagebüchern die »Liaisons dangereuses« als ein »livre admirable et exécrable«. Gleichzeitig glaubten die Goncourts jedoch den Verfasser als Reformator der Sitten und Ankläger der Unsittlichkeit zu verstehen.

Seltsamerweise sieht auch *Heinrich Mann* in seinem berühmten Essay über Choderlos de Laclos, den er der eigenen Übersetzung der »Schlimmen Liebschaften« voranstellte, in Laclos einen Moralisten und bürgerlichen Aufklärer, keineswegs einen Ausläufer der aristokratischen Libertinage: »Hier ist 18. Jahrhundert: ein Geist, ein Schwert und der stürmische Umbau einer Gesellschaft«, so beginnt Heinrich Mann die Analyse des Romans und die Charakterisierung des Romanverfassers. Ausdrücklich nimmt er den Verfasser dieses Romans gegen seine moralisch suspekten Bewunderer in Schutz. »Er wollte versittlichen, und sie sind Immoralisten.«[10]

Allein der großherzige Versuch, ein Meisterwerk der gesellschaftlichen Endzeit als Widerstandsliteratur und Vorwegnahme des bürgerlich-revolutionären Moralismus zu deuten, muß scheitern, wenn man Laclos ernstnimmt, und vor allem die wichtigsten Gestalten seines Romans: die Merteuil und Valmont.

Choderlos de Laclos, vom Jahrgang 1741, entstammte einer spät erst geadelten Familie. Er wurde Soldat, Artillerist, war Garnisonsoffizier in Toul, Straßburg, Grenoble und Besançon. Es ist jene Welt der französischen Garnisonen gegen Ende des Ancien Régime, die sich auch Jakob Michael Reinhold Lenz für sein Schauspiel »Die Soldaten« ausgesucht hat, dessen Schauplatz im »französischen Flandern« zu suchen sei. Der Ortsklatsch, später die philologische Forschung haben eruiert, daß man wohl die Stadt Grenoble als Schauplatz jener Romanepisoden anzusehen hat, die sich mit der »Präsidentin« beschäftigen.

Laclos wird Major im Jahre 1780, er war offensichtlich ein guter Soldat, Spezialist des Festungsbaus. Geschrieben hatte er zur Zerstreuung für Musenalmanache, auch Libretti zu Opern, die regelmäßig durchfielen. Im September 1781 erbat er sich einen Urlaub von sechs Monaten, um ein Buch zu schreiben. Damals entstanden die »Liaisons dangereuses«. Der Skandalerfolg des Romans hat dem Offizier geschadet, er mußte ins Regiment zurück und wurde von nun an schlecht behandelt. Im Jahre 1788 trat er in den Dienst des Herzogs von Orléans, des Vetters und Gegenspielers von König Ludwig XVI. Laclos hat offensichtlich für den Herzog die politische Korrespondenz geführt. Bei Ausbruch der Revolution wurde er Jakobiner, gab mit dem Geld seines Protektors seit Oktober 1790 ein »Journal des Amis de la Constitution« heraus, allein man duldete ihn nicht lange in der Redaktion. Laclos hegte die Hoffnung, sein Herzog von Orléans könne zum neuen König gewählt werden, weshalb der einstige Offizier und jetzige Politiker den Jakobinerklub im Juli 1791 verließ. Aber Orléans wird ganz sicher nicht König, was Laclos seit der Verhaftung des Königspaars und dem Sturm auf die Tuilerien im Spätsommer 1792 erkennen muß. Im Oktober 1792 verläßt er die Partei des Herzogs, macht sich zum Republikaner und kehrt zum Militär zurück. Als der Herzog von Orléans verhaftet und später hingerichtet wird, muß auch Laclos ins Gefängnis. Man läßt ihn wieder frei, sperrt ihn von neuem ein. Erst nach dem Sturz Robespierres und durch die Intervention von Barras, einem Mitglied des Directoire, wird der tüchtige Soldat wieder befreit, befördert und im Dezember 1799 zum Infanteriegeneral ernannt. Ein Jahr später versetzt ihn Bonaparte, der nunmehrige Konsul, als Fachmann zurück zur Artillerie. Laclos befehligt am Rhein und in Italien, wo er mit dem napoleonischen Leutnant Henri Beyle zusammentraf: also mit Stendhal. Am 5. September 1803 geht dies Leben in Tarent zu Ende.

Heinrich Mann urteilt so über den Autor und seinen Roman: »Ihr Dichter war ein Soldat der Revolution. Er war es als General bei der Rheinarmee und der in Italien; und er war es in seinem Buch. Es erschien 1772, (?H. M.) noch drei Jahre vor ›Figaros Hochzeit‹, und es ist als Parteischrift gemeint. Valmont und die Merteuil bedeuten die Verkommenheit des Adels; als dritte Hauptfigur vertritt die von den beiden Verbrechern zu Tod gequälte Präsidentin Tugend und Frömmigkeit des Bürgertums. Ohne Willen Laclos' schillert aber sie erst recht von Zersetzung. Unredliche Sinnlichkeit blinkt in ihren tränenden Augenaufschlägen. Sie ist eine Zeitgenossin der Sünderinnen des Greuze...«[11]

Der Lebenslauf dieses kleinadligen Choderlos de Laclos mitsamt den Etappen seiner opportunistischen Laufbahn widerspricht jedoch, wenn man die Dokumente betrachtet, die Heinrich Mann damals nicht zur Verfügung standen, der These vom tugendhaften Bürgergeneral der Revolution. Auch sind die »Schlimmen Liebschaften« durchaus kein Briefroman, den man unbedenklich aus der allzu offensichtlichen Antithese von aristokratischer Abscheulichkeit und bürgerlicher Tugend interpretieren könnte. Die bürgerliche Tugend der Präsidentin ist Heinrich Mann nicht ohne Grund etwas verdächtig. Solche Ambivalenz aus Innerlichkeit und Sinnlichkeit mußte einem Romancier wie Heinrich Mann mißfallen. Andererseits scheint dieser bedeutende Interpret eines bedeutenden Buches das Motto des Romans von Laclos ernstgenommen zu haben. Dies Motto aber ist ein Zitat von Jean-Jacques Rousseau, nämlich aus dem Vorwort zum Roman »La Nouvelle Héloïse«. Das von Laclos gewählte Zitat aber lautet: »J'ai vu les mœurs de mon temps, et j'ai publié ces lettres.«[12]

Das klingt aufrichtig und unschuldsvoll. Das Vorwort des angeblichen »Redakteurs« paßt genau dazu. Wie der Genfer Rousseau, so scheint auch der Herr de Laclos einen moralischen Roman vom Konflikt zwischen aristokratischer Lüsternheit und standhafter Bürgertugend schreiben zu wollen: als Fortsetzung jener englischen Romane Samuel Richardsons, die in Deutschland abfärben sollten auf Lessings Dramaturgie. Laclos schreibt einen Briefroman gleich der »Nouvelle Héloïse«, übrigens auch gleich dem »Werther«, den man in Frankreich ebenso gierig verschlungen hatte wie ein Jahrzehnt später die »Liaisons dangereuses«.

Allein viele Argumente lassen sich für die These anführen, daß das Motto bei Laclos nahezu parodistisch gemeint ist, und daß es sich bei den im Roman berichteten schlimmen Liebschaften weit weniger um eine Fortsetzung und Ergänzung der »Neuen Héloïse« handeln sollte, als um eine Widerlegung, wenn nicht um eine »Zurücknahme« von Thesen des Genfers Rousseau.

Der wesentliche Unterschied zwischen den Briefromanen eines Rousseau und Laclos besteht darin, daß *Rousseau, was seiner Philosophie entsprach, wenngleich durchaus nicht seinem Charakter, die Reinheit der Gefühle zum Axiom erheben möchte.* Es gibt die Bosheit und die Unschuld, die Intrige und ihr reines Opfer. Ambivalenz der Gefühle ist unerwünscht und würde vom Genfer Philosophen vermutlich als zivilisatorische Entartung gedeutet werden.

Laclos hingegen, wodurch er sich ausdrücklich als Repräsentant einer gesellschaftlichen Endzeit versteht und darstellt, mißtraut, vermutlich aus genauerer Kenntnis der gesellschaftlichen Zustände, dem manichäischen Dualismus von Tugend und Laster. Reinheit der Gefühle wird als Naivität, oft als Torheit gedeutet. Die Ambivalenz im Charakter der Präsidentin gehört hierzu. Ein anderes Beispiel ist der LX. Brief, den der Chevalier Danceny an den Marquis de Valmont schreibt. Dies ist ein rousseauistisches Briefdokument der Herzensqual. Ein Unglücklicher vertraut sich dem angeblich treuen Freund an. »Sie werden mich bedauern, Sie werden mir helfen – ich setze mein Vertrauen nur in Sie. Sie sind empfindsam, Sie kennen die Liebe, und Sie sind der Einzige, dem ich mich anvertrauen könnte . . .«[13] Der treue Freund Valmont jedoch legt den Brief einem Schreiben bei, das er am selben Tage, einem 8. September, an die Marquise de Merteuil richtet. Sein spöttischer Kommentar dazu: »Solche Liebesklagen kann man nur anhören als Rezitative mit obligater Begleitung, oder in Arienform.« Die Gesamtstruktur der »Liaisons dangereuses« läßt erkennen, daß es sich um eine Gegenschöpfung zu

Rousseau handeln sollte, nicht um eine rousseauistische Fortsetzung und Variante.

Der Roman von Laclos arbeitet mit großer kompositorischer Sorgfalt die Ambivalenz aller Gefühle heraus. Nicht nur darin übrigens, daß wahre Gefühle von den Protagonisten Valmont und Merteuil als Torheiten abgelehnt werden; auch nicht allein dadurch, daß nicht vorhandene Empfindungen zum Zweck der Intrige vorgespiegelt werden. Die Scheu vor eindeutigen Empfindungen scheint bei den Gestalten so groß zu sein, daß sie alles daransetzen, dort sogar den Zynismus zu heucheln, wo sie wahrhaft empfinden. So entsteht ein Verwirrspiel, worin Gefühle vorgetäuscht, gleichzeitig aber echte Empfindungen vertuscht werden sollen. Ein glänzendes Beispiel dieses Verfahrens ist der CXXXIII. Brief Valmonts an die Marquise, worin er sich zynisch äußert über seine Empfindungen gegenüber Madame de Tourvel. Allein die überlegene Intrigantin Merteuil läßt ihm nichts durchgehen. Im nächsten Brief CXXXIV bekommt er die Antwort: »Or, est-il vrai, que vous vous faites illusion sur le sentiment qui vous attache à Madame de Tourvel? C'est de l'amour, ou il n'en exista jamais: vous le niez bien de cent façons, mais vous le prouvez de mille.«[14]

Um die Unreinheit der Empfindungen genau verstehbar zu machen, bedient sich der Romancier einer *Spiegeltechnik*. Dasselbe Ereignis wird von verschiedenen Seiten und durch divergierende Briefschreiber dargestellt, mithin interpretiert. Stets strebt Laclos nach einer Konfrontation der wahren und der falschen Gefühle. Es ist ihm ersichtlich darum zu tun, dem Leser zu demonstrieren, daß auch reine und echte Empfindungen, die nicht geteilt werden, mit Notwendigkeit zerfallen und sich zersetzen müssen.

Die »Liaisons dangereuses« haben im Grunde als zentrales Thema nicht allein die Ambivalenz von Gefühlen, sondern den *Verrat*. Was Friedrich Nietzsche visiert hatte mit

seinen Betrachtungen über Wahrheit und Lüge im außermoralischen Sinn, wird in den »Liaisons dangereuses« ex-
emplifiziert. Der Roman lebt von der *Ästhetisierung des
Verrats.* Wenn Genuß, unter der besonderen Form des erotischen Genießens, alle Romanfiguren zueinander in Beziehung zu setzen scheint, dann bedeutet der Genuß des
Genießens eine höchste ästhetische Steigerung. Sie jedoch
kann nur erreicht werden, wenn Bewußtsein die Gefühle
reflektiert und durch Reflexion zersetzt. Weshalb auch bei
Laclos, ganz wie in »Figaros Hochzeit« und in »Cosi fan
tutte« (und wie später bei Proust!), die Herrenwelt zusammen mit der Dienerwelt durchaus gleichwertig am Genuß
partizipiert.

Angesichts dieser unverkennbaren Romanstruktur kann
folglich die angebliche Vorrede des Herausgebers nur als
Hohn interpretiert werden: hier habe jemand » ... es gewagt, in unseren Kleidern und mit unseren Lebensge-
wohnheiten eine Verhaltensweise darzustellen, die uns sehr
fremd ist«. Nicht minder höhnisch gemeint auch jene Stelle
aus dem Vorwort, wonach es die Aufgabe der »Liaisons
dangereuses« sein müsse, die Sitten der Leser dadurch zu
bessern, daß man ihnen zeigt, wie Leute von schlechten
Sitten darauf ausgehen, die guten Sitten anderer zu ver-
derben.[15]

Das berühmte Selbstporträt der Marquise de Merteuil im
Brief LXXXI läßt genau erkennen, daß Laclos einen Ge-
genroman zur »Nouvelle Héloïse« schrieb und schreiben
wollte. Der Kontrast zwischen Gefühlswahrheit und Verrat, moralischer Askese und erotischem Opportunismus,
zwischen ethischer und ästhetischer Existenz im Sinne
Kierkegaards wird von der Merteuil nicht als Individualfall
der Sittenkorruption interpretiert, sondern als *Grundphä-
nomen der damaligen Gesellschaft,* also des ausgehenden
Ancien Régime. Alle Aufklärung der Philosophen und
Moralisten hat bei dieser aufgeweckten und genauen Leserin

nicht Menschenfreundschaft bewirkt im Sinne Rousseaus, sondern die Isolation des einsamen Genießens verstärkt. »J'étudiai nos mœurs dans les Romans; nos opinions dans les Philosophes; je cherchai même dans les Moralistes les plus sévères ce qu'ils exigeaient de nous, et je m'assurai ainsi de ce qu'on pouvait faire, de ce qu'on devait penser, et de ce qu'il fallait paraître.«[16]

Die Übereinstimmung der Adligen Valmont und Merteuil zum jüngeren Sohn Franz des deutschen Reichsgrafen von Moor in *Schillers »Räubern«* ist erstaunlich. Übrigens besteht historische Gleichzeitigkeit zwischen den »Räubern« und den »Liaisons dangereuses«. Franz von Moor hat gleichfalls, wie die Merteuil, die Philosophen und Moralisten befragt. Das Gelernte formuliert er in der ersten Szene dieses ersten Schiller-Dramas: »Jeder hat gleiches Recht zum Größten und Kleinsten, Anspruch wird an Anspruch, Trieb an Trieb und Kraft an Kraft zernichtet. Das Recht wohnet beim Überwältiger, und die Schranken unserer Kraft sind uns gesetzt.«[17]

Der Unterschied freilich zwischen dem deutschen Stürmer und Dränger und dem französischen Romancier besteht darin, daß Schiller als bürgerlicher Schriftsteller jene Position einnimmt, die Heinrich Mann – wohl mit Unrecht – für Laclos beanspruchen möchte: die des Aufklärers und Wegbereiters einer bürgerlichen Revolution. Daß der opportunistische Laclos später auf den Pfaden des Orléanismus, des Jakobinismus, des Directoire, schließlich des Bonapartismus wandeln sollte, vermag nicht (nachträglich) die Struktur seines berühmt-berüchtigten Romans zu modifizieren. Das Buch von den Gefährlichen Liebschaften gehört, vor allem dank der Zusammenhänge zwischen ästhetisch-erotischer Existenz und einer Spiegeltechnik zwischen wahren und falschen Gefühlen, unverkennbar zum künstlerisch-literarischen Ausklang des Ancien Régime.

Die Königin Marie-Antoinette wußte durchaus, was sie tat, als sie das Buch von Laclos zwar las, doch vor der eigenen Umwelt verleugnete. Es sprach auch ihre Existenz aus, diejenige der Königin von Frankreich, Tochter einer Kaiserin. Nicht in dem Sinne freilich, daß man Marie-Antoinette, wie es die republikanische Propaganda später zu tun pflegte, als eine gekrönte Merteuil darstellen dürfte. Allein die Schwester Josephs II., des bürgerlichen Aufklärers auf dem Thron, war der Marquise de Merteuil insofern verbunden, als auch für sie die moralische Konfrontation zwischen sittlichem Handeln belanglos erscheinen mußte neben der realeren Konfrontation von gesellschaftlichem Sein und Schein.

Ardinghello und die glückseligen Inseln
(Wilhelm Heinse)

In der Rezension eines Buches über »Die Problematik des ästhetischen Menschen in der deutschen Literatur« von K. J. Obenauer kommt *Walter Benjamin* zu folgender Unterscheidung: »Es öffnet sich die Kluft zwischen den Ardinghello und Hyperion, die in den großen Resten der Antike den Aufruf der Vergangenheit an ihre, die eigene Gegenwart vernahmen, und jenen Klassizisten, die in Rom nur darum eine letzte Sehnsucht stillten, weil sie die Kunst um der Kunst willen suchten.«[18]

Die Koppelung des Romans »Ardinghello und die glückseligen Inseln« von Wilhelm Heinse (1787) mit Hölderlins »Hyperion«, dessen Anfänge schon um 1792 anzusetzen sind, ist durchaus legitim. Daß Hölderlin den »Ardinghello« gelesen und bewundert hat, ist unbestritten. Das höchst merkwürdige Zusammentreffen *Hölderlins,* der die aus Frankfurt vor den französischen Truppen geflüchtete Suzette Gontard und ihre Kinder nach Kassel begleitet hatte, mit Wilhelm Heinse hat Spuren hinterlassen. Im Brief an den Bruder, datiert »Kassel, d. 6. August 96«, schreibt Hölderlin: »Auch Herr Heinse, der berühmte Verfasser des Ardinghello, lebt mit uns hier. Es ist wirklich ein durch und durch trefflicher Mensch. Es ist nichts Schöners als so ein heitres Alter, wie dieser Mann hat.«[19] Die Konstellation ist in der Tat merkwürdig: Diotima, Hyperion und Ardinghello. Man blieb einige Wochen zusammen. Heinse begleitete Frau Gontard und den jungen Hofmeister, den er nicht sonderlich beachtete, nach Hannoversch-Münden. Am 9. August war man in Bad Driburg. Nach der Räumung Frankfurts durch die Franzosen trennte man sich wieder vom berühmten Verfasser des »Ardinghello«. Aber Hölderlins großes Gedicht »Brot und Wein« trägt die Widmung »An Heinze«, was durchaus keinen Schreibfehler bedeutet, denn so hieß der Verfasser des »Ardinghello« in der Tat. Er selbst hatte seinem Namen die neue Schreibweise Heinse gegeben.

Der »Ardinghello« teilt mit den »Liaisons dangereuses«, in gewissem Sinne auch mit »Cosi fan tutte«, das Schicksal eines Auseinanderfallens von öffentlicher und heimlicher Wirkung. Auch Heinses scheinbar so immoralistischer Renaissanceroman wird gierig konsumiert, doch öffentlich verleugnet, wenn nicht geschmäht. Der von Walter Benjamin konstatierte Widerspruch des Buches zu den ästhetischen Maximen der Weimaraner, noch vor Schillers Ankunft, war evident. Einstige gemäßigte Anhänger des Sturm und Drang waren verstört. Friedrich Leopold Graf Stolberg las das »böse« Buch »mit Ärgernis und mit wahrer Betrübnis über den Genius unserer Zeit«. Auch Stolberg sah, wie später Goethe, eine ungesunde Zeittendenz im Parallelismus von Schillers »Räubern« und dem »Ardinghello« des weitaus älteren, nämlich schon 1746 geborenen Wilhelm Heinse. Die Damen in Weimar freilich waren ebenso angetan vom jungen Ardinghello, seinen Liebes- und Mordtaten, wie die Königin Marie-Antoinette fasziniert war vom schlimmen Roman des Choderlos de Laclos. Herder hingegen, als Fachmann für Philosophie, hielt das große philosophische Gespräch über Vitalismus und Eudämonismus, das in Heinses Roman auf dem Dach des Pantheon zu Rom stattfindet, für dilettantisches Geschwätz.

Am schärfsten hat sich *Friedrich Schiller* selbst, als er die letzten Spuren eines Stürmers und Drängers von sich abzutun gedachte, gegen jegliche Gemeinsamkeit zwischen Schiller und Heinse gewehrt. Freilich lebte man damals bereits in der Mitte der französischen Revolutionsentwicklung. Girondisten, Hébertisten, Dantonisten, Robespierristen waren auf der Guillotine zu Tode gebracht worden. Es regierte das Directoire mit einer Stabilisierungspolitik, die mit Hilfe von Eroberungen im Ausland den Wohlstand der Konsumierenden in Frankreich selbst zu sichern hoffte.

Nun mußte aber die politische Philosophie in Heinses »Ardinghello« geradezu als prophetische Vorwegnahme jenes französischen Zustandes empfunden werden. Daß der Mensch ein edles Raubtier sei, im Grunde das größte von allen, war Heinses innige Überzeugung. Im »Ardinghello« hatte man lesen können: »Kurz, wir kamen beieinander, so verschieden auch mancher vorher dachte, in folgenden Grundbegriffen überein: Kraft zu genießen, oder, welches einerlei ist, Befürfnis, gibt jedem Dinge sein Recht, und Stärke und Verstand, Glück und Schönheit den Besitz. Deswegen ist der Stand der Natur ein Stand des Krieges.«[20] Es kam hinzu, daß die Leser des Romans nicht umhin konnten, vom Immoralismus der Romanfiguren, die in der Tat bei Heinse sehr blaß konturiert sind und oft bloß als Gefäße angesehen werden müssen für die eloquent vorgetragenen Thesen und Maximen ihres Autors, auf die Person des Romanciers zu schließen. Denn die Romangestalten sind entschieden moralfeindlich und sinnenfreundlich.

Mußte man nicht bei den Geschöpfen an den Autor denken? Wilhelm Heinse hatte bereits im Jahre 1773, also noch vor der Italienreise und noch vor der Freundschaft mit den Brüdern Jacobi in Düsseldorf, das »Satiricon« des Petronius übersetzt: unter dem Titel »Begebenheiten des Enkolp«. Heinses eigene Anmerkungen und Glossen zu den ebenso lustigen wie lasziven Schilderungen aus der ersten Römischen Kaiserzeit durften als Affirmation verstanden werden.

Von hier aus muß daher *Schillers* ebenso kurze wie schneidende Abfertigung des »Ardinghello« im berühmten Traktat über »Naive und sentimentalische Dichtung« verstanden werden. Um den Hochmut offenkundig zu machen, wird in Schillers Polemik gegen Heinse, dessen Name nicht fallen darf, die Argumentation sogar aus dem eigentlichen Text verbannt und in eine Fußnote verwiesen. Die Thesen des Traktats hatten so gelautet: »Und so hätten wir denn den Maßstab gefunden, dem wir jeden Dichter, der sich etwas gegen den Anstand herausnimmt und seine Freiheit in Darstellung der Natur bis zu dieser Grenze treibt, mit Sicherheit unterwerfen können. Sein Produkt ist gemein, niedrig, ohne alle Ausnahme verwerflich, sobald es kalt und sobald es leer ist, weil dieses einen Ursprung aus Absicht und aus einem gemeinen Bedürfnis und einen heillosen Anschlag auf unsre Begierden beweist. Es ist hingegen schön, edel und ohne Rücksicht auf alle Einwendungen einer frostigen Dezenz beifallswürdig, sobald es naiv ist und Geist mit Herz verbindet.« Dann folgt die schnöde Abgrenzung und Abfertigung. Auch derjenige Autor nämlich, der es gewagt habe, aus angeblicher Verehrung des Natürlichen, »sich etwas gegen den Anstand« herauszunehmen, dürfe dann weiter gelten, wenn sein Erzeugnis nicht bloß naiv sei, sondern geistvoll und herzlich. Dies alles könne hingegen für Heinses »Ardinghello« nicht in Anspruch genommen werden. Schillers Anmerkung sucht den Fall rasch zu erledigen: »Mit Herz: denn die bloß sinnliche Glut des Gemäldes und die üppige Fülle der Einbildungskraft machen es noch lange nicht aus. Daher bleibt ›Ardinghello‹ bei aller sinnlichen Energie und allem Feuer des Kolorits immer nur eine sinnliche Karikatur, ohne Wahrheit und ohne ästhetische Würde. Doch wird diese seltsame Produktion immer als ein Beispiel des beinahe poetischen Schwungs, den die bloße Begier zu nehmen fähig war, merkwürdig bleiben.«

»Ardinghello« mithin als »eine sinnliche Karikatur, ohne Wahrheit und ohne ästhetische Würde«. Die Formel ist immer wieder von späteren Kritikern repetiert worden. Sie hat jedoch die Leser niemals daran gehindert, insgeheim dem mitreißenden Immoralismus des Buches sich zu öffnen.

Die geistige Nachkommenschaft des »Ardinghello« ist in der Tat ungewöhnlich. Walter Benjamin hat durchaus recht, wenn er hier eine *mögliche Alternative zum Weimarer Klassizismus* erblickte, zur späteren »Wolfgang Goetheschen Kunstperiode«, wie Heinrich Heine formulieren sollte.[21] Der Antiklassizismus, auch in den überreichen Betrachtungen des Buches zur Bildenden Kunst, ist evident. Lange vor Ausarbeitung des ästhetischen Kanons durch den aus Italien heimgekehrten Goethe und seine Weimarischen »Kunstfreunde«, wird im »Ardinghello« jede Nachfolge der Malerei eines Poussin verweigert. Nach allzuviel griechischer Antike bei Winckelmann, Lessing, sogar noch bei Herder, erschließt sich die Welt italienischer Renaissance als mögliche und ebenbürtige Alternative. Mit der edlen Einfalt und stillen Größe angeblicher Antike kontrastieren demonstrativ die maßlosen, triebhaften und triebbewußten Figuren des Romans. Nicht allein die männlichen Gestalten, sondern sogar – man denke! – die Frauengestalten: wie in der berühmten Romanszene des Bacchanals am Ufer des Tiber. Auch Fiordimona, Fulvia oder jene Lucinde, deren

Namen sich Friedrich Schlegel für einen eigenen eudämonistischen Roman aneignen sollte, leben nach dem Gesetz des Eudämonismus, der den Genuß preist und auf Kraft, Geistesstärke, physischer Schönheit zu gründen sucht.

Alles scheint den »Ardinghello« als Produkt einer gesellschaftlichen Endzeit zu charakterisieren: als deutsches Gegenstück zu den »Liaisons dangereuses«. Die Ästhetisierung des Lebens, gipfelnd in der Erotisierung, findet sich hier wie dort. Von Wilhelm Heinse führt der Weg nicht bloß zum »Hyperion« (der freilich von Heinse, neben der Struktur eines Briefromans, den Versuch einer Realisierung der griechischen Utopie übernahm, doch nicht die eudämonistische und vitalistische Romansubstanz), sondern auch zu *Schlegels »Lucinde«,* diesem wohl einzig geglückten Projekt eines romantischen Romans. Wirksam wird Heinse wieder nach dem Versinken der Goetheschen Kunstperiode. Die Renaissance des »Ardinghello« bei den Jungdeutschen von 1830 kam nur scheinbar unerwartet, doch der Immoralismus von Karl Gutzkows Roman »Wally, die Zweiflerin« wirkte deutsch-provinziell und verkrampft gegenüber dem natürlich-sinnlichen Schwung des »Ardinghello«. Immerhin genügte noch diese matte und späte Kopie, um das politische Verbot solcher Produkte durch Metternich und seine Bundesgenossen zu rechtfertigen.

Der junge *Richard Wagner* war ein begeisterter Leser des »Ardinghello«. Wagners erste Oper, »Das Liebesverbot«, ist unmittelbar inspiriert durch solche Lektüre. Cosimas Tagebücher berichten, wie Wagner sich noch später in Bayreuth bemüht, sein jugendliches Erlebnis mit Heinse zu erneuern und Cosima daran teilnehmen zu lassen. Die Vorläuferschaft schließlich des »Ardinghello« für *Friedrich Nietzsche* ist oft und ausführlich analysiert worden.[22] Viele Maximen des Romans, insbesondere viele Bekenntnisse des Titelhelden, lesen sich wie eine Antizipation des »Zarathustra«.

Mit diesem Hinweis auf Folgen und Nachfahren Heinses und seines »Ardinghello« wird gleichzeitig jedoch die *Divergenz zwischen Heinse und Laclos* unterstrichen. Daß der Immoralismus beider Bücher einer Endzeit angehört, die alle einstmals auf Moralkonsens gegründete Lebensweise nunmehr erotisiert und damit ästhetisiert, gehört offensichtlich zur historischen Situation. Die Aufrechterhaltung der bisherigen Existenz wird nur noch durch äußere Macht garantiert, die der Ohnmacht angenähert wurde. Andererseits unterscheidet sich Heinse dadurch von Laclos, daß er seine Botschaft des ästhetischen Vitalismus nicht in der eigenen Gegenwart und Umwelt ansiedelt, sondern in Zeit und Raum verfremdet. Bei Laclos lebt man in der französischen Gegenwart, bei Heinse in einem traumhaft stilisierten Italien der Renaissance. Wilhelm Heinse schrieb seinen Roman nach der Rückkehr aus Italien, als ihm die Mittel ausgegangen waren und er nach Düsseldorf zurückkehren, dann (im Oktober 1786) in die Dienste des Kurfürsten Karl Joseph von Erthal in Mainz treten mußte.

Dennoch ist der *Gegensatz* zwischen Heinse und Laclos, zum andern *zwischen den Italienreisen Heinses und Goethes* nicht zu verkennen. Die »Gefährlichen Liebschaften« entwerfen das Bild einer in sich geschlossenen und zukunftslosen Welt. Sie kann nichts mehr erleben als den Genuß ihres eigenen Untergangs. Der Tod Valmonts und der Sturz der Merteuil am Schluß der Erzählung täuschen eine moralische Perspektive vor, die vom Autor nicht ernstgenommen wird. Die physische, finanzielle und gesellschaftliche Degradierung der Merteuil wird so exzessiv betrieben, daß man an Schillers boshaften Vers denken muß: »Wenn sich das Laster erbricht, setzt sich die Tugend zu Tisch.«

Der Titel von Heinses Roman jedoch: »Ardinghello und die glückseligen Inseln«, verbindet die Evokation einer starken und sinnenhaften Vergangenheit mit der Zukunft und der Utopie. Wie in allen utopischen Inselromanen, nicht zuletzt in der »Insel Felsenburg« von Johann Gottfried Schnabel, den auch Heinse gelesen hatte, landen am Romanschluß alle wichtigen Hauptgestalten auf dem griechischen Inselterritorium. Ein Dutzend Seiten genügen dem Romancier, der sich auf die »männliche Jugend und Schönheit« seines Ardinghello verlassen kann, um beim jungen Sultan Amurath für alle das Niederlassungsrecht auf Naxos und Paros zu erhalten. Man praktiziert einen neuheidnischen Kult der vergöttlichten Natur: »Demetri ward zum Hohenpriester der Natur von allen einmütig erwählt. Ardinghello zum Priester der Sonne und der Gestirne, Diagoras zum Priester des Mars, Fiordimona zur Priesterin der Erde und zur Priesterin der Luft.«[23]

Im Gegensatz jedoch zu den wirklichen Utopien und den großen utopischen Staatsromanen, beschränkt sich Heinse am Schluß des »Ardinghello« auf einige banale Aufklärungsprinzipien, ohne den Roman in der Tat als gesellschaftliche Vorwegnahme zu strukturieren. Der Ästhetizismus des Ancien Régime wirkt immer noch in die scheinbare Utopie und verbindet das so wichtige und einflußreiche Buch dadurch weit stärker mit einer untergehenden Welt, als mit dem Vorschein einer neuen.

Die Religion nämlich auf den glücklichen Inseln Ardinghellos und Heinses beruht auf dem *literarischen Klassizismus*: Demetri und Ardinghello und Fiordimona setzen Gesänge auf »aus dem Moses, Hiob, den Psalmen, dem Hohenlied und dem göttlichen Prediger, und aus dem Homer, dem Plato und den Chören der tragischen Dichter und ihrer eigenen Begeisterung im Italienischen für sich und die anderen Priester und Priesterinnen und die Gemeinde« und erfanden heilige Gewänder »alter ionischer Grazie und Schönheit«.[24]

»Vernichten und Schaffen, Eins und Alles«: das war ein

gemeinsames Bekenntnis der Kunstfigur Ardinghello aus dem 16. und seines Autors Heinse aus einem ausgehenden 18. Jahrhundert. In seiner Einleitung zur ersten italienischen Ausgabe des »Ardinghello«, die im Jahre 1969 in Bari erschien, interpretiert der Übersetzer und Herausgeber Lorenzo Gabetti dies geistige Fazit des Romans in folgender Weise: »Zerstören und Tun, das ist eine einzige Sache. Das war bereits ein Motto des Heraklit. Primitives und heroisches Leben, körperliches Behagen in der Liebe wie auch im Duell, das Naturrecht wiederherstellt als Recht des Stärkeren; körperliches Behagen auch inmitten des Kampfes und der Gewalt. Der Krieg wird zum größten Schauspiel der Menschen: als ein gleichzeitig zerstörendes und schaffendes Feuer. Dies sind die äußeren Grundlagen, worauf bei Heinse die Utopie der Glücklichen Inseln beruht: als Utopie eines Staates mit vagen Zügen der Gemeinschaft und des Sozialismus, der aber in Wirklichkeit wild aristokratisch und elitär ausgefallen ist.«[25]

Daß Gabetti die wesentlichen Positionen des »Ardinghello« zutreffend interpretiert, kann nicht bestritten werden. Wichtig ist an dieser Erkenntnis vor allem, daß Heinses Roman, in solcher Weise verstanden, *vielleicht enger einem Buch wie den »Liaisons dangereuses« angenähert werden muß, als dem »Hyperion«*. Gerade das scheinbare Zukunftselement als Vision eines neuen gesellschaftlichen Inselglücks ist nicht als »Vorschein« zu verstehen im Sinne des Hoffnungsprinzips, sondern als Produkt eines höchst verfeinerten Endzeitbewußtseins.

Zerstören und Schaffen ist Einerlei: Macht und Genuß, Zärtlichkeit und Gewalt. Wie in jeder gesellschaftlichen Endzeit werden die moralischen Positionen und Antithesen mit Hilfe des Genußprinzips planmäßig ästhetisiert. Das Moralische verschmilzt mit dem Ästhetischen: ganz wie, bei Nietzsche, in einem außermoralischen Sinn auch die Wahrheit mit der Lüge sich kopuliert hatte.

Die Geschichte des Kalifen Vathek
(William Beckford)

Die Entstehung von William Beckfords französisch ge-
schriebener »Geschichte des Kalifen Vathek« wurde von
der Forschung auf die erste Hälfte des Jahres 1782 datiert.[26] Die Geschichte der Veröffentlichung war dann, wie
fast alles im Leben und auch im Schreiben Beckfords, recht
abenteuerlich. Das Buch erschien zuerst, eigenmächtig
übersetzt von einem Reverend Samuel Henley, am 7. Juni
1786 in London. Nun mußte Beckford, der damals bereits
im selbstgewählten Exil auf dem Kontinent lebte, das französische Original herausbringen, das im Dezember 1786 in
Lausanne erschien: übrigens mit der unrichtigen Jahres-
zahl 1782, die nachträglich an die wirkliche Entstehung des
Buches erinnern sollte.

*Der »Vathek« gehört durchaus zur literarischen Endzeit
des Ancien Régime.* Die Lebensgeschichte William Beckfords wirkt bisweilen wie eine Antizipation der Biographie
Oscar Wildes: nicht bloß wegen der homosexuellen Kom-
ponente in beiden Lebensläufen, denn auch William Beckford mußte, wenngleich er als unermeßlich reicher Erbe
aufgewachsen war und vor einer glänzenden Laufbahn als
Politiker stand, das damals noch keineswegs »Victoriani-
sche« England wegen eines Sittenskandals im Jahre 1784
verlassen.

Der Autor des »Vathek« konnte später in die Heimat
zurückkehren, lebte aber isoliert und gesellschaftlich ge-
ächtet auf dem väterlichen Grundsitz Fonthill, wo er sich,
als Nachahmer seines Kalifen Vathek, einen riesigen Turm
erbaute, der lange Zeit, bis er endgültig einstürzte, als
Wunderwerk einer neugotischen Architektur, lange vor
der neugotischen Mode in England, bestaunt oder auch
verflucht wurde.

Daß der »Vathek« französisch geschrieben wurde, ganz wie später Oscar Wilde sein Drama »Salomé« als französischen Text konzipierte, sollte dennoch nicht als Vorläuferschaft Beckfords zu Wilde verstanden werden. Oscar Wildes französische Schriftstellerei entsprang der Preziosität, weit stärker aber dem Versuch einer Verfremdung des eigenen Schaffens mit Hilfe einer Sprache, die endlich einmal Schwierigkeiten bereitete. William Beckford hingegen, der Sohn eines Kolonialherrn und Nutznießers der Sklaverei auf den Zuckerrohrplantagen von Jamaica, schrieb die französische Herrschaftssprache des Ancien Régime ohne Schwierigkeit. Er war früh in allen Künsten, Fertigkeiten und Wissenschaften unterwiesen worden. Als Knabe hatte er in London mit einem anderen kleinen Knaben namens Mozart vierhändig gespielt. Die französische Originalfassung der »Geschichte des Kalifen Vathek« hat nichts von einer Manier. Sie stellt sich im Gegenteil mitsamt den vier als Fortsetzung geplanten »Episoden«, von denen zwei redigiert wurden, eine Fragment blieb, und die zu Lebzeiten ihres Autors nicht publiziert werden konnten, in die Tradition der französischen Romankunst.

Eine von Gisela Dischner edierte, gekürzte, dafür aber ungemein üppig beredete Neuausgabe des »Vathek« hat in einem reißerischen Untertitel die Geschichte des bösen Herrschers Vathek als »Schauerroman aus dem britischen Empire« charakterisiert.[27] Man kann es nicht falscher sagen. Empire bedeutet Imperium, also Kaiserreich. Vom britischen Kaiserreich aber konnte erst gesprochen werden, als der Premierminister Disraeli seine Königin Victoria zur Kaiserin von Indien machte. Alles Schaurige aber, was im »Vathek« vorgeführt wird, macht den Roman trotzdem durchaus nicht zum »Schauerroman«. Mit Recht hat Reinhold Grimm in einer genauen Analyse des Buches die von Gisela Dischner behauptete Beziehung zu einem wirklichen englischen Schauerroman zum »Castle of Otranto« (1764) von Sir Horace Walpole, ausdrücklich bestritten.[28]

Mit gutem Grund. Die »Geschichte des Kalifen Vathek« ist ein voltairianischer Roman und gehört zum literarischen Ausklang des Ancien Régime. Gisela Dischners Behauptung: »Die Ironie, die an Voltaire, den Engländer Laurence Sterne und gleichzeitig an Heine erinnert, weicht im Laufe der Geschichte immer mehr einem schwarzen Humor...«[29], ist abermals unhaltbar. Die Ironie Voltaires hat mit derjenigen Sternes sehr wenig zu tun, denn die Subjektivität Voltaires tritt, sehr im Gegensatz zu Yorick, als Erzählposition zurück. Es findet keine ironische Brechung statt zwischen Erzähler und Erzähltem. Voltaire beurteilt die Schicksale seines Candide durchaus anders als dieser selbst: dadurch eben wird ironische Distanzierung bewirkt. Bei Laurence Sterne hingegen, und in wiederum anderer Weise später bei Heinrich Heine, liegt aller Nachdruck auf dem Subjekt des Erzählens. Das Stoffliche der zu erzählenden Geschichte verblaßt und wird seinerseits ironisiert. Wir erfahren nicht allzuviel von der Geschichte Tristram Shandys.

Beckfords »Vathek« jedoch arbeitet durchaus *ohne solche Brechung der Subjektivität.* Es soll eine objektive Geschichte erzählt werden. Das beginnt so: »Vathek, der neunte Kalif aus dem Hause der Abbasiden, war der Sohn des Motassem und Enkel des Harun al Raschid. In jungen Jahren bestieg er den Thron. Die großen Fähigkeiten, die er ganz früh schon besaß, ließen seine Völker auf eine lange und glückliche Regierung hoffen.«[30] Die ironische Brechung wird bei Beckford dadurch bewirkt, daß Untaten und schaurige Aktionen des Kalifen und seiner hexenhaften Mutter Carathis voller Behaglichkeit geschildert werden, als handle es sich um Einladungen zu einer Landpartie. Die Schauerromane und ihre Schauerromantiker legen es beim Leser darauf an, Gänsehaut und gesträubtes Haar zu provozieren. Beckford hingegen, ganz wie Voltaire bei Schilderung der Greueltaten im »Candide«, schreibt genußvoll und betont heiter. Maximen des Bösen werden verkündet wie Axiome der christlichen Moral. Wenn die Kalifenmutter Carathis mit ihren Negerinnen einen schlimmen Zauber vorbereitet, beginnt Beckford seine Schilderung mit dem schönen Satz: »Wenn man Schlechtes vorhat, tut man es schnell.« Hier schreibt ein Freigeist des 18. Jahrhunderts: »Je mehr er aß, desto frömmer wurde er, sprach Gebete und verlangte gleichzeitig den Koran und Zucker.«

Die behagliche und geradezu »taktvolle« Art, wie die Geschichte des Kalifen Vathek erzählt wird, eines Nachfahren des Propheten Mohammed, stellt sich dem heutigen Leser dar als *Ästhetisierung und damit Banalisierung des Bösen*. Der Schauerroman weiß, daß er Scheußliches berichten will. William Beckford schildert die Opferung von fünfzig unschuldigen Knaben an den Höllengeist oder die Strangulierung aller Würdenträger des Kalifen Vathek durch taubstumme Negerinnen und auf Geheiß des Kalifen mit einer Beiläufigkeit, die irgendein Mitgefühl, ganz zu schweigen von Entsetzen, im mindesten nicht aufkommen läßt. Es lag an solcher Substanz des Romans, nicht minder aber auch an dieser besonderen und demonstrativ harmonischen Schreibweise, daß Stéphane Mallarmé für sich den »Vathek« neu entdeckte und mit einem Vorwort herausgab, worin er zu loben weiß: »Meisterliche Architektur der Fabel, und ihre Idee nicht weniger schön! Etwas Verhängnisvolles oder etwas wie ein verborgenes Gesetz beschleunigt den Abstieg der Macht in die Hölle, Abstieg eines Fürsten, begleitet von seinem Reich.«[31] Das ist bei Mallarmé ästhetisch gesehen. Die Geschichte des Kalifen Vathek stellt sich ihm als absolute Prosa dar. Auch Gottfried Benn hat in seiner letzten Lebenszeit für sich diesen Beckford entdeckt und gleichfalls, wohl ohne Kenntnis von Mallarmé, das stets gesuchte Ideal einer absoluten Prosa hier im »Vathek« als Antizipation empfunden.

Allein die Geschichte des Kalifen Vathek führt in die Hölle. Keine christliche natürlich, auch keine homerische Unterwelt, trotzdem eine Hölle sowohl im räumlichen Verstande einer unterirdischen Welt wie im theologischen Sinne der ewigen Verdammnis. Das Reich des Eblis bei Beckford ist keine Welt der mittelalterlichen Teufelsfratzen, sondern ein elegisch-luziferischer Kosmos der gefallenen schönen Gottheit. In den vier geplanten »Episoden« schildert Beckford formvolle Höllengespräche. Man sitzt höflich beieinander: fast wie später bei Sartre in einer »Geschlossenen Gesellschaft.«

Ironisches Spiel mit der epischen Überlieferung auch hier. William Beckford, der den »Vathek« übrigens mit 22 Jahren schrieb, hatte zunächst nur den Abstieg des Kalifen in die Hölle schildern wollen, einen Abstieg, wie Mallarmé sehr richtig bemerkt, »begleitet von seinem Reich«. Höllenfahrt eines einzelnen Machthabers also *und* gleichzeitig Untergang eines Reiches. *Höllenfahrt und Endzeit in einem.* Die später von Beckford als Fortsetzung der Geschichte des Kalifen konzipierten »Episoden« sind Höllengespräche, doch nicht Totengespräche. Die Erzählenden sind keines irdischen Todes gestorben: sie gelangten ins unterirdische Reich und warten darauf, daß ihre Herzen zu brennen anfangen in alle Ewigkeit. Es sind Höllengespräche, aber Gespräche unter noch Lebenden. Die Form ist übernommen von den Erzählern der Antike und der italienisch-französischen Renaissance. Wie im »Decamerone« werden hier Lebensgeschichten im Kreis der Gleichgestimmten mitgeteilt. Nur befindet man sich nicht, wie bei Boccaccio, oberhalb von Florenz auf der Flucht vor der Pest, oder in der Herberge »Zum Heroldseck« in Southwark, also auf der Pilgerschaft nach Canterbury, wie bei Chaucer, sondern schlichtweg in der Hölle.

Der Kalif Vathek vereinigt in sich sowohl Momente des Don Juan Tenorio wie des Dr. Faustus. Es gibt bei ihm ein

Analogon zum Teufelspakt, und es gibt, wie bei Don Juan, den Hochmut eines Wüstlings, den die Höllendrohung nicht schreckt.

Die Affinität des »Vathek« zu den »Liaisons dangereuses« ist immer wieder erstaunlich. In beiden Fällen die Ästhetisierung der moralischen Welt; nicht minder die Leere eines Lebens in der Oberschicht, wo alles erreichbar und möglich wurde, eben dadurch jedoch den Überdruß hervorruft. Es ist eine Welt, die nur noch der Gelegenheit zum Genuß nachstrebt. In einem solchen »Occasionalismus« freilich ist *ein Element der späteren deutschen Romantik* vorgebildet: auch politisch. Laclos und Beckford sind die klassischen literarischen Zeugen für den bevorstehenden Untergang des Ancien Régime.

Zwischen Laclos und seinen Kunstfiguren war Identität kaum festzustellen. Ein Protest gegen die Welt der Merteuil und des Valmont ließ sich nicht entdecken. Heinrich Mann mußte für seine These deshalb Anleihen aufnehmen bei der späteren Laufbahn des Generals Laclos, also mit Hilfe einer nicht schlüssigen Nachdatierung. William Beckford war und blieb trotz der gesellschaftlichen Ächtung und des in späten Jahren langsam schwindenden Reichtums ein großer Herr in der englischen Welt eines Hogarth und Sterne, eines Edmund Burke und auch noch des Lord Byron. Er war einer der ersten, der erkannt hatte, wie Reinhold Grimm formuliert, »daß diese als ›Aufklärung‹ begrüßte Wende ... auch das ›Zeitalter der Angst‹ heraufführen würde. Was sein halluzinatorischer Blick damals voraussah, war bereits die Vernichtung der Menschheit.«[32]

Merkwürdig ist schließlich die Vorstellung William Beckfords vom Wesen der Hölle. Den Schluß seiner »Episoden« hat er nämlich noch zu konzipieren vermocht, und damit den Schluß des gesamten epischen Konzepts. Die ewige Verdammnis an den fünf Prinzen und der Prinzessin, also auch am Kalifen Vathek, vollzieht sich so: »Ihre Herzen flammten auf, und da war es, daß sie die kostbarste Himmelsgabe verloren: die Hoffnung.«[33]

Sade und die Dialektik der Aufklärung

Als Schriftsteller verhält sich der *Marquis de Sade,* der in seinen Büchern die Gattungen des Epischen und Dramatischen ineinanderfließen läßt, zum Erzähler William Beckford wie die Einfühlung zur Verfremdung. Damit übernimmt er neben Laclos und Beckford eine *dritte mögliche Position* innerhalb der Literatur jener Endzeit. Laclos spielte den Moralisten und Rousseauisten mit dem offenkundigen Ziel, die geistige, erst recht die intellektuelle Ohnmacht des Rousseauismus zu demonstrieren. Der Voltairianer Beckford hatte alle Emotionen fortgebannt. Das epische Subjekt nimmt nicht Stellung zu Handlungsweise und Beweggrund des Kalifen Vathek.

Der Marquis de Sade hingegen geriert sich als Moralist des Immoralismus. Das Vorwort zu seiner »Philosophie dans le Boudoir« ist ausdrücklich an die »Libertiner« gerichtet, worunter man im 18. Jahrhundert (zum Beispiel auch in Schillers »Räubern«) sowohl intellektuelle Freigeister wie moralische Wüstlinge zu verstehen pflegte.

Ihnen verkündet der »divin Marquis« im Vorwort solche Lehre: »Wollüstlinge jeden Alters und Geschlechts, euch allein widme ich dies Werk; nährt euch an seinen Grundsätzen: diese Grundsätze begünstigen eure Leidenschaften, und diese Leidenschaften, vor denen euch blöde Moralisten Furcht einflößen möchten, gehören zu den Mitteln, deren sich die Natur bedient, um die Menschen ihren Zwecken dienstbar zu machen; haltet euch einzig an diese entzückenden Neigungen, denn keine andere Stimme ... kann euch ins Glück geleiten.«[34]

Sade hat die Gespräche im Boudoir nach allen Regeln eines platonischen Dialogs aufgebaut, aber dies ist nicht mehr, wie bei Platon, ein Männergespräch. Madame de Saint-Ange, die junge Eugénie und der zynische Dolmancé sind im wesentlichen Typen für eine Typologie des Plaisirs. Madame de Saint-Ange hat nicht die intellektuell-teuflische Brillanz einer Merteuil, der Liebhaber entbehrt aller Tiefe eines Valmont, weil er in der Tat, wie es Sade von ihm fordert, die Lust, besonders die absonderliche, fast ohne intellektuelle Zuspitzung und Anschärfung erstrebt. Der Marquis versteht die drei Gesprächspartner im Boudoir ausschließlich als sexuelle Möglichkeiten. Den lüsternen Frauen empfiehlt das Vorwort die Madame de Saint-Ange, den jungen Mädchen rät es, jener Eugénie des Romans nachzueifern bei der raschen und totalen Entkleidung von Vorurteilen, und Dolmancé soll »allen liebenswürdigen Wüstlingen« ein Vorbild sein.

An solchem Schematismus wird, im Gegensatz zu den »Liaisons dangereuses«, der *pornographische* Charakter des Schriftstellers Sade evident. Die Figuren sind reduziert auf ihre Virtualität in der erotischen Konstellation. Sade scheint sich nur noch für die Aktionen des Trios und für Gespräche zu interessieren, die Aktion bewirken sollen. Dem entspricht die gesellschaftliche Neutralität des Milieus. Natürlich handelt es sich um die aristokratische Oberschicht des Ancien Régime. Während jedoch bei Laclos die Nuancen zwischen Hochadel, Kleinadel und gehobener bürgerlicher Magistratur sorgfältig beachtet sind und im Zusammenhang mit dem ästhetisch-erotischen Spiel verstanden werden müssen, braucht Sade nur den adäquaten Rahmen für den intendierten und einfühlsam ersehnten Ablauf des Geschehens. Das Schlafzimmer natürlich. Auch hierin nimmt der Marquis alle literarischen Merkmale einer späteren pornographischen Massenliteratur vorweg.

Der Unterschied freilich zwischen Sade und einer heruntergekommenen Massenpornographie der bürgerlichen, also nicht der feudal-absolutistischen Endzeit, besteht darin, *daß sich diese Literatur der Einfühlung gleichzeitig und entschieden als Aufklärung versteht.* Die Langeweile, die der erotisch abgehärtete Leser bei der Sade-Lektüre empfindet, beruht auf dem pädagogischen Eifer eines Bekehrers zur Immoral. Sade ist weit rousseauistischer als Jean-Jacques Rousseau. Für ihn ist der Begriff der »Natur« nicht mehr idealistisch verfälscht und damit verniedlicht. Die »religion naturelle« des Sadismus, im Gegensatz zum Rousseauismus, könnte nicht, wie später unter Robespierre, für den Kult eines neuen »Höheren Wesens« genutzt werden. Andererseits wird der Marquis nicht, wie Beckford, von Höllenvisionen geplagt. Er glaubt weder an den Messias noch an Luzifer, sondern nur an die vom eigenen Selbst anerkannte Natur.

Hierin vor allem offenbart sich die Literatur des Marquis de Sade in der Tat als wesentlicher Beitrag nicht allein zum literarischen Ausklang des Ancien Régime, sondern gerade auch zur Dialektik der Aufklärung. Es war folgerichtig, daß *Horkheimer und Adorno* in der »Dialektik der Aufklärung« den ersten Exkurs dem Thema der instrumentalen Vernunft und ihrem idealtypischen Vorkämpfer Odysseus gewidmet hatten, den zweiten hingegen, mit der Überschrift »Juliette oder Aufklärung und Moral«, einer Analyse des Marquis de Sade und der sadistischen Moral.[35]

Die sadistische Moral ist konzentrierte und gleichsam skelettierte Aufklärung. Damit freilich erweist sich der folgerichtige Rationalismus als spezifisches Erzeugnis eines verfallenden Ancien Régime. Sade, Beckford und Laclos gehören gemeinsam zu dieser eigentümlichen und unwiederholbaren Gesellschaftskonstellation. *Sie widerlegen das Vorurteil, als sei Aufklärung ausschließlich Waffe einer aufsteigenden bürgerlichen Gesellschaft.* Im Gegenteil haben

Horkheimer und Adorno hervorgehoben, daß die bürgerliche Aufklärung undenkbar bleibt ohne das Element der Utopie, konkretisiert als *Hoffnung*. »Jene Utopie aber, die zwischen Natur und Selbst die Versöhnung ankündigte, trat mit der revolutionären Avantgarde aus ihrem Versteck in der deutschen Philosophie, irrational und vernünftig zugleich, als Idee des Vereins freier Menschen hervor und zog alle Wut der Ratio auf sich.«[36]

Hierdurch unterscheidet sich Heinses »Ardinghello«, der die Perspektive der Zukunft nicht aufgibt, wenngleich sie am Romanschluß bloß wie ein etwas matt geratenes Finale aufscheint, von den Beckford und Laclos und Sade.

Aber es gibt auch Gemeinsamkeiten und Überschneidungen zwischen dem späten, aufgeklärten Immoralismus des Ancien Régime und der frühen bürgerlichen Gefühlsroheit. Aufklärung postulierte allenthalben den intellektuellen Scharfsinn, vor welchem sich die Gebote der Religion vergeblich zu rechtfertigen vermochten. »Ein toter Gott!« heißt es in der »Juliette« von Sade, »Nichts ist komischer als diese zusammenhanglose Wortfolge des katholischen Wörterbuchs: Gott, will heißen ewig; tot, will heißen nicht ewig. Idiotische Christen, was wollt ihr denn mit eurem toten Gott machen?«[37]

Der Nietzscheanismus solcher Maximen ist unverkennbar: in der »Dialektik der Aufklärung« wird mit Recht darauf hingewiesen. Allein es ist in einem weiteren Verstande höchst merkwürdig, daß alle charakteristischen Erzeugnisse dieser literarischen Endzeit eines Ancien Régime von Mitleidlosigkeit zeugen, von der Hoffnungslosigkeit und vom Kult der Gewalttat. Für aufgeklärtes Denken ist Hoffnung nicht erweislich; Mitleid schlechthin unnatürlich; Gewalttat hingegen legitim und offenkundig von der Natur gewollt. Der Verfall der späteren bürgerlichen Aufklärung wurde mithin bereits in einem sehr frühen Stadium reflektiert und konstatiert. Sowohl Ardinghello wie Juliette wie Vathek und Valmont gehören zur Kumpanei der Libertiner im Doppelsinn einer moralischen und intellektuellen Freigeisterei. *Sie sind folgerichtig aufgeklärt;* die Anhänger des Prinzips Hoffnung wirken, dagegengestellt, wie liebenswürdige, aber wenig denkscharfe Opportunisten.

Cosi fan tutte

Thematisch hat das letzte gemeinsame Werk von Lorenzo da Ponte und Wolfgang Amadeus Mozart nicht eben viel zu tun mit den Mordtaten, ästhetischen Reflexionen und erotischen Abenteuern eines Ardinghello. Der zynische Don Alfonso aus dem italienischen Caféhaus, der sich lustig macht über die verliebten jungen Offiziere Ferrando und Guglielmo, weist mit dem Kalifen Vathek und seiner hexenhaften Mutter kaum Ähnlichkeit auf. Das Kammermädchen Despina, das sich schon mit 15 Jahren auskannte im erotischen Alltag, wäre uninteressant gewesen für den Marquis de Sade: sie hätte dem göttlichen Marquis vermutlich ebenso schnippisch geantwortet wie Don Alfonso. Als Alfonso eine Mithelferin gewinnen möchte, während Despina eine erotische Annäherung vermutet, entsteht folgender Dialog:
Alfonso: Despina mia, di te bisogno avrei.
Despina: Ed io niente de lei.
Alfonso: Ti vo' fare del ben.
Despina: A una fanciulla un vecchio come lei non può far nulla.
Dann freilich erhält sie einen stattlichen Vorschuß, und alles ist verändert. Despina bleibt sich trotzdem im Tonfall gleich, wenn sie nun wissen will, was sie zu tun hat: »E che vorebbe? È l'oro il mio giulebbe.« So spricht keine Justine bei Sade, und keine Merteuil bei Laclos.
Trotzdem gehört ein Werk wie »Cosi fan tutte« nicht

allein durch die Entstehungszeit des Jahres 1789 im wörtlichen Sinne zum »Ausklang« des Ancien Régime. Es führte deshalb nicht weit, wenn Ernst Lert die Beziehungen zwischen Tonsetzer und Partitur vom angeblichen Erleben her deuten wollte und meinte: »Es ist Mozarts und seiner Zeit mächtigstes Sexualproblem, welches ›Cosi fan tutte‹ wieder abhandelt: der Mann zwischen zwei Frauen. Eine wahre, wienerische Begebenheit soll zugrunde liegen, welche der Kaiser mit echt österreichischer Hetzfreude als warnendes Beispiel auf das Theater bringen wollte. Also lag die Gefahr solcher wahren Begebenheiten in der Luft.«[38]

Aufschlußreicher ist bereits, daß da Ponte und Mozart zwar nicht an eine literarische Meistergestaltung (Beaumarchais) anknüpfen konnten wie bei »Figaros Hochzeit«, auch nicht an eine Neufassung des vielbewährten Stoffes vom bestraften Wüstling Don Juan Tenorio gehen mußten, doch bei der scheinbar freien Erfindung der Handlung von »Cosi fan tutte« mit erfolgreich bewährten Situationsmodellen arbeiten durften. Liebesprobe und Erprobung der Frauentreue galten als bewährter Topos der Komödie und der Opera buffa. Ein unmittelbares Modell mögen Mozart und da Ponte in der Komischen Oper »Der krumme Teufel« von Haydn und Bernardon gefunden haben. Dort heißt der Don Alfonso noch Dr. Arnoldus. Bei Haydn freilich steht nur eine Frau zwischen zwei Liebhabern, der es nichts ausmacht, die beiden leichthin für sich sterben zu lassen. Das tiefe männliche Mißtrauen gegenüber der Solidität weiblicher Empfindungen findet sich dort wie auch in »Cosi fan tutte«.

Allenthalben gehen die Autoren der Musikalischen Komödie auf Gelächter im Publikum aus; auch dort (und gerade dort), wo auf der Bühne scheinbar gelitten, geweint und schließlich sogar gestorben werden soll. Immerhin liegen die angeblichen Levantiner mit ihrem vielen Geld, den stattlichen Bärten und den anderen Vorzügen, von welchen

Guglielmo in der von Mozart dann ausgeschiedenen D-Dur-Arie »Rivolgete a lui lo sguardo« (Köchel-Verzeichnis 584) zotenhaft zu berichten wußte, einen Augenblick scheinbar vergiftet auf dem Bühnenboden. Erst die verkleidete Despina als Arzt mit dem riesigen Magnet, einer spöttischen Anspielung auf die damalige Mode des Mesmerismus, bringt sie wieder ins Leben zurück, und der schwarze Humor beginnt sich zu lichten.

Es gibt hier, das ist unverkennbar, die Satire und die Ironie. Zur Darstellung falscher Gefühle bedient sich Mozart, wie bereits am Beispiel der Donna Elvira im »Don Giovanni« und später in der Auftrittsarie der Königin der Nacht, der traditionellen Formen musikalischer Hofkunst und des abstrakten Gefühlsklischees aus der Opera seria. Ein treffendes Beispiel für die Verbindung von objektiv unechtem Gefühl, das die Singende jedoch subjektiv für echt hält, und satirischer Überzeichnung der Arienform findet sich in der Arie der Dorabella in Es-Dur, allegro agitato (Nr. 11 der Partitur).

Außer mit den Instrumenten der Satire und Ironie arbeiten Librettist und Komponist mit den unheimlichen, nicht ganz geheuren Bedeutungsstrukturen einer *Literatur der Grenzüberschreitung.* Die Wette des Don Alfonso mit den beiden verliebten Tölpeln meint viel mehr als ein schwankhaftes Glücksspiel. Übliche Wetten haben das Tun eines der Wettenden zum Inhalt. »Ich wette, daß du nicht . . .« In »Cosi fan tutte« wird jedoch um ein Tun-Lassen gewettet, das darin besteht, eine Manipulation der Seelen durch abgefeimtes Tun nicht zu verhindern. Alfonso ist ein *opernhafter Teufel.* Er wettet zwar nicht mit Gott um die Seele des Faust, aber mit Liebenden um die Seelen der geliebten Frauen. Weshalb das Finale von »Cosi fan tutte«, abermals als Sextett, den Abschluß von Mozarts »Don Giovanni«, nach der Höllenfahrt, gleichsam wiederholt. Der enthüllte Betrug hätte den Umschlag in einen tragischen Ausgang, in ein reales Töten, keineswegs ausgeschlossen. Daß sich an den musikalischen Höhepunkten der Oper ohne weiteres ein Umschwung ins Tragische und Heroische ereignen könnte, wird deutlich an der großen Arie der Fiordiligi in E-Dur (Nr. 25). Es ist bekannt, daß sich Beethoven den Aufbau dieses Musikstücks zum Vorbild nahm für die große Leonoren-Arie. Sogar Mozarts Tonart E-Dur kehrt wieder bei Beethoven.

Dem mephistophelischen Don Alfonso entspricht eine durchaus nicht soubrettenhaft-harmlose Despina, der trotz aller Verkleinerung als »Despinetta« nicht getraut werden darf. Despina ist keine zweite Susanne aus dem »Figaro«, sondern eine erfahrene Frau von plebejischer Herkunft. Sie bedeutet aber mehr in jenem Spiel, das der Mozartforscher Alfred Einstein, nicht mit Unrecht, als eine ästhetisch vollkommene Schachpartie bezeichnet hat. Sie ist auch mehr als die traditionelle Kupplerin der italienischen Komödie. Bei Goldoni und noch im »Barbier von Sevilla« hilft der Kuppler den Liebenden. Despina hingegen hilft tatkräftig und mit immer neuen Verwandlungen und falschen Ratschlägen bei der *Destruktion der Liebesbindung.* Das Zusammenwirken von Despina und Don Alfonso ist ein Werk der Gefühlsverneinung. Weshalb die Zofe nicht allein durch Dukaten zur Tätigkeit angespornt werden muß. Was Alfonso im Caféhaus von der Liebe gesagt hatte: daß sie dem Phönix aus Arabien gleiche, den niemand je zu Gesicht bekam, leuchtet der Plebejerin unmittelbar ein. Sie wäre im Caféhaus bereit gewesen, dieselbe Wette mit den Geliebten ihrer beiden Damen abzuschließen.

Das Zusammenwirken Alfonsos und Despinas gemahnt durchaus an die mit viel Geld und völliger Herzlosigkeit geplanten Kabalen des Herrn de Valmont und der Marquise de Merteuil. Einige der wichtigsten Nummern der Mozart-Partitur wirken wie eine musikalische Illustration von Erkenntnissen der Madame de Merteuil: daß alle Empfindungen, analysiert mit Hilfe einer zu Ende gedachten Aufklärung, der sich auch der Marquis de Sade ergeben hatte, den Keim der Unwahrheit in sich tragen, folglich der Zerstörbarkeit. Wenn die verkleideten Liebhaber in »Cosi fan tutte« jeweils um die Braut des Freundes werben, und zwar mit Erfolg, so steht in den Verführungsszenen das gespielte Gefühl des Mannes gegen das echte der erotisch faszinierten Frau. Viele Abstufungen bei Dorabella und Fiordiligi zwischen bewußt gespielter heroischer Pose und einer Gefühlsintensität, die man sich selbst emphatisch zusichert, weil man ihrer insgeheim nicht mehr sicher ist. Die Arie des Ferrando und die große heroische Arie der Fiordiligi wirken so markant im teuflischen Spiel, weil nur in diesen beiden Momenten, wo Mozart sich selbst eine Echtheit des Gefühls gestatten durfte, jenes Licht der Hoffnung aufscheint, das schließlich die Wahl der Tonart C-Dur auch im Finale zu rechtfertigen vermag. Allein auch dieser Vorschein auf eine Welt der nicht manipulierbaren Gefühle ist blaß, und das Finale endet rasch. Abermals erlebte man ein Finale der untergehenden Gesellschaft: den Ausklang einer Endzeit.[39]

Sarastro und Papageno

> Da die Vernunft keine inhaltlichen Ziele setzt, sind die
> Affekte alle gleich weit von ihr entfernt. Sie sind bloß
> natürlich. Das Prinzip, demzufolge die Vernunft allem
> Unvernünftigen bloß entgegengesetzt ist, begründet den
> wahren Gegensatz zwischen Aufklärung und Mytho-
> logie.
>
> *Horkheimer/Adorno, Dialektik der Aufklärung*

Auch die »Zauberflöte« von Mozart und Schikaneder,
zwei Jahre nach dem Bastillesturm entstanden, gehört zum
Ausklang des Ancien Régime. Andererseits ist sie unverkennbar ein Werk der Aufklärung: nicht allein in den freimaurerischen Symbolen, die den Kult der heiligen Drei-
zahl bis in die Grundtonart Es-Dur mit den drei Vorzei-
chen hinein respektieren. Eben dadurch aber beweist die
Mozartoper, ganz wie das Freimaurertum übrigens, daß
Vernunft und folglich Aufklärung am mythologischen Ma-
terial zu arbeiten haben: sie besitzen keine eigene, anti-
mythologische Substanz. Die Antithese zwischen Sarastro
und der nächtlichen Königin, nicht minder übrigens die
Antithese von Sarastro und Papageno, die auf neuer Stufe
der Aufklärung die Shakespearesche Auseinandersetzung
zwischen Prospero und Caliban aus dem »Sturm« fort-
setzt, ist zwar als eine solche der Vernunft und der Unvernunft zu verstehen, bedient sich jedoch bei der szenischen
Demonstration aller Requisiten des mythologischen In-
strumentariums. Astralmythen, magische Rituale der Einweihung, Fruchtbarkeitszauber.

Die drei Knaben verkünden im Finale den Anbruch eines
Morgens der Vernunft. Der Aberglauben wird schwinden.
Sarastro nimmt die These auf in seinem Schlußwort: die

Strahlen der Sonne vertreiben die Nacht. Das Dunkel ist gleichgesetzt dem Aberglauben wie der Bosheit.[1] Nächtliches Dunkel wird gleichzeitig als Unvernunft und als Schlechtigkeit verstanden. Das ist Sonnenkult, gewiß, aber es bestätigt gleichzeitig, daß Sarastro selbst als Zwingherr zur Vernunft tief befangen bleibt in mythologischen Traditionen. Der Mohr Monostatos bringt es im wörtlichen Sinne »an den Tag«.

Er ist der einzige, der ausgeschlossen wird vom brüderlichen Fest »im Namen der Menschheit«, wie Sarastro in Emanuel Schikaneders etwas hochtrabender Diktion formuliert hatte. »Weiß ist schön, ich muß sie küssen...«, sang der liebeshungrige Neger vor der schlafenden oder bewußtlosen Pamina. Er gehört nicht zu jener Menschheit, der immerhin Papageno mit seiner Papagena auf subalterner Stufe angehören darf. Monostatos ist der absolute Außenseiter: »weil ein Schwarzer häßlich ist«. Schwarz gleich häßlich gleich schlecht: hier findet die Aufklärung ihre Schranke. Monostatos scheitert nicht am Mythos, sondern an der Aufklärung. Sie nämlich ist immer noch rationales Postulat in einem gesellschaftlichen Umkreis des Ancien Régime, wo Humanisierung naiverweise gleichgesetzt wird dem Europäertum. Dazu gehört der Neger nicht.

Papageno ist ein anderer, nämlich für die Aufklärung relevanter Fall. Er ist weiß, er ist unvernünftig, und er ist »natürlich«. Vor allem ist er eine mythische Figur und damit ein ideales Objekt für aufgeklärte Pädagogik. Das hat *Kierkegaard* erkannt, als er den Vogelfänger als zweites Stadium des »Musikalisch-Erotischen«, zwischen Cherubino und Don Juan, interpretierte.

Kierkegaard hält die »Zauberflöte« als Gesamtwerk schlechthin für »unmusikalisch«. Insbesondere den Tamino und seine Zauberflöte, wie »denn überhaupt die geistige Entwicklung, die das Stück vollbringen will, eine völlig unmusikalische Idee ist«.[2] Gemeint ist mit solcher Kritik offenbar das Aufklärungskonzept der »Zauberflöte«. Damit setzt sich Kierkegaard in scharfen Widerspruch zum mythologischen Schema des Weisheitstempels, Sonnenkreises und der Erziehungsdiktatur des Sarastro und seiner Priester. Kierkegaard ergreift Papagenos Partei. Seine »Unmittelbarkeit« im dialektischen Verstande sei nicht geistiger, sondern sinnlicher Art. Papageno bedeute nicht »Unmittelbarkeit des Geistes«, sondern »Unmittelbarkeit der Sinnlichkeit«. Damit werde er zur musikalischen und zur erotischen Figur: ganz im Gegensatz zu seinem Herrn Tamino.

Der Kontrast zwischen der Selbstinterpretation der Autoren Mozart und Schikaneder im Jahre 1791, und Sören Kierkegaards Analyse in dem Buch »Entweder/Oder« von 1843 ist offensichtlich. *Dort* die Grundthese, auch ein primitiver, sinnlicher und denkschwacher Mensch wie der Vogelfänger Papageno könne durch Familie, geordnete Sinnlichkeit und Gehorsam langsam humanisiert werden und mithin aufhören, eine unaufgeklärte, mythische Existenz weiterzuführen. *Hier* dagegen die Verteidigung Papagenos gegen solche Versuche: zugunsten des Weiterbestandes seiner sinnlichen Unmittelbarkeit, was bei Kierkegaard bedeutet: zugunsten einer Weiterexistenz als »mythischer« Papageno.

Es handelt sich nicht allein um Gegensätze zwischen Mozart und Kierkegaard, dem Mozartverehrer. Das würde wenig besagen. Was den antithetischen Deutungen zugrunde liegt, ist ein Wandel der historischen Konstellation. Die »Zauberflöte« gehört zum ideologischen Ausklang des Ancien Régime, damit zu einer Aufklärung, die noch ohne die Zwänge einer etablierten und siegreichen bürgerlichen Gesellschaft auszukommen vermag. Kierkegaard hingegen lebt inmitten der bürgerlichen Wirklichkeit, die auch Religion rationalisieren, nützlich machen, als ästhetische oder gar moralische Erbauung konsumieren möchte. Dagegen kämpft das Buch »Entweder/Oder«. Weshalb es die Verteidigung der Außenseiter gegen bürgerliche Normen übernehmen muß: des unordentlichen und auch Unordnung stiftenden Cherubino; des sinnlich-unmittelbaren, unaufgeklärten und mythischen Papageno; schließlich des Don Juan als einer »Figur der Grenzüberschreitung« (Ernst Bloch)[3].

Deutsche Aufklärung war im 18. Jahrhundert energisch bestrebt, die Mythen aufzuklären und damit unschädlich zu machen. Das gelang im Kunstwerk, weil die Wirklichkeit kaum erst mit solchen Postulaten Ernst machen konnte. Ein bißchen josephinische und friderizianische Toleranz lieferte noch keine gesellschaftlichen Bedingungen der Möglichkeit. Die Französische Revolution wurde zum Wendepunkt. Allein das war ein »exogener« Vorgang. Der Wandel in der Darstellung eines »aufgeklärten Mythos« von Goethe bis Hebbel und von Mozart bis Kierkegaard stellt sich dar als langsamer, doch unaufhaltsamer Umschlag vom aufgeklärten Mythos zu einer von neuem mythisierten und damit unschädlich gemachten Aufklärung.

Über die Menschenfresser (Montaigne)

Das XXXI. Kapitel im Ersten Buch der »Essais« von Montaigne aus dem Jahre 1580 trägt die Überschrift »Des Cannibales«.[4] In der kühlen Ruhe eines Denkens, das im Alltag philosophiert und die unmittelbaren Gegebenheiten der sinnlichen Erfahrung überdenkt, übt ein Aristokrat am Ufer der Dordogne die damals ungewöhnliche Fähigkeit, das Ungewöhnliche im Leben nicht an irgendwelchen vorgegebenen Normen zu messen, sondern als Besonderheit zu verstehen. Montaigne ist die folgerichtige Inkarnation eines Denkers der Aufklärung, weil seine Vernunft nicht von irgendwelchen materialen Normen ausgeht, sondern das vernünftige Abwägen in jedem Einzelfall gegen die Abstraktionen und angeblichen Gewißheiten der öffentlichen Doktrin zu stellen weiß.

Im XIX. Kapitel des Zweiten Buches, das »De la Liberté de Conscience« überschrieben wurde, was dem Text nach sowohl die Bekenntnisfreiheit meint wie das freie Denken, ergreift der Verfasser der »Essais« die Partei des von allen Christen geschmähten, nach katholischer wie protestantischer Theologie verworfenen römischen Kaisers Julian Apostata: des Abtrünnigen, der die Gefahren christlicher Religion für sein Imperium ermaß und bekämpfen wollte, dabei unterlag. »Er war in Wahrheit ein seltener und sehr großer Mann«, sagt Montaigne, »und seine Seele war hell geworden durch die philosophischen Erwägungen, nach denen er seine Handlungen zu richten suchte.«[5]

Dies ist eine Verteidigung des absoluten ideologischen Außenseiters. Sie wird unternommen mitten in einem erbarmungslosen Religionskrieg. Im XXX. Kapitel des Zweiten Buches demonstriert Montaigne am Beispiel eines Kindes, das als Mißgeburt aufwächst, wie notwendig es sei, daß sich ein Denken, das die Gleichheit aller Menschen postuliere, auch vor einem solchen Fall bewähre.[6]

Das Kapitel über die »Kannibalen« muß von solchen philosophischen Grundpositionen her verstanden werden. Da Montaigne sein Denken als Gelegenheitsphilosophie betreibt, ganz fern aller späteren deutschen Systematik, gibt es in den »Essais« scheinbar kein Fortschreiten des Gedankens. Montaigne bleibt – scheinbar – nicht beim Thema. Es macht ihm nichts aus, einem Kapitel über die Bedeutung der Daumen ein anderes folgen zu lassen, wo nachgewiesen wird, daß Feigheit die Mutter ist der Grausamkeit.

Das Kapitel über die Menschenfresser beginnt, wie üblich bei Montaigne, mit einer Darstellung der herkömmlichen Ansicht über die »Barbaren«, die man in Frankreich stets gekannt hatte als Eingeborene aus Afrika, die aber seit dem

Zeitalter der Entdeckungen in neuer Zahl und Qualität im christlichen Europa aufgetreten waren. Caliban als gesellschaftliches, politisches und juristisches Phänomen, das man besichtigen konnte als Reisender nach dem neuentdeckten westlichen Indien, das man aber auch besichtigen durfte als Import von versklavten Kreaturen, beschäftigte das Denken wie die Einbildungskraft. Der Dominikaner-Bruder Bartolomé de Las Casas, der sich bei Philipp II. von Spanien gegen eine Politik der Sklaverei und Ausrottung zur Wehr setzt; Montaignes Versuch über die Kannibalen, der sich stellenweise liest wie ein vorweggenommener Jean-Jacques Rousseau im Preis von Schönheit und Natürlichkeit dieser »Wilden«; die Unsicherheit und geheime Faszination schließlich, die man bei Shakespeare spürt, wenn er Prospero und Caliban miteinander konfrontiert: sie stellen konvergierende Bemühungen des Geistes dar vor einem ungewohnten neuen Phänomen des Menschentums. Das Denken der Renaissance, gerade darin den antiken Traditionen eng verbunden, hat sich hier wahrhaft zu bewähren.

Montaigne beginnt die Betrachtung über Barbaren und Kannibalen ironischerweise mit dem bekannten Hinweis darauf, daß die Griechen alle Nichtgriechen einfach als »Barbaren« zusammenfaßten. Dennoch habe der Grieche Pyrrhos von Epirus beim Anblick einer römischen Schlachtordnung ausgerufen: sehr barbarisch komme ihm das nicht vor! Das bringt Montaigne auf Zeugenaussagen über den Barbarismus von Eingeborenen im neuentdeckten südlichen Amerika. Es handelt sich um Brasilien. Einer von Montaignes Leuten sei dort fast zwölf Jahre lang gewesen; ein schlichter und grober Mensch, was den Philosophen entzückt, weil einem solchen Urteil zu trauen sei, da es außerstande wäre, etwas zu erfinden. Nach den Aussagen dieses Zeugen über die dortigen Eingeborenen sei zu folgern: »Ich entdecke nichts Barbarisches und Wildes an dieser Nation, nach allen Berichten, außer daß jeder das für barbarisch hält, was seinen eigenen Gewohnheiten widerspricht. Wir haben offenbar keinen anderen Wahrheits- und Vernunftbeweis, als die Meinungen und Gewohnheiten des Landes, wo wir leben. Hier bei uns gibt es die vollkommene Religion und Politik, den perfekten Gebrauch aller Dinge. Dort aber gibt es Wilde . . .«[7]

Dann folgt eine Antizipation des Rousseauismus. Wir sprechen, meint Montaigne, von wilden Früchten, um die natürlichen Erzeugnisse abzuwerten, während die Produkte unserer Züchtungen in Wirklichkeit als Entartung verstanden werden müßten. »Wir haben die Schönheit und den Reichtum der Natur durch unsere Erfindungen so belastet, daß wir sie erstickt haben.« Das gelte auch für die Menschen: »Diese Völker sind nur insoweit barbarisch, als sie nur sehr wenig Formung des menschlichen Geistes erhalten haben und ihrer ursprünglichen Unbefangenheit noch sehr nahe sind.«

Mit traurigem Hohn vergleicht der Essay über die Menschenfresser die Tötungszeremonien der Wilden an ihren Feinden mit der raffinierten Grausamkeit der Portugiesen, die den Barbaren erst beigebracht hätten, daß man einen Menschen auch lebendig begraben und auf ausgesuchte Art quälen kann. Sogar den Kannibalismus, der ein Essen von Totem bedeutet, will Montaigne unter Berufung auf die Stoiker Chrysippos und Zenon mit Hilfe der Vernunft rechtfertigen.

Das Kapitel endet, gleichsam als Vorwegnahme der philosophischen Märchen des 18. Jahrhunderts von edlen Wilden und korrumpierten Europäern, als Reflexion über Erfahrungen mit jenen Eingeborenen aus dem südlichen Amerika, die nach Europa, und zwar an den Hof der Valois gekommen seien: »nicht ahnend, daß sie ihre Kenntnis der hiesigen Verderbtheiten eines Tages mit ihrem eigenen Glück und Seelenfrieden bezahlen müssen, und daß der Umgang mit uns ihren Ruin bedeuten wird . . .«

Bemerkenswert aber findet Montaigne, was jenen Besuchern aus der barbarischen Welt jenseits des Atlantik aufgefallen war. Man hatte sie an den Hof des Königs Karl IX. gebracht, eines geistesschwachen Knaben, der vorzeitig, durch den plötzlichen Tod seines Bruders Franz II., auf den Thron gelangte. Den Wilden fiel auf, und sie sagten es auch, daß so viele stattliche Erwachsene, stark und bärtig, einem Kind gehorchten, statt sich einen ebenso starken Herrscher zu wählen. Dann aber hatten die Besucher bemerkt, »daß die Hälfte der Menschen mit allen Annehmlichkeiten ausgestattet war, und daß die andere Hälfte an den Türen bettelte, ausgezehrt von Hunger und Armut. Und sie fanden es seltsam, daß jene Hälfte eine solche Ungerechtigkeit hinnahm, statt jene andere an der Kehle zu packen und ihre Häuser in Brand zu setzen.«

Montaigne fügt noch ein eigenes Gespräch mit einem jener offenbar privilegierten »Hauptleute« der Barbaren den Zeugenaussagen und Betrachtungen an. Er habe jenen gefragt, welches Privileg er bei den Seinen in Friedenszeiten genießen könne. »Er antwortete, daß man ihm beim Besuch in den Dörfern, die ihm untertan seien, die Wege durch das Gestrüpp bahne, damit er bequem hindurchgehen könne.«[8]

Montaigne schließt: »Das ist gar nicht so übel. Aber freilich tragen sie Schuhe mit Stelzen!«

Die einzigartige Bedeutung dieser Betrachtung Montaignes über die Kannibalen liegt im Einsatz einer gleichsam *absoluten Aufklärung*. Der Seigneur de Montaigne ist reich und hochadlig. Er ist angesehen am Hofe des Louvre und besitzt hugenottische Freunde. Er lebt zwischen den Parteien der Religionskriege, als Zeitgenosse Philipps von Spanien und der Königin Elisabeth. Der Erstdruck der »Essais« im Jahre 1580 entzückt den letzten Valois, König Heinrich III., aber auch der durchaus antikatholische Shakespeare wird ein aufmerksamer Leser.

Montaigne hat erkannt, daß sich die menschliche Vernunft in dieser Epoche einer geistigen »Wiedergeburt« an zwei Grundphänomenen der Gesellschaft bewähren muß: an der Glaubensspaltung und an der ungeahnten Existenz von Menschen und Kulturen, die aufgewachsen und gewachsen sind ohne Antike und Christentum, *ohne Platon und die Bergpredigt.* Die absolute Aufklärung der »Essais« besteht darin, daß nirgendwo eine inhaltliche Fixierung von Vernunftpostulaten versucht wird. Aufklärung ist eine Geisteshaltung und Arbeitsmethode, kein Normenkatalog. Daher später die Mühe Immanuel Kants, dem diese Eigentümlichkeit von Aufklärung bewußt geblieben war, trotzdem mit Hilfe des formalen Verfahrens zu inhaltlichen Maximen, etwa in Form des kategorischen Imperativs, zu gelangen.

Die Gedanken über Kannibalen und Kannibalismus demonstrieren gleichzeitig, daß die absolute Aufklärung nicht die Aufgabe übernehmen darf, vorhandene Mythen zu zerstören, um sie durch andere, scheinbar weniger »barbarische« zu ersetzen. Der aufgeklärte Mythos, der alle Gegenwelt als Aberglauben abtut und ersichtlich genau zu wissen scheint, wie sich normative Aufklärung zu verhalten hat, bewirkt dadurch nicht Humanisierung, sondern eine neue Form scheinbar illuminierter Mythologie. Das wird an Shakespeares letztem Werk, dem »Sturm«, offenbar.

Prospero und Caliban

Caliban in Shakespeares »Sturm«, dem Sohn der Hexe Sycorax und eines Teufels, ist die Affinität mit den Kannibalen bereits im Namen mit auf den Weg gegeben worden. So daß der deutsche Moralist Gustav Landauer, als er im Kriegsjahr 1917 mit seinen Shakespearevorlesungen bei dem rätselhaften Schlußwerk angelangt war, die Wahrheit

Calibans, wonach aus einer Kopulation mit der jungen Miranda eine »brave brood« entspringen würde, mit dem Kannibalismus der Studenten aus der Szene in Auerbachs Keller konfrontierte: »Wenn wir calibanisch die Wahrheit sagen wollen: denken denn die, denen kannibalisch wohl ist ›als wie fünfhundert Säuen‹, in ihrer Wollust an die Brut, an die Kinder?«[9]

Man hat die Bedeutung Calibans für die Struktur und Dramaturgie des »Sturm« jahrhundertelang verkannt. Daß sich Prospero und Caliban, die eigentlichen Gegenspieler, zueinander keineswegs in Form der reinen Position und der reinen Negation verhalten, ist spät erst verstanden worden. Genau: seit das Scheitern der bürgerlichen Aufklärung und das Fehlen einer Alternative zu ihr nicht länger verschwiegen werden konnte. Die Literaturpsychologen des 19. Jahrhunderts waren fasziniert von den rätselhaften Relationen zwischen dem »Erlebnis« eines Autors und seiner »Dichtung«. Ob der Abschied Prosperos von der Magie einen Abschied Shakespeares vom Theater umschreibe (der angesehene dänische Literaturwissenschaftler Georg Brandes verwandte viel Sorgfalt auf diese These), war offensichtlich wichtiger, weil nicht entscheidbar, als der Text des Stückes.

In seiner entschiedenen Gegenposition zu aller Art des Naturalismus (und übrigens auch des russischen Realismus in Tolstois oder Dostojewskis Romanen) weigerte sich der amerikanische Wahlengländer *Henry James* im Jahre 1907, in seiner Einleitung zur Ausgabe des »Tempest« in der Renaissance Edition, das letzte Shakespearestück überhaupt anders zu interpretieren denn als artistische Schöpfung von höchster ästhetischer Vollendung. Der »Sturm« sei vollkommene Musik, von einem Meister vor dem Harpsichord erfunden.[10]

In dieser Interpretation des entschiedenen Formalismus wird jegliche »Botschaft« Shakespeares geleugnet. Die

Handlung des »Sturm« sei belanglos. Die Grundlagen der Shakespearekomödien würden durch »Altweibergeschichten« konstituiert. Die Königsdramen hätten überhaupt keine Handlung, und die sogenannte Story des »Sturm« sei »vollkommen nichtig, denn jede Geschichte kann mit einer fernen Insel dienen, mit einem Schiffbruch und mit Zufällen«. Da sei nichts als vollkommener Stil: »Ariel und Caliban und die Insellüfte und Inseldüfte und auch der übrige magische Zauber und die unauslöschliche Zartheit des Ganzen (eine Zartheit, die am schönsten gelang im Entwurf des Caliban und in seiner Ausführung), alles ist Stil . . .« Worin freilich die bloß ästhetische Vollendung des Calibankonzepts bestehen soll, das gedenkt Henry James dem Leser nicht mitzuteilen.[11]

Zehn Jahre später (1917) wird die rein ästhetische durch eine dezidiert moralische Deutung des Geschehens zwischen Prospero und Caliban abgelöst. *Gustav Landauer* versteht den Antagonismus aus einer starken und emotionalen Identifikation des Deuters mit der Weisheit Prosperos. Der aus der Macht vertriebene Intellektuelle, der sich durch Zauberbücher sein Inselreich errichtete, mit Caliban als dem einzigen Untertan, erscheint bei Landauer, im Zeichen des expressionistischen Menschheitsglaubens, als Sinnbild des europäischen Humanisten. Wobei sich der Interpret in der Tat nicht allein auf die Montaigne-Anklänge im Text des »Sturm« berufen darf, sondern auch auf das rätselhafte, in der Sprache Shakespeares so seltene Wort, womit Prospero, bevor er sein Zaubergerät von sich tut, alle Mühe um Caliban umschreibt:

> A devil, a born devil, on whose nature
> Nurture can never stick; on whom my pains,
> Humanely taken, all, all lost, quite lost; (IV, 1)

Humanely taken. Ein Versagen des Humanisten nicht vor dem Bildungslosen, sondern vor dem Bildungsfeind.

Auch Landauer sieht den Caliban mit Prosperos Augen: »Er ist die verkörperte, die wahrhaft von der inneren Niedertracht her Körper und bewegter Organismus gewordene Häßlichkeit.«[12] Wobei der Interpret in seinem moralischen Eifer übersieht, daß Begriffe wie Niedertracht und Häßlichkeit ein ethisches und ästhetisches Normensystem voraussetzen, dem Caliban aus eigener Substanz nicht entsprechen kann.

Weshalb Gustav Landauer sogleich, ohne solchem Einwand sich zu stellen, nach mildernden Umständen sucht für das Kind der Hexe und des Teufels: »Und doch hat Caliban etwas an sich, was uns zur Versöhnung und fast zur Rührung stimmen könnte ... Man kann ihn nicht mehr schuldig nennen als eine Hyäne oder eine Schlange; er trägt die Urschuld oder Erbsünde der gesamten Schöpfung, nicht mehr, nicht weniger ...«

Allein der am Boden kriechende, mit Flossen behaftete, des »aufrechten Ganges« unfähige Caliban ist kein Tier, sondern ein Mensch. Die aus Büchern destillierte Unterweisung durch Prospero blieb nicht folgenlos. Man hat mit Recht bemerkt, daß Caliban bei Shakespeare in Versen spricht. Auf dem Höhepunkt der alkoholischen Beglückung erweist er sich als einer, der Reime zu singen vermag.

No more dams I'll make for fish;
Nor fetch in firing
At requiring;
Nor scrape trencher, nor wash dish;
'Ban, 'Ban, Cacaliban
Has a new master: – get a new man. (II, 2)

Und dann ein Gebrüll in Prosa: nach Freiheit, nach Freiheit! Er hat das Identitätsgefühl des Knechtes, der den Herren wechselt, den eigenen Namen weiß, und sogar damit Sprachspiele zu treiben vermag. Da ist nichts von Unschuld der Hyäne oder Schlange. *Caliban läuft weg aus der*

Schule der Aufklärung. Er weiß auch, was Dankbarkeit ist, denn er entschied sich für die Undankbarkeit. Dem Prospero zollt er höhnisch Dank dafür, daß er ihn Worte lehrte für das Fluchen. Er weiß auch, was Herrschaft und Knechtschaft bedeuten. Einst war er Herr der Insel. Der scheinbar so aufgeklärte Weise hat ihn geknechtet: mit Hilfe der Bücher. Weshalb Caliban seinem neuen Herrn und Gott Stephano, als er nüchtern und genau rational planend die verschiedenen Möglichkeiten zur Ermordung des schlafenden Prospero durchspielt, dringend zurät, zuerst sich der Bücher Prosperos zu bemächtigen, da er ohne die Bücher machtlos und nur ein armer Dummkopf sei, wie er selbst: wie Caliban.

Caliban wurde zwischen den Mythos und die Aufklärung gestellt, und entscheidet sich für den genuinen Mythos. Der Gott der Hexe Sycorax, und folglich auch der seine, war Setebos: ein Gott der Indianer. (Eine Erzählung Arno Schmidts aus dem Band »Kühe in Halbtrauer« ist betitelt »Caliban über Setebos«.) Am Mythos hält Caliban fest, dennoch ist die Aufklärung nicht wirkungslos geblieben. Caliban hat mit dem Sprechen auch die »instrumentale Vernunft« gelernt. So lebt er bei Shakespeare um das Jahr 1610 bereits den Synkretismus vor. Gleich jenen Völkern der Dritten Welt, die Woodoozauber und moderne Medizin synkretistisch im Dasein amalgamieren.

War alle Aufklärung Prosperos folglich vor Caliban gescheitert? Die Shakespearedeutung von *Jan Kott,* die mit Recht weder eine gewaltlose Güte Prosperos gelten läßt, noch eine Tierhaftigkeit Calibans, will trotzdem nicht ein völliges Scheitern konstatieren.

In der Sammlung seiner Shakespeare-Studien hat Kott für die Analyse des »Sturm« die naheliegende Überschrift gewählt »Prosperos Stab«. Damit benennt er jene Welt der Magie, die der alleingebliebene Beherrscher der Inselwelt abtut von seinem Pfad, bevor er nach Mailand, in sein

Herzogtum, zurückkehrt. »Wer ist Prospero und was bedeutet sein Stab? Warum verbindet er Wissen mit Magie, und was ist der endgültige Sinn seiner Konfrontation mit Caliban? Denn Prospero und Caliban sind die Helden des ›Sturm‹.«

Im Gegensatz zu den Interpreten der Figur des Prospero, die sich, wie der polnische Literaturwissenschaftler höhnisch anmerkt, den vertriebenen Herzog von Mailand und Magier einer Inselwelt im langen Astrologenkleid vorstellen möchten, versteht Kott nämlich, mit gutem Recht, die Geschichte Prosperos als eine solche der *gescheiterten Aufklärung*. »Alles konnte sich ändern und nichts änderte sich.« Daß Prospero von Shakespeare nach dem Vorstellungsbild des *Leonardo da Vinci* entworfen wurde, ist mehrfach in der Forschung betont worden. Auch Kott weist hin auf die Affinität zwischen dem legendären italienischen Meister und Magier und der Kunstfigur William Shakespeares.[13] Daß Prospero auch ein Leser Montaignes war, ist unverkennbar. Schon Hamlet hatte in seinen monologischen Gedanken über den Mensch als Meisterwerk, über seine edle Vernunft und seine unbegrenzten Fähigkeiten (Hamlet II, 2) aus den »Essais« von Montaigne zitiert: um schmerzlich den Kontrast der menschlichen Wirklichkeit zur Möglichkeit zu beklagen. Auch Prospero wird verzehrt von diesem Widerstreit zwischen virtueller Vernunft und realer Unvernunft.

Die Gedanken Montaignes über die Kannibalen sind gleichfalls bei Shakespeare verarbeitet, wie Kott mit Recht anführt. Doch in welcher Form? Gewiß hat Prospero seinen Montaigne gelesen, aber auch der ohnmächtige, gutwillig-schwache Gonzalo las ihn: der nichts tat, um dem Intellektuellen Prospero das Mailänder Herzogtum zu bewahren. Gonzalo war bloß fähig, dem vertriebenen Fürsten seine Bücher zu retten. So wird aus Gonzalos Bericht von der *utopischen Gesellschaft* durch die Art, wie Shakespeare den Höfling vor erschöpften und gelangweilten Aristokraten auf einem wüsten Eiland die Vision vortragen läßt, eine Szene von bitterer Heiterkeit. Der noble Traum eines Thomas Morus und Montaigne wird kontrastiert mit der Dummheit und Niedertracht von Schiffbrüchigen, die nach ihrer wunderbaren Rettung eifrig darangehen, neue Ränke zu spinnen und neue Torheiten zu äußern. Kott formuliert: »Aber Shakespeare glaubte nicht an die guten Wilden, wie er nicht an die guten Könige glaubte. Suchte er die Utopia, so placierte er sie im Ardennerwald ... Shakespeare glaubte nicht an die glücklichen Inseln. Sie lagen den Kontinenten zu nahe ...«[14]

Weshalb der »Sturm« in der Interpretation von Jan Kott als melancholische Komödie der verlorenen Illusionen gedeutet wird. Prospero als gescheiterter Aufklärer zu einer Zeit, da die eigentliche bürgerliche Aufklärung in Europa ihre gesellschaftliche Grundlage noch gar nicht gefunden hatte. Prospero verkörpert den aufgeklärten Mythos: jedoch im Widerstreit mit einer Welt, die einerseits immer nachdrücklicher die Technik der instrumentalen Vernunft in Handel und Schiffahrt, auch im Wirtschaftsprozeß einer ursprünglichen Akkumulation anzuwenden weiß, gleichzeitig jedoch geistig im mythischen Denken weiter beharrt. Giordano Bruno wird verbrannt, Thomas Morus enthauptet, auch Thomas Müntzer, die Inquisition wird eingesetzt durch die spanische Gegenreformation. Leonardo da Vinci stirbt einsam, ganz wie später der Naturwissenschaftler Galilei. In ihre Reihe stellt Shakespeare auch seinen Prospero.

Prospero ist kein guter Fürst, selbst nicht in der Einsamkeit der Zauberinsel. Mit Zaubergewalt macht er sich den Luftgeist Ariel dienstbar; mit Zauber, der Gewaltanwendung zu erzeugen verstand, unterwirft er sich den eingeborenen Herrn der Insel, den Caliban. Soll man hier bereits, lange vor den europäischen Umwälzungen, die solche Systeme schließlich hervorbrachten, in Prosperos Reich von einem *aufgeklärten Despotismus* sprechen? Die aufgeklärte Despotie ist allenthalben in Europa schließlich gescheitert. Am nachdrücklichsten im 18. Jahrhundert in Wien beim guten Kaiser Joseph, und in Potsdam bei König Friedrich von Preußen. Auch an seinem einzigen Untertan Caliban mißlingt der despotische Illuminismus Prosperos. Caliban mag kein kannibalischer Mensch sein, aber ein edler Wilder im Sinne europäischer Aufklärung des 18. Jahrhunderts ist er ganz gewiß nicht.

Jan Kott behauptet zwar von Caliban: »Vielleicht ist er der einzige im Stück, der sich wirklich ändert.« Aber das weiß man nicht, und Shakespeare läßt die Frage offen. Genauso offen wie seine Antwort auf die berühmte Schwärmerei der jungen und ahnungslosen Miranda über Schönheit und Größe des Menschen:

O, wonder!
How many goodly creatures are there here!
How beauteous mankind is! O brave new world,
That has such people in't! (V, 1)

Der Zauberer Prospero, der diese wackere neue Welt nur allzugut kennenlernte, antwortet ganz kurz: »'Tis new to thee.« Nicht zufällig daher, daß Aldous Huxley seine berühmte Gegenutopie von einer total verwalteten und nivellierten Welt im Jahre 1932 mit eben jenem Ausspruch der naiven Miranda versah: »Brave New World«.

Auch *Leslie A. Fiedler* gibt der Darstellung von Außenseitern in Shakespeares »Sturm« diesen trockenen Satz als Überschrift: »'Tis new to thee.« Er weist darauf hin, daß sowohl das Wort vom Kannibalen wie folglich das Anagramm des Namens Caliban zurückzuführen sei auf das Wort »Carib«. Die Bezeichnung Carib meinte den ersten Indianerstamm, der in Europa bekannt wurde. Auch Fiedler interpretiert Caliban durchaus als Menschen, aber aus bisher unbekannter Gegend und von vorerst ungewohnter Gestalt: »Wenn man sagt, daß Caliban bei Shakespeare ein Indianer ist, so meint man damit, daß er ein Problem darstellte, denn Shakespeares Zeitalter war nicht fähig gewesen zu unterscheiden, was diese Indianer in Wirklichkeit seien.« Übrigens unterstreicht Fiedler, der gleichfalls, ganz wie Jan Kott, und im Gegensatz etwa zu Gustav Landauer, viel Zuneigung aufbringt für Caliban, die bei Shakespeare genußvoll dargestellte naive Sinnlichkeit dessen, den seine Kumpane Stephano und Trinculo stets nur als »monster« anzureden pflegen. Caliban hatte das Kind Miranda vergewaltigen wollen. Prospero konnte ihn daran hindern. Ironisch meint Fiedler über Caliban: »So wird er der erste farbige Vergewaltiger innerhalb der Literatur.«[15]

Sarastro und Papageno

Überblickt man die Jahrhunderte der Aufklärung in Europa – von den Anfängen bei Montaigne oder Shakespeare bis zur Konfrontation zwischen Sarastro und Papageno am Ausgang des 18. Jahrhunderts –, so stellt sich der Ablauf unweigerlich dar als ein Prozeß der Selbsttäuschung und Beschönigung. Michel de Montaigne hatte die Kannibalen durchaus als Menschen, und damit als seinesgleichen, gedeutet. Er bewunderte ihre Schönheit, Natürlichkeit und Würde. Allein er schrieb als aufgeklärter Einzelner in mythisch-unaufgeklärten Zeitläuften. Shakespeare übernahm, als Leser, die Gedanken des französischen Skeptikers, um die Konfrontation zwischen Prospero und Caliban als hoffnungslose und glücklose Beziehung zu deuten, worin die Aufklärung mißlingt, die mythische Welt Calibans intakt bleibt, höchstens durch gelernte Aufklärung ein wenig modifiziert werden kann.

Bei Mozart und Schikaneder steht in Prospero-Sarastro

abermals ein Aufklärer auf der Opernbühne, dem Gewalttat nicht fremd ist. Pamina wurde geraubt, das Reich der Königin der Nacht muß zerschmettert werden. Man zwingt nicht zur Liebe, gewährt aber die Freiheit dennoch nicht.

Caliban jedoch wurde gespalten in Papageno und Monostatos. Monostatos bleibt draußen und ausgeschlossen von aller Aufklärung. Überdies finden Mozart und Schikaneder für seinen Untergang an der Seite der nächtlichen Königin sogar noch ein Schuldmoment: Strafe für den Verrat. Das ursprüngliche Ritual dringt abermals durch. Auch der Mohr versucht, wie einstmals Caliban, die Vergewaltigung der schönen weißen Frau.

Papageno hingegen ist ein Weißer, womit die bedrohliche Schärfe der ursprünglichen Konstellation zwischen Prospero und Caliban zurückgenommen wurde.

Zwar wird er nicht zugelassen zur Gemeinschaft der Illuminaten, darf aber mit seiner Papagena im Sonnenreich wohnen und sich vermehren. Er behält seine mythische Welt, kann jedoch der Vorteile eines aufgeklärten Lebens teilhaftig werden. So wollten es die *Freimaurer,* doch war ihre Gemeinschaft, zu welcher sich die aufgeklärten Despoten Joseph und Friedrich ebenso zählten wie Goethe, Wieland oder Mozart, ein elitärer Verband der weißen Männer, der Frauen ebenso ausschloß wie Fremde aller Art oder Außenseiter. In der aufgeklärten Theorie wurde die Gleichheit aller Menschen postuliert, doch die aufgeklärte Praxis kontrastierte mit solcher Theorie. Gelöst wurde nichts mit dem Postulat der formalen Gleichheit aller Menschenrassen.

Beethoven und das Prinzip Hoffnung

Für Christoph von Dohnányi

Am Abend des 3. August 1977 fühlte er sich sehr schwach, verlangte aber, man sollte ihm wieder einmal die Dritte Leonorenouverture vorspielen. Hören wollte er nur die Aufnahme, die sein Freund aus langen Jahrzehnten, der Zeitgenosse vom Jahrgang 1885, Otto Klemperer, geleitet hatte. Das Unvermeidliche wiederholte sich auch diesmal: als das Trompetensignal erklang, begann *Ernst Bloch* zu weinen; wie stets an dieser Stelle. Dann ließ er sich, der blinde zweiundneunzigjährige Mann, ins Schlafzimmer führen. Am andern Morgen, am 4. August 1977, ist er rasch gestorben. Bei der Trauerfeier in Tübingen spielte man die Leonore III in der Interpretation Otto Klemperers.

Es ist merkwürdig, aber auch wieder nicht, denn alles wirkliche Denken geht vom Konkreten aus, daß sehr komplizierte Denkvorgänge, jedenfalls überall dort, wo sie sich mit dem Menschen und seiner Zuständigkeit befassen, auf einen auslösenden Sinneseindruck zurückgeführt werden können. Auf ein besonderes, prägendes Erlebnis mit Menschen, Landschaften, Kunstwerken. Bei Sartre ist es der Blick eines anderen, der uns anschaut – und dem wir standhalten müssen. Bei Martin Heidegger vermutlich die geliebte Landschaft des Schwarzwalds, die ihm Kindheit bedeutete und Geborgenheit. Walter Benjamins Meditationen liefen früh schon auf jenes Bild Paul Klees zu, das der Maler als »Angelus Novus« tituliert hat. Benjamin war auf dem Weg zu diesem Engel, den er später als Engel der Geschichte zu definieren suchte, noch bevor er das Bild von Klee gesehen und für sich erworben hatte.

Vielleicht wäre es möglich, sowohl die Freundschaft zwischen Walter Benjamin und Ernst Bloch, wie auch alle modifizierenden Gegentendenzen im Verhältnis der beiden Denker zu einander, aus der Antithetik auslösender Visionen zu deuten. *Hier* das Bild, der Angelus Novus, der sich, so wird er bei Benjamin gedeutet, mit dem Rücken zur Zukunft aufgestellt hat. Der Sturm des Geschehens treibt seine Flügel in Richtung der Zukunft, doch vor seinen Augen hat er die Vergangenheit: das unabsehbare Trümmerfeld aller bisherigen Geschichte. *Dort* aber, bei Ernst Bloch, *das Trompetensignal aus dem »Fidelio«,* das alle Vergangenheit der Kerker und Kerkermeister, der Pizarros wie der Roccos, in einem Nu abgetan weiß: denn nun beginnt das Neue, das stets Erhoffte. Die Utopie wird plötzlich konkret. Immer wieder hat es Ernst Bloch, in seinen Werken, aber auch im Gespräch stets von neuem gebannt, mit den Worten der Leonore umschrieben, wenn sie Florestan die Ketten abnimmt: »Oh, Gott, welch ein Augenblick«. Ohne Beethovens »Fidelio« wäre das Konzept des »Prinzips Hoffnung« für den Denker Ernst Bloch undenkbar gewesen. Oder wohl: das Prinzip Hoffnung hätte für ihn einer sinnbildlichen Konkretion entbehrt.

Wie aber wurde es möglich, von einem Operntext her, der als Libretto eigentlich abgeleitet und vermittelt war in mancherlei Weise, nahezu heruntergekommen, ein so weitreichendes und für das zeitgenössische Denken folgenreiches Abenteuer zu beginnen? Die Befreiungsoper als Bilanzierung der Französischen Revolution, ihrer jakobinischen Schreckensherrschaft und der darauf folgenden bourgeoisen Stabilisierung, war längst vor Beethoven zum Klischee geworden. Beethoven hat die erste Fassung seiner Oper unter dem Titel »Leonore« zwischen 1803 und 1805 komponiert. Ungefähr gleichzeitig also mit *Friedrich Schillers* Arbeit am »Wilhelm Tell«. Die Parallele ist frappierend. Natürlich erinnerte der Abbruch der Burg »Zwing

Uri« auf der Schiller-Bühne alle Zeitgenossen an die Eroberung und Zerstörung der Bastille am 14. Juli 1789. Auch Florestans Gefängnis, dem der Verbrecher Pizarro gebietet, mußte von Beethovens Zeitgenossen als Bastille verstanden werden.

Das Finale des »Fidelio« erinnert an die Volksfeste vom Quatorze Juillet. Der entscheidende Abschnitt im »Prinzip Hoffnung« von Ernst Bloch, als Gipfelung eines Buches von mehr als 1600 Seiten, gehört zu dem abschließenden Kapitel mit der Überschrift »Wunschbild des erfüllten Augenblicks«. »Oh, Gott, welch ein Augenblick«: der erfüllte Augenblick des Florestan und der Leonore wird konfrontiert mit dem Doktor Faust und seiner Wette über den Augenblick, der es endlich erlauben könnte, das »Verweile doch« zu sprechen. Die eigentliche Analyse aber des »Fidelio« und des Trompetensignals erhält bei Bloch die Überschrift »Marseillaise und Augenblick in Fidelio«. Die Bastille und die Marseillaise: das sind historische Chiffren, die aber bei den Zeitgenossen Schillers und Beethovens, im »Fidelio« wie im »Wilhelm Tell«, gleichsam enthistorisiert wurden. Sie meinten eine Menschlichkeit jenseits der ephemeren geschichtlichen Konstellation.

Darum ist es belanglos, daß hier ein Klischeelibretto zugrunde lag, nach dem Französischen des J. N. Bouilly, ohne allzuviel poetische Ausdruckskraft für die Wiener Bühne bearbeitet durch Joseph Sonnleithner und Friedrich Treitschke. Bei der Erstaufführung am 20. November 1805, damals war Krieg zwischen Frankreich und Österreich, und Napoleon rüstete sich zum Sieg bei Austerlitz, war Sonnleithner allein als Verfasser des Librettos genannt worden. Der Titel lautete noch »Fidelio, oder Die eheliche Liebe«. Dies alles wirkt ein bißchen armselig und heruntergekommen. Dennoch entstand ein Werk des Musiktheaters, das unvergleichbar geblieben ist.

Es wäre banal, die Musik Ludwig van Beethovens ein

bißchen simpel gegen ein angeblich schlechtes Libretto ausspielen zu wollen. Denn die Beethoven-Musik ihrerseits wäre undenkbar ohne jenen szenischen Entwurf, folglich ohne die Antithesen aus Licht und Finsternis, Unterdrückung und Freiheitssüchtigkeit, ohne das Trompetensignal, den Mythos vom Hohen Paar und ohne die Utopie des erfüllten Augenblicks.

Im »Prinzip Hoffnung« hat Ernst Bloch ausführlich begründet, worauf das eigentlich utopische Element des »Fidelio« beruhe. Er versteht es als *eine Utopie gegen die entschiedenste Nicht-Utopie.* In jenem Kapitel seines philosophischen Hauptwerkes, das der Analyse des Trompetensignals vorausgeht, wagt Bloch die kühne Verschränkung zweier Kunstwerke, die scheinbar nichts miteinander zu tun haben: des »Fidelio« mit dem »Deutschen Requiem« von Johannes Brahms. Beide nennt er »musikalische Einweihungen in die Wahrheit der Utopie«: »Siehe, ich sage euch ein Geheimnis, es werden nicht alle entschlafen, aber es werden alle verwandelt werden und dasselbige plötzlich in einem Augenblick, zu der Zeit der letzten Posaune‹ – der geheimnisvolle Gesang dieses Paulusworts im Brahmsschen Requiem bringt aus sich selber den Schall der letzten Posaune in ein Hellhören herein, in einen metaphysischen Kontrapunkt von Hölle und Sieg, von Hölle verschlungen in den Sieg.« Und weiter: »Musik zeigt hier an, es gibt ein Reis, nicht mehr, aber auch nicht weniger, das zu der ewigen Freude blühen könnte und das in der Finsternis fortbesteht, gar sie in sich bindet. Das bedeutet der härtesten Nicht-Utopie gegenüber keinerlei Gewisses, doch ein Vermögen, sie auf ihrem eigenen Boden zu verneinen.«

Die härteste *Nicht-Utopie jedoch ist der Tod.* Von hier aus deutet Bloch die Dritte Leonorenouvertüre, und er hält es für eine »große Eingebung« Gustav Mahlers, diese späte musikalische Zusammenfassung des Leonoren-Konzepts zwischen dem Kerkerbild und dem Schlußakt der Freiheit zu intonieren. Denn diese Ouverture sei »in Wirklichkeit eine utopische Erinnerung, eine Legende der erfüllten Hoffnung, konzentrisch um das Trompetensignal«.

Man kann, durchaus mit Gründen, nicht allein mit Argumenten der Dramaturgie, die Meinung vertreten, daß die musikalische Einlage, wie sie von Mahler institutionalisiert wurde, den Einbruch der Utopie nach der Kerkerszene eher hemmt und entkräftet. Denn die »namen-, namenlose Freude« des Hohen Paares, die Beethoven beim Fallen des Vorhangs in einer sforzato aufsteigenden, doch sogleich wieder ins piano zurückfallenden und stakkatierten Tonleiter in G-Dur emporgeführt hatte, um sie rasch wieder absteigen zu lassen zum ruhenden G-Dur-Akkord, beendet zwar den erfüllten Augenblick der befreiten Gatten. Doch erst unmittelbar darauf, mit dem Eintritt des C-Dur im allegro vivace, vollzieht sich die Verwirklichung der von Leonore in ihrer großen Arie angerufenen Hoffnung: die legendären Reitenden Boten des Königs. Da es sich eine kurzsichtig schematisierende Opernkritik angewöhnte, die von Beethoven schließlich vorangestellte Ouverture in E-Dur, gemessen an den großen Leonorenouverturen, für zweitklassig und enttäuschend zu halten, hat sie nicht bemerkt, daß die eigentliche Fidelio-Ouverture in vollendeter Weise dem musikalischen Aufbau des Werks entspricht. Freilich ist diese Ouverture nicht um ein Trompetensignal konzentriert. Wie wäre das auch möglich? Würde dadurch doch seit Anbeginn der so heikle, unsichere, erhoffte und gefürchtete Augenblick der Befreiung als banale Prädestination enthüllt. Dann wäre der »Fidelio« ein frommes Legendenspiel, worin die Guten niemals scheitern, die Schurken niemals siegen dürfen. Allein gerade Ernst Bloch hat immer wieder betont, daß das Prinzip Hoffnung nicht verwechselt werden dürfe mit irgendeiner geruhigen Zuversicht. Wer zu hören vermag, entdeckt, auch ohne das

Trompetensignal, im Presto-Finale der Fidelio-Ouverture, das bereits kurz auf dem Kerkerhof beginnt, aber rasch bei den Tutti-Triolen in die Haupttonart E-Dur zurückfindet, die Reitenden Boten des Prinzips Hoffnung.

Natürlich kann die Utopie niemals den Tod abschaffen, die härteste Nicht-Utopie. Würde dies angestrebt mit dem erfüllten Augenblick, so hätte sich der erfüllte Augenblick unversehens und unfreiwillig in einen etwas trivialen Stoizismus verwandelt: in säkularisierte Religion. Der Tod als Nicht-Utopie kann nicht bekämpft werden im einzelnen Leben. Stark genug jedoch fühlt sich das Prinzip Hoffnung, die *tödliche Nicht-Utopie menschlicher Sinnlosigkeit* zu widerlegen. Der erfüllte Augenblick bedeutet eine Sinngebung gegenüber allen Nihilismen der Destruktion und der Unfreiheit. Pizarro meint immer die tödliche Nicht-Utopie. Gegen ihn steht das Hohe Paar, stehen Florestan und Leonore, steht das Trompetensignal. Ernst Bloch scheut sich nicht, auf diesem Höhepunkt seines Buches alle Folgerungen zu ziehen aus dem scheinbar sekundären Tatbestand einer Befreiungsoper des frühen 19. Jahrhunderts: »Trägt die Musikgestalt Pizarros nicht alle Züge des Pharao, Herodes, Gessler, des Winterdämons, ja des gnostischen Satans selber, der den Menschen in den Weltkerker brachte und darin festhält? Wie nirgends sonst wird aber Musik hier Morgenrot, kriegerisch-religiös, dessen Tag so hörbar wird, als wäre er schon mehr als bloße Hoffnung. Sie leuchtet als reines Menschenwerk. Als eines, das in der ganzen von Menschen unabhängigen Umwelt Beethovens noch nicht vorkam.«

Nun ist der Einwand fällig, dies alles sei zwar im Keim und Kern bei Beethoven enthalten, allein die Reinheit des Prinzips Hoffnung lasse sich doch nur mit Hilfe absoluter Musik, beim Spielen der Leonore III, vermitteln. Im übrigen habe ein philiströs-schematisches Textbuch, dem es nicht gelungen sei, die Welt der Marzelline, Jacquino und

Rocco zur Einheit zu bringen mit dem Hohen Paar und mit dem Dämonenkampf zwischen der tödlichen Nicht-Utopie und der konkreten Utopie der erfüllten Hoffnung, alle Verwirklichung auf der Bühne von Grund auf vereitelt. Viele Möglichkeiten wurden erprobt. Die Oper als historisierendes Kostümstück darzubieten, also als eine Geschichte vom ausgehenden 18. Jahrhundert, als konkrete historische Fortsetzung der parabolischen »Zauberflöte«, als Kampf zwischen finsterer Tyrannei und strahlender Vernunft, führt zu einer fast unvermeidlichen Banalisierung. Dann erlebt man eine Kostümoper von einst, deren Handlung konventionell anmutet; man hält sich an die schöne Musik, bedauert ein bißchen, daß Beethoven kein besseres Libretto finden konnte. Wobei freilich übersehen wird, daß er dies Libretto, wie seine vielen Anstrengungen beweisen, als völlig angemessen empfand. Es kam ihm nicht in den Sinn, das nur halb geglückte Werk liegenzulassen, während er später nicht zögerte, immerhin ein bestelltes und durchaus nicht mißglücktes Libretto von Franz Grillparzer zurückzuweisen.

Gerade weil, mit Ernst Bloch zu sprechen, die Marseillaise weit mehr bedeutet als ein Kampf- und Freiheitslied aus der bürgerlichen Revolution, kann der »Fidelio« nicht als abgetane, vielleicht mit interesselosem Wohlgefallen betrachtete Historie von einst aufgeführt werden. Es hätte einen Augenblick gegeben, er liegt noch nicht lange zurück, da man den »Fidelio« mit unmittelbarer Tageswirklichkeit von heute erfüllen konnte. Es handelt sich um ein Befreiungsstück aus Spanien. Leonore und Florestan lebten in Sevilla; Pizarros Gefängnis dürfte nicht weit davon entfernt sein. Da aber Pizarro ein für allemal einsteht für Obskurantismus und Tyrannei, wäre die spanische Wirklichkeit nach dem Tode des Generalissimus im »Fidelio« darstellbar gewesen. Das ist niemals erkannt oder auch gewagt worden. Dieser Augenblick ging vorüber. Wer das heute nachmachen wollte, verfiele abermals der gefälligen Historisierung, müßte sogar dem Vorwurf eines Spielens mit der Aktualität begegnen.

Wie also? Die Antwort kann nur in der Totalität dieses einzigartigen Werkes gefunden werden, das sich, im Gegensatz zu allem Kostümtheater der Oper, von sämtlichen Werken des Opernrepertoires, sogar von der »Zauberflöte«, grundlegend unterscheidet. Das wird deutlich, wenn man die einzelnen Schichten des Werkes zu einander in Beziehung setzt, statt vorschnell den Gang des Werkes von der kleinen zur großen Welt, von der Idylle zur Herrschaftssatire, zur Todesmusik, zur Dithyrambe, als Stümperei eines ungeschickten Spielbuches abzutun.

Die kleine Welt von Kerkermeister, Tochter, Pförtner Jacquino und angeblichem Gehilfen mit Namen Fidelio gehört ebenso zur Struktur des Werkes wie die Welt Papagenos zum Prinzenreich und zum Symbol des Weisheitstempels. Abermals wird außerdem, bereits bei Ernst Bloch in seinen Meditationen über den erfüllten Augenblick angedeutet, *die Nähe zu Goethes »Faust«* plötzlich verstehbar. Auch hier hatte verständnislose Kritik früh herausgefunden, der Faust-Dichter habe sich, nach der ungeheuren Exposition im Himmel und in der Studierstube, allzu lange mit Gretchens kleiner Welt verzettelt. Goethe selbst hingegen unterstrich das Zusammengehörige. Das »Vorspiel auf dem Theater« schloß mit den Worten des Direktors:

So schreitet in dem engen Bretterhaus
Den ganzen Kreis der Schöpfung aus
Und wandelt mit bedächtger Schnelle
Vom Himmel durch die Welt zur Hölle!

Philologische Forschung (Oskar Seidlin) hat inzwischen herausgebracht, daß diese Zeilen, und überhaupt die wesentlichen Elemente des theatralischen Vorspiels zum »Faust«, ursprünglich von Goethe für seinen projektierten zweiten Teil zur »Zauberflöte« bestimmt gewesen waren. Große und kleine Welt, ineinander verstrickt und aneinander gebunden, gibt es bei Shakespeare, im »Faust«, in der »Zauberflöte«: Mozart und Schikaneder ließen das Nebeneinander bestehen. Goethe im »Faust« und Beethoven im »Fidelio« arbeiten mit einem zeitlichen Nacheinander. Der »Fidelio« scheint als Idylle zu beginnen, um erst mit der musikalischen Nummer 6, dem Vivace-Marsch in B-Dur, zu seiner eigenen Thematik und Antithetik zu gelangen. Weshalb eilige Regisseure dies alles möglichst rasch wegzuwischen und hinter sich zu bringen suchen: vielleicht mit kleinem Nachdruck im Quartett in G-Dur, wo Marzelline, Rocco und auch Jacquino im Kanon vom Glück singen und dem Mittel, das dahin führen könnte, während Leonore, auch musikalisch streng an die anderen gebunden, nur Gefahr sieht und erkennt, »wie schwach der Hoffnung Schein ...«.

Ernst Bloch hat sehr nachdrücklich in seiner Analyse gezeigt, wie stark sich das Prinzip Hoffnung seit Anbeginn bereits in der kleinen Welt des Kerkermeisters entfaltet: »Alles ist auf Zukunft gestellt, ›dann ruh'n wir von Beschwerden‹, jeder Ton ist stellvertretend. ›Meinst du, ich könne dir nicht ins Herz sehen?‹, fragt Rocco Leonore; und nun zieht sich die Szene zusammen, vier Stimmen bauen pures Innen auf ... Marzelline singt es für Leonore, die Hoffnung erhellt das Ziel, in großer Gefahr.«

Der Hoffnung Schein ist notwendig für alles, was kleine Welt genannt werden muß. Auch die Verstrickung in Schuld spart die Gehilfen nicht aus und die Mitläufer. Pizarro bedeutet Macht, die vernichten kann, allein sie braucht dafür Gehilfen. Shakespeares Mörder erscheinen stets im Gefolge der schurkischen Könige. Pizarro ist an Rocco gebunden, aber auch Rocco an Pizarro. Zwar will er selbst nicht morden, doch willigt er ein, als Gelegenheitsmacher für den mörderischen Gouverneur zu amtieren:

gegen gute Belohnung und ein paar kleinere Privilegien.
Beethovens »Fidelio« ist auch ein Werk, das von der
Schuld der scheinbar Schuldlosen handelt. Roccos Arie
Nummer 4 in B-Dur ist durchaus kein lästiges Einschieb-
sel, das dem Bassisten zu einer Solo-Arie verhelfen möchte, sondern ein notwendiges Element im Aufbau des Werkes: »Das Glück dient wie ein Knecht um Sold, / Es ist ein
mächtig, mächtig Ding das Gold...« Hat man nicht bemerkt, daß diese Arie unmittelbar den Widerspruch zwischen den Gestalten neu aufbrechen läßt, den das Quartett
im Kanon vorher gebunden hatte? Für Rocco ist das Glück
käuflich: es ist knechtisch, denn er hat es nach seinem
Ebenbild gedeutet. Für Leonore/Fidelio ist Glück nur als
Gemeinschaft mit einem anderen, mit anderen denkbar,
und kann folglich nicht gekauft oder verkauft werden.

Die sehr großen Kunstwerke des Welttheaters, also Shakespeare und Goethes »Faust«, die »Zauberflöte« wie der
»Fidelio«, besitzen einen *Bodensatz der Trivialität,* sogar
der vulgären Belustigung. Das macht: sie leiten sich vom
Volk her und von volkstümlicher Belustigung. Das Schema
der Befreiungsoper, in Frankreich entstanden als Reaktion
auf den Bastillesturm und die Befreiung von der Gefahr
willkürlicher Haft, Folter und Tötung, ist notwendiger-
weise trivial: auch im »Fidelio«. Dies mit dem Modewort
Kitsch zu belegen, aber was ist Kitsch?, ist nur möglich,
wenn man als Zuschauer nicht mehr mitfühlen, sondern
nur ein kostümiertes Beethoven-Konzert erleben will.
Darum war vor einigen Jahren der Bremer Versuch, bloß
noch die Beethoven-Musik als Oper aufzuführen, alle Dia-
loge wegzulassen, statt dessen aber in schöner heutiger
Prosa, verfaßt von Hans Magnus Enzensberger, die Gestalten und ihr Zueinander einfach von außen, gleichsam
vom Zuschauerraum her, nur noch vorzustellen: »Da ist
der Kerkermeister, da ist das Gefängnis, da ist der Gehilfe,
da ist der Gouverneur, da ist der Gefangene...«, *nicht* als

Versuch zu werten, die Oper »Fidelio« zu retten, denn sie
bedarf dieser Rettung nicht. Hier verbarg sich geheime
Skepsis von heute. Man spielte gleichsam Beethovens »Fidelio«, doch ohne das Prinzip Hoffnung.

Ernst Bloch wußte es besser. Er hatte immer wieder, als
ein dankbarer Leser von Karl May und als ein Mensch, der
auch nicht im sehr hohen Alter den Träumen seiner Kindheit abzuschwören gedachte, die Elemente sogenannter
Kolportage gerade bei den großen und geliebten Künstlern
hervorgehoben. Die Kolportage Friedrich Schillers und
Richard Wagners zum Beispiel. Kolportagehaft sind auch,
weil sie ein volkstümlich gläubiges Publikum voraussetzen, zahlreiche Elemente in Beethovens Befreiungsoper.
Die Verwandlung und Verkleidung der Leonore als Fidelio; die traurige und arme Liebe der Marzelline zu dem so
fernen und rätselhaften Gehilfen; Jacquinos Eifersucht; die
Glücks- und Hungervisionen des gefangenen Florestan;
das rettende Trompetensignal in der höchsten Not. Dem
entsprach der Satz eines schlichten und gläubigen Vertrau-
ens: »Wenn die Not am höchsten, ist Gottes Hilfe am
nächsten.« Jedermann wußte, daß damit im Leben nicht zu
rechnen war. Hoffnung kann immer wieder enttäuscht
werden, allein sie wird durch solche Enttäuschung im Alltag nicht widerlegt. Das eben hat Beethoven gezeigt. Das
Prinzip Hoffnung in der Form des Gottvertrauens ist mit-
komponiert. Nicht zufällig steht das Solo des ersten Gefangenen, der aussingt, was sie alle zu fühlen scheinen, in
der entscheidenden Tonart G-Dur:

> Wir wollen mit Vertrauen
> Auf Gottes Hilfe bauen,
> Die Hoffnung flüstert sanft mir zu:
> Wir werden frei, wir finden Ruh'.

Der Chor nimmt das Bekenntnis auf, doch nicht als christ-
lich-jenseitige Verheißung, sondern als Hoffnung auf Be-

freiung aus dem tödlichen Gefängnis: »Oh Freiheit, kehrest du zurück?« Der Chor hat sich zum Fortissimo gesteigert, dann setzt plötzlich, mit dem Fragezeichen, das bedrückte Piano der Untertanen wieder ein. Der wachhabende Offizier war erschienen; alles duckt sich. Auch dies meint Hoffnung, den glücklichen Augenblick der wiedererrungenen Freiheit. Doch ist dies nur ein Teilbereich des Prinzips Hoffnung. Die Hoffnung aber, die Beethoven meint und die sich folgerichtig entfaltet, immer wieder gehemmt, enttäuscht, auch verraten, wird verkündet mit den ersten Takten der Ouverture, scheint auf im Quartett, wird einbekannt in Leonores großer Arie, schüchtern fortgeführt im Chor der Gefangenen, fieberhaft und ekstatisch übersteigert in den Gesängen des gefangenen Florestan, zu einer ersten Lösung geführt im Zwiegesang der Gatten, dann als Prinzip Hoffnung von allen intoniert mit Ausnahme Pizarros, des Vertreters der tödlichen Nicht-Utopie.

Reinster Ausdruck des Prinzips Hoffnung ist vielleicht nicht einmal dies große und glückhaft gemeinte Finale, denn es scheint die Utopie, hält man sich an den Zusammenklang von Text und Musik, auf die Dauer zu installieren: als eine Utopie, die nunmehr konkret geworden sei. Allein wir wissen, wenn wir das Opernhaus verlassen, daß uns das Prinzip Hoffnung zwar nach wie vor in unser Leben scheint, daß die Utopie jedoch *nur* in diesem Kunstwerk und *nur* für einen großen geschichtlichen Augenblick konkret werden konnte.

Wahrster Ausdruck des Prinzips Hoffnung hingegen im »Fidelio« ist die *große Arie der Leonore:* Nummer 9 der Partitur, Rezitativ und Arie. Mit dieser Komposition verhält es sich seltsam. Der Moralist Beethoven hat das Libretto zu »Cosi fan tutte« mißachtet und mürrisch gemeint: dergleichen hätte er selbst niemals komponieren können. Bei Leonores Arie hingegen nahm er sich ausdrücklich die große Arie von Mozarts Fiordiligi zum Vorbild. In beiden Fällen steht die Arie in E-Dur. Auch bei Mozart wird im musikalischen Aufbau ein moralischer Entschluß gefaßt: Fiordiligi will treu bleiben, es nicht der Schwester Dorabella gleichtun; sie möchte ins Kriegslager fliehen zu dem Geliebten, um dort sicher zu sein vor Anfechtungen der Untreue. Es kommt dann anders in »Cosi fan tutte«, wie bekannt.

Beethovens Leonore ist weit stärker die Verkörperung einer Idee als einer sinnlichen Menschlichkeit. Darum auch verbietet sich das Feixen im Zuschauerraum beim Anblick der als Mann verkleideten Frau und beim Gerede über die Verlobung der Marzelline mit dem angeblichen Fidelio.

Leonore bedeutet die Vermenschlichung des Prinzips Hoffnung. Die rhetorische Frage des Rezitativs richtet sich an den belauschten, nun fernen und furchtbaren Pizarro: »Des Mitleids Ruf, der Menschheit Stimme, / Rührt nichts mehr deinen Tigersinn?« Dann scheint, beschworen durch menschliches Vertrauen in den Sinn unserer Sterblichkeit, der Stern des Prinzips Hoffnung. Sehr langsam geht er auf, pianissimo:

> Komm, Hoffnung, laß den letzten Stern
> Der Müden nicht erbleichen,
> Oh komm, erhell mein Ziel, sei's noch so fern,
> Die Liebe wird's erreichen.

Dies kann und sollte man nicht mit interesselosem Wohlgefallen als Höhepunkt eines schönen Opernabends entgegennehmen. Es ist nicht bloßer Schein, was hier gesagt und gesungen wird. Hans Magnus Enzensberger hatte in jenem Text, der sich an die Stelle von Beethovens Opernbuch zu setzen gedachte, postuliert, in der Oper schlechthin, also auch in dieser hier, sei nichts wirklich, das dort scheine. Noch deutlicher behauptet: »Im Schein der Oper ist auch die Macht nur ein Schein.«

Sie ist es nicht. Pizarro ist wirklich, ist in jedem Augenblick auch unseres Daseins nach wie vor lebendig. Er hat überlebt: auch er, denn in dieser Oper »Fidelio«, die sich aufrichtet gegen den Tod, darf keiner umkommen, auch nicht der Mörder. In dieser Oper Beethovens bricht immer wieder die Wirklichkeit durch: vielleicht nur hier im gesamten Bereich der musikalischen Dramatik.

Natürlich war es auch Erbaulichkeit, neben wirklicher Emotion, wenn man nach zwei Weltkriegen eine »Weihe des Hauses« auf dem neu entstehenden Theater immer wieder mit drei Werken zu wagen versuchte: mit dem »Nathan«, der »Iphigenie«, dem »Fidelio«. Der schrecklichen Wahrheit dieser drei dramatischen Gebilde hielt man dabei nur selten stand. Man wollte nicht erkennen, daß Lessings Nathan am Schluß nach wie vor draußen bleibt bei der allgemeinen Verbrüderung; daß das Wahrheitsgebot der Iphigenie, wobei es um Leben und Sterben geht, nicht eingelöst zu werden pflegt; daß auch die Hoffnung Beethovens und seiner Leonore immer wieder enttäuscht werden kann.

Trotzdem gibt es das Prinzip Hoffnung. In seiner Tübinger »Einleitung in die Philosophie«, die Ernst Bloch nach Abschluß des Hauptwerkes verfaßte, spricht er vom »Optimismus mit Trauerflor«. Allein es gibt, für Suchende, im gesamten Verlauf menschlicher Geschichte die »Spuren«, die vom Prinzip Hoffnung künden. In großartiger Weise hatte sich die bürgerliche Aufklärung am Ausgang des 18. und zu Beginn des 19. Jahrhunderts gerade auch im deutschen Bereich zu diesem Prinzip bekannt. Der kategorische Imperativ des Immanuel Kant hatte postuliert, menschliches Handeln solle stets daran denken, daß es auch von anderen Menschen als gültig und moralisch vertretbar empfunden werden könne. In jeder Einzelaktion müsse die Maxime einer menschlichen und vernünftigen Gesetzlichkeit durchscheinen.

So handelt Leonore bei Beethoven. Sie weiß nicht, wer

dort im Todeskerker des Pizarro hingemordet werden soll, allein sie spürt: »Wer du auch seist, ich will dich retten!« Das meint mehr als den einzelnen Fall, als das höchst persönliche Glück oder Unglück.

In seinem »Fidelio«, nicht allein in der großen Leonoren-Arie, ist Beethoven viel näher mit *Friedrich Schiller* verbunden, als vielleicht im Schlußsatz der Neunten Symphonie. Die Parallelität ist evident. In Schillers Ode an die Freude, von Beethoven komponiert, stehen die Zeilen

> Wem der große Wurf gelungen,
> Eines Freundes Freund zu sein;
> Wer ein holdes Weib errungen,
> Mische seinen Jubel ein!

Es ist bekannt, daß Beethoven schon früh daran dachte, die Verse Schillers zu vertonen. Im Finale des »Fidelio« intoniert Florestan, »vortretend und auf Leonore weisend«: »Wer ein solches Weib errungen, / Stimm' in unsern Jubel ein...« Es ist eine leise Stelle. Nach dem Fortissimo von Chor und Orchester begleiten nunmehr chromatisch niedersteigende Triolen, sempre più piano, schließlich pianissimo, den Dankgesang an die Hoffnung und die Retterin, die zum Werkzeug des Prinzips Hoffnung geworden war: hier klingt ein schüchternes Vertrauen. Auch darin spürt man die nahe Verbundenheit Ludwig van Beethovens mit Friedrich Schiller. Nicht Goethe, der gesunde Mann, der trotz allem unbeirrbare Künstler, konnte zum Dichter der Hoffnung werden, sondern der kranke, stets zwischen Glück und Würde schwankende spekulative Dichter, den das Auseinanderfallen von Ideal und Leben immer von neuem bedrückte. Es gibt *zwei Hoffnungsgedichte Schillers,* grundverschieden im formalen Aufbau und in der philosophischen Sinngebung. Das große Gedicht »Resignation« gehört noch zur frühen Dichtung des Stürmers und Drängers. Es entstand um 1786, drei Jahre vor Erstürmung der Bastille. Dem Sucher nach dem glücklich erfüllten Augenblick wird dort vom Genius, den er klagend anrief, ein schnöder Bescheid: »Zwei Blumen blühen für den weisen Finder, / Sie heißen *Hoffnung* und *Genuß*. / Wer dieser Blumen eine brach, begehre / die andre Schwester nicht.« Hier wird Hoffnung als ein formales Prinzip, als bloßer Vorgang im Leben eines Hoffenden abgetan:

> Du hast *gehofft*, dein Lohn ist abgetragen,
> dein *Glaube* war dein zugewognes Glück.
> Du konntest deine Weisen fragen,
> was man von der Minute ausgeschlagen
> gibt keine Ewigkeit zurück.

Allein das war nicht Schillers letztes Wort. *Das Gedicht »Hoffnung«* von 1797, geschrieben nach dem Anblick von Revolutionen, Krieg und Bürgerkrieg, nach so viel Elend und Unvernunft, muß nunmehr das Prinzip Hoffnung allgemeiner fassen, nicht mehr beschränkt sehen auf ein individuelles Glücksverlangen. Es gibt einen tiefen Zusammenhang zwischen Schillers Gedichten »Hoffnung« von 1797 und »Das Eleusische Fest« von 1799. In diesem letzteren Poem beklagt Ceres die Entartung der Unmenschlichkeit:

> Find ich so den Menschen wieder,
> dem wir unser Bild geliehn,
> dessen schöngestalte Glieder
> droben im Olympus blühn?
> Gaben wir ihm zum Besitze
> nicht der Erde Götterschoß,
> und auf seinem Königsitze
> schweift er elend, heimatlos?

Hier wird die Welt der Pizarros beschworen, kurz vor der Jahrhundertwende. Zwei Jahre später wagt Hölderlin, der Schüler Friedrich Schillers, den großen Harmonie-Entwurf seines Gedichts »Friedensfeier«; abermals zwei Jahre später beginnt Beethoven mit der Arbeit an einer Oper »Leonore«. Es ist *ein großer geschichtlicher Augenblick,* eine Konstellation, da das Prinzip Hoffnung ins Bewußtsein tritt. Schiller hatte es in dem Gedicht »Hoffnung« gültig formuliert: die Leonoren-Arie stellt sich in eine große und heikle Überlieferung.

> Es ist kein leerer schmeichelnder Wahn,
> Erzeugt im Gehirne des Toren.
> Im Herzen kündet es laut sich an:
> Zu was Besserm sind wir geboren!
> Und was die innere Stimme spricht,
> Das täuscht die hoffende Seele nicht.

Uneingelöste bürgerliche Aufklärung dies alles. Jenes Gedicht vom Eleusischen Fest, mit der entsetzten Klage über die Menschheit, hatte Schiller in der ursprünglichen Fassung als *»Bürgerlied«* betitelt: er wußte, was damit gemeint sein sollte. Die Klage ist gegenwärtig geblieben. Thomas Mann hat sie, wahrlich aus gegebenem Anlaß, in seiner letzten Rede zum Schiller-Jubiläum 1955 in Stuttgart und Weimar zitiert: »Find ich so den Menschen wieder...« Mußte nicht eine heutige Menschheit in die Klage der Ceres einstimmen, als sich auf dem Ettersberg, oberhalb von Weimar, in Goethes Buchenwalde, das Tor zur Freiheit öffnete und ausgemergelte, kaum noch menschenähnliche Gerippe, gleich den Gefangenen im »Fidelio«, ans Licht und in die Freiheit wankten? Wir wissen heute beim Lesen der Nachrichten, beim Anblick der Tagesschau, warum Schillers Postulate gültig geblieben sind, und warum sich Ernst Bloch, ganz wie Thomas Mann übrigens, mit liebender Ehrfurcht zu Schiller ebenso bekannte wie zum »Fidelio«.

Im bürgerlichen 19. Jahrhundert ist dann alles schnell verkommen, durch Schönrednerei entwertet, durch geschäftigen Pragmatismus scheinbar widerlegt worden. Nach dem Hohen Paar aus Pamina und Tamino, aus Leo-

nore und Florestan, hat es nur einmal noch, bei Richard
Wagner, das Hohe Paar gegeben: Siegfried und Brünnhilde. Doch es war bereits zum tragischen Scheitern verurteilt. Der Fluch Alberichs erwies sich als stärker. Im übrigen aber demonstrierte gerade das Theater die Zurücknahme des Menschheitsmythos vom Hohen Paar. Der sogenannte »Kampf der Geschlechter« beginnt, fast gleichzeitig
mit Beethovens »Fidelio«, bei Heinrich von Kleist, dann
bei Hebbel, später bei Strindberg, in den Operngestalten
der Carmen und Salome und Lulu.

Das *große oratorische Finale* in Beethovens Oper besingt
die bürgerliche Aufklärung als Werk der befreiten, zur
Freiheit willigen und fähigen Individuen. Auch der Minister ist nicht zu verstehen als irgendein Funktionär einer
neuen Macht, gerade nicht als Reitender Bote irgendeines
neuen Königs, sondern als Angelus Novus der Geschichte,
oder als einer, der seinen Brüdern das Prinzip Hoffnung
verkündet.

Auch diese Vision einer freien und gleichen Menschheit
ist bald schon, im frühen 19. Jahrhundert, zurückgenommen worden, ganz wie die Vision vom Hohen Paar. Auch
das Finale im »Freischütz« steht in C-Dur. Es ist in aller
Bewußtheit, sowohl in der Ouverture wie im Schluß der
Oper, der dem Abschluß der Freischütz-Ouverture entspricht, dem Fidelio-Finale nachgebildet. Was Carl Maria
von Weber jedoch, nach den Klängen jenes »Süß entzückt
entgegen ihm!« aus der Agathen-Arie in solcher Dithy-
rambik besingt, hat diesen Wortlaut:

> Ja, laßt uns die Blicke erheben
> Und fest auf die Lenkung des Ewigen bau'n,
> Fest der Milde des Vaters vertrau'n!
> Wer rein ist von Herzen und schuldlos im Leben,
> Darf kindlich der Milde des Vaters vertrau'n!

Im Mittelpunkt steht der Eremit. Die Regieanweisung hatte gelautet: »Er kniet nieder und hebt die Hände. Agathe, Kuno, Max, Ännchen und mehrere des Volkes folgen seinem Beispiel.« Es ist ein Opernschluß der vollkommenen theologisch-politischen Heteronomie. Von Gott zum Eremiten, zum Landesfürsten, zum Erbförster, zum Jägerburschen. Das heteronome C-Dur des Freischütz-Finales wird man als Zurücknahme verstehen müssen des autonomen C-Dur bei Beethoven. Es muß nicht gesagt werden, daß hier nicht der »Fidelio« ausgespielt werden soll gegen Webers Meisterwerk. Angedeutet wird allein jener stets gefährdete, rasch wieder verschwindende geschichtliche Augenblick, da Beethovens »Fidelio« in seiner Einzigartigkeit entstehen konnte.

Ernst Bloch hat geweint an jenem letzten Abend, als er das Trompetensignal noch einmal hörte. Pizarro lebt, wir alle wissen es. Auch Alberich hat die Götterdämmerung überlebt. Man hat stets Anlaß zu Tränen, wenn man ihnen von neuem ausgesetzt wird: Beethoven, dem Hohen Paar Leonore und Florestan, dem Prinzip Hoffnung.

Tannhäuser als Außenseiter

Das rätselhafte Wort des späten Richard Wagner: er sei der Welt noch einen Tannhäuser schuldig, ist meistens als Projekt einer musikalischen Erneuerung gedeutet worden. Man mochte vermuten, daß Wagner, nach den musikalischen Innovationen der Pariser Fassung, durchgängiger eine Erneuerung der Dresdener Partitur aus den Erfahrungen mit der Tetralogie und dem »Parsifal« plante. Da nichts bewiesen werden kann und offensichtlich auch keine Anfänge des neuen Tannhäuser-Planes aufzufinden waren, ist es immerhin denkbar, daß der Meister des »Parsifal« ein grundsätzlich neues Konzept der musikalischen Tragödie um den Sänger Tannhäuser zwischen den profanen und den geistlichen Welten vor Augen hatte.

In Cosimas Tagebüchern aus der letzten Lebenszeit wird als bevorstehende Arbeit im allgemeinen nur ein Zyklus von Symphonien erwähnt: zusammen mit einigen kulturphilosophischen und politischen Traktaten. Ein großes musikdramatisches Projekt wird nicht mehr im Gespräch mit Cosima und den engen Freunden erwogen. Der Gedanke liegt nicht fern, den Thomas Mann einmal dahin formulierte: Wagner habe seine Lebenskraft bis zur Neige aufgebraucht, um alles zu vollenden, was er sich innerlich vorgenommen hatte. Daß der schwerkranke Künstler, der als einziger offenbar sein Herzleiden richtig diagnostizierte, im Gegensatz zu seiner Umwelt und auch zu seinen Ärzten, nach der Premiere des Bühnenweihfestspiels den eigenen Weg als Musikdramatiker für vollendet hielt, ist evident. Wagner bedurfte offensichtlich keiner neuen Anspannung der Kräfte für ein neues Projekt der musikalischen Dramatik.

Trotzdem das Gefühl des Ungenügens vor dem »Tannhäuser«. Auch hier hat der Werkschöpfer klarer gesehen als
seine Interpreten, und als zahllose Musiker, Sänger,
Opernbesucher seither. Diese »Große Romantische Oper
in drei Akten«, die zustande kam als ein Amalgam aus zwei
mythologischen und literarischen Konzepten, nämlich der
Sage vom Tannhäuser und vom Wartburger Sängerkrieg,
ist rätselhaft geblieben bis auf den heutigen Tag. Die
Schwierigkeiten, die jeder Regisseur bei der Arbeit als tiefes Ungenügen verspürt, hängen mit dialektischen Spannungen innerhalb des Werkes, und auch an wesentlichen
Stellen mit Diskrepanz zwischen Dramaturgie und Partitur
zusammen. Ein großer Musiker, der viel von Dramaturgie
und Literatur verstand, nämlich Wilhelm Furtwängler, hat
einmal den Übergang vom Venusberg zum Wartburgtal im
ersten Akt des »Tannhäuser« wie folgt gedeutet: »Was wir
an dieser Stelle in der Musik hören, ist kaum der Rede
wert. Eine belanglose Melodie des Hirten, unterbrochen
von einem wenig besagenden Ritornell des Englischhorns.
Und die Szene selber – nun, sie besteht schließlich aus
nichts als Pappe und Leinwand. Und doch glauben wir,
wir hätten noch nie einen Maimorgen so erlebt...« Man
muß nicht zustimmen, wenn Furtwängler das Hirtenlied
und das Ritornell des Englischhorns etwas abschätzig be-
denkt. Im Gegenteil gehört es, als erstaunlicher musikalischer Einfall, eben als Kontrastelement zur Ekstase des
Venusbergs, zur Gesamtdramaturgie der Szene und zu ihrer auch von Furtwängler konstatierten tragisch-musikali-
schen Wirkung. Furtwänglers Beispiel ist also vielleicht
nicht allzu gut gewählt. Dennoch stimmt der Hinweis auf
die Widersprüche zwischen musikalischer Gestaltung und
konzeptioneller, doch nicht restlos gelöster Dramaturgie.
  In keinem anderen Werk Richard Wagners, weder im
»Holländer« noch in den auf den »Tannhäuser« folgenden
Schöpfungen, hat Wagners Dramaturgie so viele Unklar-

heiten und unerklärliche Vorgänge stehenlassen, wie eben hier. Der »Fliegende Holländer« setzte die Kenntnis der alten Sage voraus. Der »Lohengrin« war aufgebaut auf der tradierten Mythologie des Gral und seiner Ritterschaft. Die gleichzeitig archaische und höchst moderne, nämlich bürgerliche Szenerie der Ring-Tetralogie hatte Wagner mit subtilen Mitteln durchkonstruiert.

Einzig im »Tannhäuser« häufen sich die Dunkelheiten. Wie gelangte der edle Sänger in den Venusberg? Den psychologischen Mechanismus, der ihn selbst zwang, in einem Zustand der wirtschaftlichen und erotischen Frustration das Bacchanale zu entwerfen und innerlich zu schauen, hat Richard Wagner, vor allem gegenüber Franz Liszt, höchst freimütig gedeutet. Wie aber gelangte sein Sänger Tannhäuser aus der christlich-katholischen Welt des Landgrafen und seiner »lieben Sänger« in die heidnische Hölle der Frau Venus? Gewiß, der Venusberg ist ein künstliches Paradies im Sinne einer romantischen Tradition im Gefolge E. T. A. Hoffmanns, bei dem Wagner die Geschichte vom »Kampf der Sänger« vorgefunden hatte. Charles Baudelaire wußte genau, warum er sich beim ersten Anhören des »Tannhäuser« gleichsam auf eigenstem Boden zu befinden glaubte. Trotzdem wird durch diese psychologische oder literarisch-historische Deutung bloß der Tatbestand »Tannhäuser im Venusberg« historisch situiert. Er wird jedoch nicht kausal erklärt. Warum strebte Tannhäuser fort aus der Wartburggesellschaft? Wie fand er den Eingang in die offensichtlich neben allem Christentum und Mittelalter koexistierende Heidenwelt der Venus-Aphrodite?

Daß Wagner dabei nicht allein eine zeitliche Koexistenz, sondern auch eine *räumliche* Nachbarschaft vor Augen hat, beweist sein Bericht über die Rückkehr aus Paris und die belebende Vision der Wartburg: »Einen seitab von ihr gelegenen ferneren Bergrücken stempelt ich sogleich zum ›Hörselberg‹, und konstruierte mir so, in dem Tal dahinfahrend, die Szene zum dritten Akte meines ›Tannhäusers‹...«

In jenem dritten Akt aber kennt Tannhäuser bereits die Technik. Die Anrufung scheint zu genügen.

> Dies ist das Zauberreich der Minne,
> (außer sich)
> im Venusberg drangen wir ein!

Diese Stelle spricht gegen alle Verinnerlichung, gleichsam gegen eine private Vision des ekstatischen Künstlers. Seine Anrufung der heidnischen Hölle zwingt diese selbst herbei. Auch Wolfram entdeckt sich plötzlich zu seinem Entsetzen, und wider allen Wunsch, umgeben vom »Zauberreich der Minne«. Entsetzt möchte er abwehren.

> Weh! böser Zauber tut sich auf!
> Die Hölle naht mit wildem Lauf!

Hat Tannhäuser – um die Frage zu wiederholen – auch bei der ersten Transzendierung der Wartburgwelt und seiner eigenen Wirklichkeit willentlich gehandelt? Dann wollte er in aller Bewußtheit der christlichen Zeitära entfliehen und dem deutschen Raum. Um zwar in Enttäuschung zu enden, um sich in aller Lust, ganz wie der Doktor Faust, nach schmerzhafter Begierde zu sehnen. Allein ihm blieb auch bei der Rückkehr in die eigene Jetzt-Zeit und den eigenen deutschen Raum die Sehnsucht nach einem willentlich verlorenen Paradies. Die Anamnese wird bedrängend, wenn er den frommen Sängern beim Musikfest zuhören muß. Sie wird gleichzeitig als Höhepunkt des eigenen Leidens *und* als dessen Erlösung empfunden, wenn Tannhäuser, verflucht vom Papst, zurück will in jene Welt, die er niemals vergessen konnte.

Das mag der Pontifex Maximus, den Tannhäuser als böse und hart empfand, deutlicher empfunden haben als der Büßer selbst. Der Papst glaubt es zu wissen: wer jemals im

Venusberg geweilt hat und von dort aus irgendeinem Grund entkommen konnte, bleibt trotzdem unheilbar. Dies Urteil des Bischofs von Rom ist gültig, weil es auf christlicher Erfahrung zu beruhen scheint. Überaus hart erscheint es dem Büßer, der subjektiv in der Romerzählung berichtet. Daraus aber auf eine subjektive Grausamkeit und unchristliche Härte des Papstes zu schließen, ist nicht ohne weiteres möglich. Auch wird nicht die irdische Erfahrung des Obersten Bischofs irdisch widerlegt. Erlöst wird Tannhäuser, ganz wie Faust, durch göttliche Gnade.

Weitere Unklarheit überlagert den ersten Entschluß Tannhäusers, die Wartburgwelt zu verlassen, um gleichsam zu emigrieren: aus Raum und Zeit. Die Gründe vermag man nur zu ahnen. Die Begegnung bereits im ersten Akt mit den anderen Sängern läßt zwar auf Freundschaft bei Wolfram, doch auf unverhohlene Feindseligkeit bei den anderen schließen. Worauf diese Gegnerschaft, die während des Sängerkrieges die Katastrophe herbeiführt, sich gründet, ist gleichfalls nur zu ahnen. Hat sie – abgesehen natürlich von der tiefen ästhetischen Diskrepanz zwischen dem Dichtertum Tannhäusers und der anderen Sänger – mit *Tannhäusers bürgerlicher Herkunft* zu tun? Indem Richard Wagner das Thema vom Sänger Tannhäuser verschmolzen hat mit der Sage vom Sängerkrieg auf Wartburg, nahm er bewußte Unklarheit in Kauf über den gesellschaftlichen Status des Mannes, den Elisabeth liebt, die Nichte des Landgrafen. In E. T. A. Hoffmanns Erzählung vom Sängerkrieg im Zyklus der »Serapionsbrüder« war nicht Tannhäuser aufgetreten, sondern der ritterliche Sänger *Heinrich von Ofterdingen*. Nun ist zwar auch Tannhäuser, sogar noch bei Heinrich Heine, als adliger Minnesänger konzipiert. Bei Richard Wagner jedoch überwiegen an Tannhäuser die Züge des Bürgerlichen. Dadurch entsteht Diskrepanz gegenüber Wolfram, Walther und Reinmar. Unklar bleibt der Status des Biterolf, auch derjenige des Sängers, den Wagner als »Heinrich der Schreiber« vorstellt. In einem Brief an Franz Liszt vom 29. Mai 1852 zitiert der Schöpfer der Romantischen Oper die entscheidenden Verse aus der Selbstanklage Tannhäusers im zweiten Akt:

> Zum Heil den Sündigen zu führen,
> die Gottgesandte nahte mir!
> Doch ach! sie frevelnd zu berühren
> hob ich den Lästerblick zu ihr.

Der Briefschreiber erläutert dem Freund im Hinblick auf die Weimarer Aufführung des »Tannhäuser«: »In diesem Verse, und in diesem Gesange liegt die ganze Bedeutung der Katastrophe des Tannhäuser.« Um Mißdeutungen zu vermeiden, wird hinzugesetzt: »Ohne genaue Interpretation dieser Stelle bleibt der ganze Tannhäuser unbegreiflich, eine willkürliche, schwankende – erbärmliche Figur.«

Tannhäuser hebt den Blick in irdischer Begier zu einer Frau, und sündigt eben dadurch. Die Paradoxie ist offensichtlich. Gleichzeitig wird der Parallelismus evident zu Sentas Begehren nach irdischer Verbindung mit dem Verfluchten, und zu Elsas Wunsch nach dem Ehevollzug mit dem Gralsritter Lohengrin.

Elisabeth ist keineswegs zu Beginn der Handlung als Heilige zu interpretieren. Die tiefe Verfehlung des Sängers, der sich nach einer Verbindung mit der Nichte des Landgrafen von Thüringen sehnt, ist nicht ohne weiteres als religiöse und metaphysische Schuld zu deuten.

Es sei denn, daß ein Begehren des Bürgerlichen nach Vereinigung mit der Adelswelt als gesellschaftlich determinierte und religiös motivierte Schuld verstanden werden müßte. Dann wäre Tannhäusers Schuld, so wie er sie anklagend selbst auf dem Höhepunkt des Sängerkrieges erkennt, im Sinne der antiken Tragödie als Hybris zu verstehen: als Selbstüberhebung eines Menschen, der aus seiner ihm gesellschaftlich zugewiesenen Sphäre streben möchte.

Damit nun wird Tannhäuser durch Richard Wagner willentlich und bewußt in eine *spezifisch deutsche Tradition* gestellt. In einem Begleitbrief zur Übersendung der soeben fertiggewordenen Tannhäuser-Partitur vom 5. Juni 1845 hatte Wagner an Karl Gaillard in Berlin geschrieben: »Ich schicke Ihnen hier meinen Tannhäuser, wie er leibt und lebt; ein Deutscher vom Kopf bis zur Zehe...« In der Tat ist der freischwebende bürgerliche Künstler Tannhäuser zwar nicht spezifisch deutsch in seinen Kunstanschauungen. Das stellt sich überdeutlich heraus beim Sängerstreit. Deutsches Normalverhalten liegt wohl auch nicht darin, die Wartburgwelt vertauscht zu haben mit der Welt der Frau Venus. Die gesellschaftliche Konstellation jedoch zwischen Tannhäuser und der Gräfin Elisabeth gemahnt an zwei ebenso eigentümliche wie typische Konstellationen der klassischen und romantischen deutschen Literatur, die Richard Wagner wohlvertraut waren: mit *Tassos* Verhalten vor der Prinzessin von Este bei Goethe; in vermittelter und indirekter Form auch im Verhalten *Homburgs* vor der Prinzessin Natalie bei Kleist.

Die Unterschiede freilich zwischen Goethe, Kleist und Wagner liegen auf der Hand. Auch wenn man nicht, nach dem Vorbild einer anachronistisch gewordenen Deutschen Philologie, die Prinzessin aus dem »Torquato Tasso« schlichtweg gleichsetzt mit der Hofdame Charlotte von Stein, so hat doch *Goethe* in seinem Schauspiel vom Dichter, der als Schmuckstück einer Hofhaltung gehätschelt wird, den man jedoch fortjagt wie einen Lakaien, wenn er die gebotene Distanz vergißt, höchst persönliche Erfahrungen am herzoglichen Hof von Weimar vor Augen gehabt. Man kann bloß ahnen, welche Akzente jener »Ur-Tasso« aufwies, den Goethe auf der Flucht mit sich nach Italien nahm, um alles neu zu konzipieren. Im Gegensatz zu den Urfassungen des »Wilhelm Meister« und des »Faust« hatte der Weimarische Minister sorgfältig darauf geachtet, daß kein Fragment des ursprünglichen Tasso auf die Nachwelt kam. Auch Goethe aber läßt die Katastrophe des Künstlers Tasso am Hofe zu Ferrara darin gipfeln, daß sich Torquato Tasso, in sehr irdischer Begierde, der Prinzessin naht, der Schwester des Herzogs. »Er fällt ihr in die Arme und drückt sie fest an sich.« Die Prinzessin stößt ihn von sich und eilt hinweg. Was hat sich ereignet? Für den Hofmann Antonio stellt es sich (V, 5) so dar:

> Unglücklicher, noch kaum erhol ich mich!
> Wenn ganz was Unerwartetes begegnet,
> Wenn unser Blick was Ungeheures sieht,
> Steht unser Geist auf eine Weile still:
> Wir haben nichts, womit wir das vergleichen.

Trotzdem weicht Goethe, wie bekannt, auch im »Torquato Tasso«, so wie vorher in der »Iphigenie auf Tauris«, einem tragischen Abschluß entschieden aus. Zum utopischen Ausklang der Spannung zwischen Iphigenie und Thoas gesellt sich diesmal die sonderbare und kaum glaubhafte Partnerschaft zwischen Tasso und Antonio. Zwar hat der bürgerliche Künstler Tasso das Ungeheure gewagt, doch soll er nicht vernichtet werden.

Auch *Heinrich von Kleist* ist im »Homburg« der tragischen Möglichkeit als Abschluß dezidiert ausgewichen. So haarscharf übrigens, daß etwa Ingeborg Bachmanns Libretto für die Kleist-Vertonung durch Hans Werner Henze die Möglichkeit, daß der Kurfürst das Todesurteil am Prinzen vollstrecken läßt, durchaus anklingen ließ.

Auch der Prinz Friedrich von Homburg aber ist bei Kleist weit eher als *Künstler* entworfen, denn als militärischer Befehlshaber. Den Mut des Prinzen macht uns der Dramatiker verstehen; die militärische Laufbahn hingegen wird nur im Bericht geahnt. Sie ist vorausgesetzt, doch kaum mit dem Charakter des Schauspielhelden glaubhaft zu verbinden. Friedrich Homburg ist ein romantischer

Künstler, der einem Künstlertraum nachzuleben wünscht. Zwar wäre er im Sinne dynastischer Legitimität durchaus »ebenbürtig« im Falle einer Vermählung mit der Prinzessin Natalie, einer Nichte des Kurfürsten. Aber daß der Monarch politisch-dynastische Heiratspläne mit der Prinzessin verfolgt, zu denen eine Verbindung der Natalie mit Homburg arg kontrastiert, wird bei Kleist genau dargestellt. So genau, daß der bedenkliche Eindruck aufkommen muß: die Härte des Kurfürsten gegenüber dem Prinzen sei bewirkt durch den Wunsch, diesen lästigen Störenfried der politischen Pläne zu beseitigen. Auch Homburg steht, wie Goethes Dichter Tasso, zwischen der etablierten Welt von Hof und Militär – und einer poetischen Traumwelt. Auch er wird, wie Tasso in Goethes Schauspiel, durch einen heiklen und formalen Kompromiß für die Rückkehr zu jener Gesellschaft gewonnen, der er als träumender Künstler hatte entfliehen wollen.

Diese wiederkehrende Konstellation eines Konfliktes zwischen höfischer Welt und bürgerlichem Künstlertum wird jedoch bei *Richard Wagner* als Tragödie entworfen. Trotzdem kann auch der Schöpfer dieser Großen Romantischen Oper auf den harmonisierenden Abschluß nicht verzichten. Die Verinnerlichung ist für Wagner im Fall des Künstlers Tannhäuser nicht möglich. Goethe hatte in der »Iphigenie auf Tauris« eine harmonische Lösung der Konflikte durch das aufgeklärte Gespräch für möglich gehalten. In der Oper »Iphigénie en Tauride« von Gluck war Thoas noch durch Pylades getötet worden. Erst das Erscheinen der Göttin Artemis, also einer dea ex machina, durfte den harmonischen Abschluß herbeiführen.

Richard Wagner übernimmt die Technik der antiken Tragiker, denen er sich nah und vertraut empfand. Der antike Gott aus der Maschine wurde christianisiert. Göttliche Gnade und das Wunder als Abschluß: ganz wie – was Richard Wagner als Vergleich entschieden abgelehnt hätte –

in der Bühnentechnik eines Corneille im französischen 17. Jahrhundert.

Das Wunder aber des grünenden Bischofsstabes dringt nicht mehr zu Tannhäuser. Er ist gestorben im Anruf der Fürbitterin, der Heiligen Elisabeth. Die Nachricht von der Erlösung erreicht ihn nicht mehr. Tannhäuser stirbt als Sünder. Als Sünder? Hier findet sich die letzte und schwierigste Unschärfe im dramaturgischen Konzept. Daß Elisabeth den Tannhäuser liebt, weiß auch der Landgraf. Nichts deutet in seinem Gespräch mit der Nichte vor Beginn des Sängerkrieges darauf hin, daß er – gleich dem Herzog im »Tasso« oder dem Kurfüsten bei Kleist – die Möglichkeit einer Verbindung von Grund auf ablehnt. Zweideutig freilich ist seine Ankündigung in der großen Ansprache, als es darum geht, den Preis für den siegreichen Sänger zu benennen:

> Wer es vermag, wer sie am würdigsten
> besingt, dem reich Elisabeth den Preis, –
> er fordre ihn so hoch und kühn er wolle,
> ich sorge, daß sie ihn gewähren solle.

So könnte dann Elisabeth selbst als Preis errungen werden? Das ist, bei diesem ersten Versuch Richard Wagners mit dem dramatischen Konflikt um ein Musikfest, weniger deutlich gesagt als später in den »Meistersingern von Nürnberg«, wo des Goldschmieds Töchterlein, samt Geld und Gut, sowohl den Preis repräsentiert wie das Preisgericht.

Es ist also nicht die Unmöglichkeit einer Verbindung zwischen dem bürgerlichen Künstler Tannhäuser und der Prinzessin von Thüringen, die Tannhäusers Außenseitertum allein begründen könnte. Trotzdem muß man Richard Wagners nachdrücklichen Hinweis auf die Unmöglichkeit einer solchen Verbindung als Keimzelle des tragischen Konfliktes verstehen. Der Widerspruch ist kaum zu lösen.

Elisabeth *ist* nicht von Anbeginn als Heilige dargestellt. Erst im Leid, das sie zweimal erfährt durch den geliebten Mann: zuerst durch seinen brüsken Weggang, dessen Ziel sie nicht ahnen konnte, dann durch die Enthüllung der Todsünde, wird sie zur heiligen Fürbitterin. Das irdische Begehren Tannhäusers kann also nicht und gleichsam »an sich« als sündhaft gedeutet werden: entgegen den Behauptungen Richard Wagners selbst. Die tiefere Ursache des tragischen Konfliktes liegt *in diesem gleichsam existentiellen Außenseitertum des Künstlers Tannhäuser*. Tannhäusers Abkehr von der Wartburg hat zuerst einen Konflikt begründet, der nur tödlich enden und nur durch göttliche Gnade harmonisch beigelegt werden kann.

Eben diese Ursache aber des ersten und entscheidenden Übergangs von der Wartburggesellschaft zur Kumpanei der Frau Venus und ihrer Bacchantinnen ist bei Wagner dramaturgisch vorausgesetzt, doch nicht motiviert. Richard Wagner braucht nämlich für sein Konzept dieses allseitige Außenseitertum des Tannhäuser. Er entzieht sich den gesellschaftlichen Verbindungen und ästhetischen Spielregeln der Sängergemeinschaft. Tannhäuser mißachtet dann die Spielregeln der erotischen Hölle. Der Tannhäuser in dem großen Gedicht Heinrich Heines war zurückgekehrt zur Frau Venus, um dort, nach einem erlebnisreichen Ausflug in die Oberwelt, beseligt zu bleiben. Tannhäuser jedoch hält es nicht im Venusberg. Vor den christlichen Staats- und Kunstprinzipien flüchtet er zur Göttin Venus. Von ihr trennt er sich im Anruf der Madonna. Mitten im Sängerkrieg, der entbrannt ist über einer Definition der hohen und der niederen Minne, bekennt sich Tannhäuser im Anruf zur Welt des heidnischen Genießens. Damit wird die liebende Elisabeth tödlich getroffen. Tannhäuser wechselt jäh vom erotischen Preislied hinüber ins christliche Miserere. Er bleibt der allseitige Außenseiter der Kunst, der Liebe und der Gesellschaft.

Die Häufung solcher Spannungen und Widersprüche bleibt erstaunlich. Erstaunlich geblieben ist auch die Kühnheit Richard Wagners, zum ersten Mal im »Tannhäuser«, in der Nachfolge von Tasso und Homburg, jedoch in entschlossener Hinwendung zur Tragödie, das Thema eines existentiellen Außenseitertums gegenüber allen etablierten Gesellschaftsordnungen gestaltet zu haben. Noch radikaler wird das Konzept gerade dadurch, daß Wagner offensichtlich dies existentielle Außenseitertum gegründet sieht im *Künstlertum des Tannhäuser*. Daß hier die eigene Erfahrung des Musikdramatikers verarbeitet wurde, bleibt unverkennbar. Das schroffe Jugendwerk mit seinen unharmonischen Widersprüchen zwischen Dramaturgie und Partitur ist schwierig geblieben und erregend. Soll man es bedauern, daß der Bayreuther Meister der Welt den »Tannhäuser« schuldig blieb?

Parnaß und Paradies
Anmerkung zu den »Meistersingern von Nürnberg«

Für Dietrich Fischer-Dieskau

Scheinbar ist es bei ihnen gut weilen, bei den Meistersingern von Nürnberg. Wohlbehagen, Freude und Rührung bereits bei der Münchener Uraufführung im Jahre 1868. Dies war und blieb Richard Wagners größter und reinster Erfolg; er durfte ihn genießen, auch wenn die Spannung zwischen den beiden Männern, zwischen dem Tonsetzer und seinem Kapellmeister Hans von Bülow, während der Proben fast unerträglich gewesen sein muß. Wagner hat später die Premiere der »Meistersinger« als musterhaft bezeichnet. Traurig und schuldbewußt dachte er im Jahre 1876 und im Bayreuther Festspielhaus zurück an Bülows Meisterschaft, als es galt, den »Tristan«, dann die »Meistersinger« aufzuführen, und eben dadurch als aufführbar zu deklarieren.

Ein Bühnenweihfestspiel: dem allgemeinen Bewußtsein gelten die »Meistersinger« als ein Werk der theatralischen Zelebrierung viel stärker, als der von Wagner so benannte »Parsifal«. Ein festliches Musikdrama, das von einem Musikfest handelt. Das hat – abermals scheinbar – alle Etappen des propagandistischen Mißbrauchs, der Ungunst wie des Überdrusses inzwischen überdauert. Nach zwei Weltkriegen hatte man sich's einfallen lassen, die neuen wie die provisorischen Spielstätten mit dem »Nathan« einzuweihen, mit der »Iphigenie auf Tauris«, mit dem »Fidelio«. Auch dies meist als Beschönigung und in falscher Harmonisierung von Werken, bei denen es, schaute man genauer hin, um Tod und Leben ging: wo also keine prästabilierte Harmonie eines Legendenspiels walten durfte. Dann ging es, nach der ruchlosen Formel von heute, »eben seinen Gang«. Man kehrte zurück zu den »Meistersingern von Nürnberg«. Im wiederaufgebauten Opernhaus Knobelsdorffs Unter den Linden eröffnete man »sehr mäßig bewegt«, wie die Anweisung lautet, mit der Evokation der deutschen Meister und ihrer Meisterschaft. In seinen in München und für König Ludwig formulierten Betrachtungen über »Deutsche Kunst und deutsche Politik« hatte Richard Wagner, der alles apodiktisch auszudrücken liebte, schlicht dekretiert: »Das deutsche Tempo ist der Gang, das Andante . . .« So mußte man den Vorspielbeginn der »Meistersinger«, dies erste Stück der Gesamtkomposition, das Wagner skizzierte, wohl als deutsches Tempo deuten. Auch hier, Unter den Linden, das gewohnte Behagen: ganz wie bald darauf bei der Einweihung der neuerbauten Oper in Leipzig. Ausdrücklich war amtlich angeordnet worden, daß man mit diesem Werk des Leipzigers Richard Wagner zu eröffnen habe.

So viel Behagen und Harmonie: trotz allen Verdunkelungen des Namens dieser Stadt Nürnberg; trotz der Hinweise Adornos auf Beckmesser als den wiederaufgestandenen »Juden im Dorn« aus dem grausamen Märchen der Gebrüder Grimm; im Widerspruch außerdem zu allem beinahe, was man heute weiß über die Intentionen des Musikdramatikers und über die mehr als zwei Jahrzehnte der Werkentstehung. Wagner hat ausführlich berichtet über das Erlebnis mit der spanisch-katholischen Dramatik Calderóns. Diese Lektüre im Züricher Exil bedeutete, wie stets bei diesem Leser, weit mehr als ein Bildungserlebnis. Nicht allein der »Tristan« im Konflikt zwischen Sein und Tod, Ehre und Eros wird ein calderónischer Charakter; auch in den unguten Konstellationen des Nürnberger Gegenstücks zum Sängerkrieg auf der Wartburg geht es, in einem verinnerlichten Sinne, doch nicht minder ernst- und schmerzhaft, um das gefährdete Gleichgewicht zwischen Glück und Schuld, Vernunft und Wahn. Wer die »Meistersinger von Nürnberg« genau betrachtet, was heißen muß: im genauen Lesen und Ernstnehmen einer jeden Textstelle und im genauen Hinhören, kommt nicht zurecht mit einem in der »Kritik der Urteilskraft« geforderten »interesselosen Wohlgefallen«. Er wird sich bedrückt fühlen im allgemeinen Behagen. Die tiefen Risse und Widersprüche des unauslotbaren Werks dagegen werden ihn bannen und erregen.

Richard Wagner hat *beides* gewollt: das allgemeine Behagen am angeblich deutschen Andante, *und* das calderónische Spiel, das undenkbar wäre ohne die theologischen Implikationen. Um diese, ebenfalls apodiktisch scheinende Behauptung hier bereits durch einen Hinweis auf das Werk zu stützen, sei immerhin angemerkt, daß je eine wichtige Gestalt des Alten wie des Neuen Testamentes unmittelbar zum Sinngefüge der »Meistersinger von Nürnberg« gehört: die paradiesische *Eva,* und der Täufer *Johannes.* Behagen und Verstörung als Reaktion auf dieses Werk des Musiktheaters sind gleichermaßen im Werk angelegt. Nietzsche nannte das, zunächst noch bewundernd, die »doppelte Optik« Richard Wagners. Er meinte, um es in heutiger Terminologie etwas ironisierend umzufunktionieren: die gleichzeitig elitäre wie populäre Zielsetzung. Beide sind in jeder »Meistersinger«-Aufführung mitgegeben, folglich im Widerstreit. Auch für dies große dramatische Werk gilt die Regel, daß man sich ganz darauf einlassen muß, oder auch gar nicht.

Den besten Hinweis hat immer noch – und abermals – *Friedrich Nietzsche* gegeben, als er schon abtrünnig geworden war. Seine Interpretation des »Meistersinger«-Vorspiels wurde 1885 geschrieben, nach Wagners Tod. Sie eröffnet das Kapitel »Völker und Vaterländer« in dem Buch »Jenseits von Gut und Böse. Vorspiel einer Philosophie der Zukunft«. Der Untertitel mit seiner Formel von einer »Philosophie der Zukunft« ist ironische Reverenz sowohl vor Ludwig Feuerbachs »Philosophie der Zukunft«, wie vor dem Feuerbachianer Wagner und seinem Traktat über das »Kunstwerk der Zukunft«. Von hier stammt übrigens das bösartige Schimpfwort damaliger Antiwagnerianer vom »Zukunftsmusikanten«.

Nietzsche geht es wirklich um eine in Gedanken vorweggenommene Zukunft, und damit geht es ihm um die Deutschen, und damit geht es ihm um die »Meistersinger von Nürnberg«. Auch dieser Interpret der scheinbaren Komödie, der als erster der Abgründe innewurde, kann nicht umhin, das Wort *»Behagen«* zu verwenden: »Das strömt breit und voll: und plötzlich ein Augenblick unerklärlichen Zögerns, gleichsam eine Lücke, die zwischen Ursache und Wirkung aufspringt, ein Druck, der uns träumen macht, beinahe ein Alpdruck – aber schon breitet und weitet sich wieder der alte Strom von Behagen aus, von vielfältigstem Behagen, von altem und neuem Glück . . .«

Die Folgerung: »Etwas Deutsches, im besten und schlimmsten Sinn des Wortes, etwas auf deutsche Art Vielfaches, Unförmliches und Unausschöpfliches . . .« Der Schlußsatz dieser Kulturkritik aus Anlaß des Meistersinger-Vorspiels ist immer wieder seither zitiert worden: »Diese Art Musik drückt am besten aus, was ich von den Deutschen halte: sie sind von vorgestern und von übermorgen – *sie haben noch kein Heute.«*

Dieser Nietzsche-Text, auf den er stets wieder zurückkam, ganz wie auf Schillers Traktat über Naive und sentimentalische Dichtung, der gleichfalls »dazugehört«, hat *Thomas Manns* Wagnerbild mitgeprägt, aber auch, immer stärker im Zeitvergang, sein Deutschlandbild. Weshalb das Spätwerk vom deutschen Tonsetzer Adrian Leverkühn, von einem faustischen Deutschen mithin im 20. Jahrhundert, nach dem Willen des Autors einen *Gegentext* liefern muß zur nietzscheanischen Ausdeutung des Vorspiels zum ersten Akt. Der junge Faustus Leverkühn wagt sich, mit Hilfe der Schreibkunst Thomas Manns, an eine *verbale Nacherzählung des Vorspiels zum Dritten Akt* der »Meistersinger«. Kein hilfreicher Wink für den Leser: man hat das zu wissen. Abermals die doppelte Optik. Der Verfasser des »Doktor Faustus« genoß es »mit Behagen«, daß ein ausgepichter Sachkenner wie Theodor Adorno diese erzählte Musik nicht wiederzuerkennen imstande war. Dabei war im Roman nichts« erschwert worden, wenn es hieß: »So geht es zu, wenn es schön ist: Die Celli intonieren, allein, ein schwermütig sinnendes Thema, das nach dem Unsinn der Welt, dem Wozu all des Hetzens und Treibens und Jagens und einander Plagens bieder-philosophisch und höchst ausdrucksvoll fragt.« Die Deutung ist nicht zu verfehlen: sie hat, als Paraphrase und mit vollem Recht, auch schon die Gedanken und Formeln des Wahnmonologs episiert. Was den Briefschreiber Leverkühn, der hier an seinen Musiklehrer schreibt, um den eigenen Widerwillen gegen derlei Schönheit zu begründen, am meisten erregt, und Thomas Mann mit ihm, ist der Riß zwischen Melancholie und Wahn, taghellter Vernunft und nächtlichem Exzeß. Wobei die existentiellen Antithesen, das ist wahrhaft die Höhe!, nicht ausgelitten, sondern im unmittelbarsten Verstande »harmonisiert« werden. So geht es demnach zu, wenn es »schön« ist.

Ein Behagen am Unbehagen. Was einem behagt, das macht den glückhaften Augenblick möglich. Kein Wunder, daß dieser Faustus bei Thomas Mann, gleich dem Dr. Faust, *einem solchen Verweile doch! in Form von Behagen* mißtraut. Wie hatte es Nietzsche gesehen, auch hier? »Das hat Feuer und Mut und zugleich die schlaffe falbe Haut von Früchten, welche zu spät reif werden.« Stimmt man hier jedoch zu, so erweist sich unser Behagen an den »Meistersingern von Nürnberg« als Freude an einer Spätzeit, an der Überreife, am dialektischen Übergang von Reife zum Verfall. Wer so interpretiert: mit Nietzsche und gleichzeitig gegen dessen Visionen von einer Philosophie der Zukunft, betreibt durchaus keine modische Kulturkritik, sondern macht Elemente des Werkes sichtbar, die vom Behagen verdeckt zu sein pflegen. Die Dialektik nämlich von gesellschaftlicher und artistischer Frühzeit und Spätzeit gehört zur Substanz der »Meistersinger von Nürnberg«. Es ist die von Wagner ausgedachte und auskomponierte Spannung zwischen dem *»Morgendlich leuchtend«* und dem *»Abendlich dämmernd«*. Kein Zufall demnach, daß sich ein Beckmesser, der keine Frühe kennt, hier nicht zurechtfand.

Das Preislied mithin als geistige Konstellation, wo alle Widersprüche zwischen Frühzeit und Verfall, vorgestern und übermorgen konvergieren sollen? Ausgerechnet das Preislied? Es hat, wie bekannt, bei den Kennern seit langem an Gunst verloren. Ein etwas simpler melodischer Einfall, der jedoch gleichsam zur Chiffre der gesamten Partitur beim Opernbesucher werden konnte, so daß man die zweite Violinsonate von Brahms, die in A-Dur, wenigstens mit den ersten drei Noten, so beginnt wie jenes C-Dur-Preislied, einfach zur »Meistersingersonate« ernannt hat. Richard Wagner brauchte dies rhythmisch wie harmonisch kaum angefochtene Melos, weil es der dramatischen Konstellation entsprechen mußte. Walther konnte auf der Festwiese, und vor allem Volk, nur obsiegen, wenn seine Kunst einer doppelten Optik gerecht wurde: den Meistern vom Fach wie den Leuten aus Nürnberg und aus Fürth. Das hatte der Junker gelernt beim Meister in der Schusterstube: »Wer Preise erkennt und Preise stellt, / der will am End auch, daß man ihm gefällt.« Eine bittere Weisheit, allein Stolzing hält sich daran.

Es gehört aber zu Wagners Einfällen eines höchsten artistischen Raffinements, daß just diese schlicht-volkstümliche Weise des Preislieds, mitsamt dem hohen A des Tenors und der fein berechneten Strahlkraft der Vokale in »Parnaß« (ganz wie beim »Fanget an!«), konfrontiert wird einem Text und poetischen Konzept, also der eigentlichen »seligen Morgentraum-Deutweise«, die alles sein mögen, doch gewiß nicht simpel und schlicht. Es ist eine *»Deutweise«*, was heißen soll: ein episch-lyrischer Bericht *mitsamt* der gelehrten, und also kritischen Interpretation. Ein ähnlich kühner und tiefsinniger Einfall hatte am Schluß des zweiten Aktes die vernunftlos-angreiferischen Exzesse durch musikalische Form, durch eine späte und reife Kunstvernunft gebannt. *Prügeln als Fuge.* Darstellung der äußersten Unvernunft durch das Mittel der höchsten Rationalität. Beim Preislied arbeitet der Musikdramatiker mit der umgekehrten Antithetik: anspielungsreiche und traditionsvolle Bildungsdichtung wird ausgesungen gleichsam im Volkston.

Ernst Bloch hat dem Preislied mißtraut. In einem für Bayreuth geschriebenen Programmheftaufsatz wird das durch Beckmesser travestierte und umfunktionierte Preislied ausgespielt gegen »Walthers vollmündige Steigerungen«. In Beckmessers Mißverstehen der Stolzingpoesie (*vielleicht* hat sich auch Sachs beim Lauschen und Notieren bisweilen verschrieben) wird plötzlich durch Wagner selbst fast eine »Zurücknahme« der von Stolzing brav gelernten konventionellen Meisterhaftigkeit vollzogen. Die Travestie als Kritik am Original. Also auch Selbstparodie Richard Wagners. Bloch weist mit Recht darauf hin, daß Wagners »ehrfurchtgebietende Eitelkeit ja die Selbstparodie einschloß«. Und weiter: »Stets erstaunlich, daß so etwas in der Backfisch-, Sauf- und Vollbart-Lyrik möglich war, daß Wagner seinen Beckmesser-Ulk dermaßen befremdlich ausstatten konnte.« Beckmesser wird in dieser späten, nicht ganz ernstgemeinten Deutung hereingeholt ins 20. Jahrhundert, wenn Bloch formuliert: »Beckmessers Text wird von Wagner mit Hohn hingesetzt und ist doch wie erster Dadaismus . . .«

Nun ist der Merker, seiner Identität und Identitätsvorstellung nach, ganz sicher kein antizipierter Dadaist. Ebensowenig freilich darf man ihm, was bei Wagner und Sachs geschieht, vorwerfen, daß er das Büchlein des Martin Opitz von der »Teutschen Poeterey« nicht gelesen hat und mithin nicht die Unterschiede kennt zwischen klassisch-romanischer und deutscher Prosodie. Allein Opitz publizierte im Jahre 1624, und Beckmesser lebt in der Reformationszeit.

Der von Bloch erwähnte Begriff der »Selbstparodie« aber hilft in der Tat weiter. Die Spannung zwischen dem Textanspruch des Preislieds und der melodischen Anspruchslosigkeit war gewollt. In Walther von Stolzings poetischem Entwurf wurde die Synthese angestrebt nicht allein von Eros und Kunst, von Venus und Minerva, sondern weit eher noch die Amalgamierung der Antike und des Christentums in einem – wagnerischen und modernen – »Kunstwerk der Zukunft«. Wie es jedoch zugeht, wenn dies Konzept in die unrechten Hände gerät: bei einer unechten Avantgarde, *oder* bei Traditionalisten, die sich höchst jugendlich gebärden möchten: das eben wird an Beckmesser demonstriert. Der ist dann in der Tat »nicht der Rechte«: weder für das Volk, noch für Richard Wagner. Wenn daher Bloch zu bedauern scheint, daß der Komponist, »der den Mime sein Fürchten so exzentrisch singen läßt . . . die schlimm-interessanten Verse nicht auskomponierte«, so wäre zu entgegnen, daß Wagner sich dann gegen Stolzing und für Herrn Beckmesser hätte entscheiden müssen. Oder umgekehrt: die Poesie Stolzings, komponiert in der Herr-Tristan-Weis', hätte den Umschlag zur Tragödie bewirkt. Dann war auch Stolzing nicht der Rechte.

Man wird von der gewollten artistischen *Spannung zwischen Wort und Weise beim Preislied* ausgehen müssen. Die kann im Opernhaus nicht nachvollzogen werden, weil der Text kaum verstanden, im übrigen im C-Dur ertränkt wird. Es kommt hinzu, daß Stolzings zweiter Bar in der Schusterstube meistens, dem Sänger zuliebe, gestrichen wird. Wir aber müssen alle Striche aufmachen. Nur so kann jene Dialektik zwischen Späte und Frühe, die Nietzsche zuerst an den »Meistersingern«, gerade an ihrer Musik, diagnostizierte, ins Bewußtsein treten. Dann erst werden die subtilen Relationen deutbar zwischen der Madonna und der paradiesischen Eva; zwischen einem Paradies vor und nach der Erbsünde; zwischen frommer und säkularisierter Kunst. Von alledem nämlich handeln die »Meistersinger von Nürnberg«. Dies scheinbar so realistische wie romantische Werk hält intimen Umgang, wie bekannt, mit der Musik des 16. und 17. Jahrhunderts, durchaus nicht allein mit den deutschen Tonsetzern. Es ist im gleichen Maße *sowohl Traum wie Traumdeutung wie Traumdeutungsweise.* Parnaß und Paradies, und das unglückliche Bewußtsein von beidem. Realistisch? Romantisch? Vor allem ein großes barockes und damit *allegorisches* Werk des Theaters.

Man mag es bereits an den *Namen* erkennen. Ein hochmütiger Junker, der *Stolzing* heißt, gesellt sich schon durch den Namen zur Tradition der mittelalterlichen und barocken Moralitätsspiele. *Walther* als Vorname: in der Schreibweise des Herrn Walther von der Vogelweide. Vielleicht gehörte diese Namensgebung für Wagner noch zum ersten schöpferischen Einfall aus dem Jahre 1845, als eine Travestie des Wartburgkriegs entworfen wurde. Dort hatte sich Meister Walther gegen den Tannhäuser gestellt. Auch in der Partitur der »Meistersinger« geht er um: nicht bloß, wenn sich Stolzing zu diesem zwar guten, doch lange schon verstorbenen Meister bekennt. Als Sachs nämlich im Fliedermonolog über Stolzings lyrische Improvisation in der Freiungssitzung meditiert, »Es klang so alt, – und war doch so neu . . .«, erinnert ihn das Orchester an den Herrn Walther von der Vogelweid'.

Eva als allegorischer Name: das wird ausführlich motiviert, im Schusterlied wie im Preislied. Freilich steht in dieser Komödie, anders als bei Kleist im »Zerbrochenen Krug«, dieser Eva, dem »schlimmen Weib«, wie Sachs meint, kein Adam gegenüber. Adamhaft verhalten sich sowohl Stolzing wie Sachs. Den Namen des verhaßten Merkers hat Wagner, als er auf den mäßig guten Einfall verzichtet hatte, die Kunstfigur als Hans Lick auftreten zu lassen, allegorisch komponiert, wie später Thomas Mann seine Tonio Kröger und Adrian Leverkühn. *Beckmesser:* das gemahnte an das bürgerliche Handwerk. Gegen die anderen Vornamen aber wie Hans und Fritz, Kunz und Veit, sticht der humanistische *Sixtus* ab. Der kann nicht der Rechte sein mit diesem Vornamen. Auch eine Kunigunde darf, wieder bei Kleist, nicht die Rechte sein: als Antagonistin zu einem volkstümlichen Käthchen.

Vor allem der Titel dieser musikdramatischen Schöpfung gibt zu denken. *Hans Sachs* wird nicht, wie vorher bei Albert Lortzing, zum Titelhelden. Er ist zwar die wichtigste Gestalt im dramaturgischen Gewebe, doch geht es in Wahrheit nicht um ihn, so wie es um den Holländer ging, um Tannhäuser und Lohengrin, um Tristan und Isolde, um Parsifal, in der Urgestalt der späteren Tetralogie auch um »Siegfrieds Tod«. Fest stand für Wagner, als Ausnahme seiner Namensgebung, daß die »Meistersinger von Nürnberg« allein dem Anspruch des Grundkonzepts gerecht werden könnten. An ihnen hat sich der erste schöpferische Einfall des Komponisten entzündet.

Das ist um so merkwürdiger, als die Herren Kothner und Foltz oder der Würzkrämer Ulrich Eisslinger wenig eindrucksvoll die Synthese verkörpern von bürgerlichem Gewerbe und bürgerlicher Kunst. Kaum gleichen sie mehr den frühen handwerklichen Bewahrern einer einstmals ritterlich-höfischen Kultur, von denen Sachs zu sagen weiß:

> Das waren hochbedürft'ge Meister,
> von Lebensmüh bedrängte Geister:
> in ihrer Nöten Wildnis
> sie schufen sich ein Bildnis ...

Diese Meister auf der Szene, auch wenn sie auf der Festwiese plötzlich für eine Kunst gewonnen scheinen, die ihnen vorher banggemacht hatte, bedeuten bereits eine Bürgerkunst im Verfall. Durch sie wird nichts mehr von abgesunkener Gesellschaft und Kultur tradiert und dialektisch »aufgehoben«. Sie verstehen nicht einmal, was den Meister Sachs so nachdenklich macht, wenn jener Ritter und Leser eines Walther von der Vogelweide die Erneuerung versucht einer steril gewordenen Bürgerkunst durch die Renaissance der mittelalterlich-höfischen Kunst. Also keine geistige Wiedergeburt als Antithese zum Mittelalter, sondern *Renaissance mit Hilfe des Mittelalters*.

Hier in der Tat denkt und agiert Richard Wagner als ein Romantiker und Nachfahre Hardenbergs, Tiecks, Arnims. Doch geht es sogleich auch wieder höchst aufklärerisch und gegenfeudal zu in dieser vertrackten Dichtung. Stolzing vermag kein Zurück zu Meister Walther zu bewirken. Das Corpus christianum des Mittelalters ist zerrissen. Man lebt in Nürnberg in der Lutherzeit, im Zeichen der Wittenbergisch' Nachtigall. Stolzing muß Bürger werden und ein Meister der Bürgerkunst: gleich dem Junker Ulrich von Rudenz am Schluß von Schillers »Wilhelm Tell«. Der bürgerliche Revolutionär Richard Wagner, der Leser Proudhons und Feuerbachs, verliert sich nicht mehr an die mondbeglänzte Zaubernacht der deutschen Romantik. *Die »Meistersinger von Nürnberg« sind kein Werk der Sehnsucht, weit eher der Utopie.* Gemeint ist durch den Titel eine Meisterkunst, umgedeutet diesmal als *meisterliche*

Kunst, als Synthese aus Sachs und Stolzing, aus Minnesang und Bürgerkunst: die sich den Nöten und Miseren des Alltags entgegenstemmt. Natürlich meint Wagner das eigene Schaffen, doch diese offenkundige Beziehung erbringt kaum mehr als Kunstpsychologie.

Die »Meistersinger« entwerfen jedoch, gerade bei Wagner, *auch* eine überindividuelle Vision von futurischer Kunst, von Kunstwerken der Zukunft. Weshalb es eine doppelte Musik für die Meister gibt in dieser Partitur. Einmal als Parodie des Meisterlichen bereits mit Beckmessers Auftreten im Vorspiel, als wirres Geschlinger in Stolzings Alptraumvisionen von »diesen Meistern!«, an vielen Stellen noch. Gemeint sind aber auch jene vergangenen *und* künftigen Künstler, die vom ersten Takt an gegenwärtig sind, mit dem charakteristischen Schritt und Tritt von Meistern, die als Synthese verkörpern, was Sachs, am Schluß seiner Ansprache, die »Heil'ge deutsche Kunst« nennt.

Die Heilige deutsche Kunst. »Merkwürd'ger Fall« – könnte abermals der Spenglermeister Nachtigall vor sich hinbrummen. Was kann er meinen vor allem Volk, der Lutheraner Sachs, wenn er von Heiligkeit spricht? Dies ist keine Metapher. Es geht nun, am Schluß und auf dem Höhepunkt der Handlung, um die wichtigste Sinngebung. Hier konvergiert alles. Jetzt gibt Sachs die Antwort auf das Preislied, auf Stolzings vorwegnehmende Dichtung, die alles im glückhaften Augenblick bereits gewonnen glaubte: Parnaß und Paradies. Der junge Dichter und Ritter wähnte, Wahn auch hier!, ihn erlebt zu haben, den Augenblick des Verweile doch! Das ist nicht mehr Morgentraum, sondern gelebte Gewißheit:

> am lichten Tag der Sonnen,
> durch Sanges Sieg gewonnen
> Parnaß und Paradies.

Das klingt anders, und es meint auch ein Anderes, als was in der Schusterstube gereimt und gesungen worden war. Mitten im Preislied, vor allem Volk, treibt die Inspiration, und eine tiefe Hybris, den Junker weg vom eigenen und durch Sachs bestätigten allegorischen Entwurf. Nun soll die Allegorie plötzlich zur sinnlichen Gegenwart gezwungen werden. Weiß Stolzing, was er da singt und fordert?

Sachs aber weiß, daß die Vision nicht aufgeopfert werden darf dem erfüllten Augenblick eines Liebenden. *Davon* handelt, nicht von irgendeinem patriotischen Marschieren, die schmerzlich-sorgenvolle Ansprache des Hans Sachs. *Sie erst gibt die notwendige Umdeutung des Waltherschen Preislieds.* Auch sie holt die Allegorien von Parnaß und Paradies ins Gegenwärtige. Doch nur, um die Kunst, als Synthese aus Antike und Moderne, aus Altem wie Neuem Testament, als *Gegenwelt* zu definieren zu aller Gesellschaftlichkeit: sei es die Wirklichkeit der Meister oder auch jene des Ritters von Stolzing. Plötzlich wird dieser Meister Sachs, kurz vor der Apotheose, in der Tat ein Gefährte des gesellschaftlich heimatlosen Künstlers Tannhäuser, der es mit allem versucht hatte, um an allem zu scheitern: Venusberg, höfisch-formvolle und sublimierte Minnedichtung, christliche Buße. Eine bedeutende Kulturvision, nicht bloß die Lust an der Selbstparodie, hatte Richard Wagner vom Tannhäuser zu den Meistersingern gelangen lassen. Hier wird es offenbar.

Stolzings Preislied folgt im ersten Entwurf noch der Traumerscheinung; sie wird beschrieben, doch nicht gedeutet, oder auch nur verstanden. Das morgendliche Leuchten, das schöne Weib, der Preis.

> Was ich verlangend begehrt,
> die Frucht so hold und wert
> vom Lebensbaum.

Was ist der Lebensbaum? Das Lied weicht aus, beschreibt zuerst die Gegenvision. Abendliches Glühen wandelt sich in Nacht, der Quell rauscht, keine neue Erscheinung war in den Traum getreten. Die Requisiten der Antike allein standen ein für die Traumdeutung: der kastalische Quell der Musen zu Delphi, der Lorbeerbaum, das nächtliche Sternenmeer eines Einst und Jetzt.

Stolzing weiß, warum er der Forderung, in einem dritten Bar die Traumdeutung zu wagen, ausweichen muß. Er hat keine Deutung. Morgen und Abend, Lebensbaum und Lorbeer, die Frucht, dargeboten vom Weibe, die unsinnliche Sternenwelt der Antike, wie sollte dies gedeutet und zur Einheit gezwungen werden: gar in Form eines Werbelieds? Den dritten Bar dichtet Stolzing zwar in Liebesglut, inspiriert durch Evas Gegenwart, doch muß ihm die Traumdeutung genauso schwergefallen sein, wie seinem Schöpfer. Den ursprünglichen Textentwurf hat Wagner nicht komponiert: er ist ebenso wirr wie verwirrend. Der paradiesischen Eva des ersten Bars, die als Versucherin mit der Frucht vom Lebensbaum erschienen war, steht nun eine andere weibliche Traumgestalt gegenüber. Hat Stolzing auch dies wirklich geträumt, oder begann bereits die Arbeit an der Formgebung, als Traumdeutungsweise?

> Sag, ist es nicht die weiße Taube,
> lieblich und treu,
> wie der Jugend holder Glaube?
> Ihr ohne Reu
> ganz mich zu geben,
> ihr zu weihn mein Glück, mein Heil, mein Leben,
> wie, Mutter, dankt ich's dir?

Diesmal ist Stolzing in die Nähe des Tannhäuser geraten. Die weiße Taube – ist sie nach katholischer Lehre zu verstehen? Die Mutter – ist es die Madonna? Seltsame Vision, die Eva und Maria als Morgenfrühe und Nachtvision gegeneinander stellt. Die Madonna überreicht im Traum den

Lorbeerkranz, der gleichzeitig aber auch, wie die von Wagner mit Recht verleugneten Verse andeuten, paradiesischer Herkunft sein soll? Wirr und verwirrend. Dennoch ungemein wichtig zum Verständnis der »Meistersinger«, weil der Zusammenhang zwischen Meistersingerkonzept und Madonnenbild, wovon noch zu reden sein wird, für Wagner seit den ersten Gedankenspielen ebenso festgehalten wurde, wie die neue Sinngebung des »Tannhäuser« in den »Meistersingern«. Die Anrufung der Madonna durch Tannhäuser und Elisabeth hatte weitergewirkt. Richard Wagner ist mit dem »Tannhäuser« niemals fertig geworden. Auch nicht mit Hilfe der »Meistersinger«.

Der dritte Bar aber, den Stolzing schließlich improvisiert in der Stube, und den Wagner komponiert hat, bietet uns eine Traumdeutung der *platten Addition*. Das schönste Weib ist gleichzeitig auch zur Inkarnation der Kunst bestimmt. Zwei Augen sind zwei Sonnen.

> Den Kranz, von zweier Sonnen Strahl
> zugleich geblichen und ergrünt,
> minnig und mild
> sie flocht ihn um das Haupt dem Gemahl:
> dort Huld-geboren,
> nun Ruhm-erkoren,
> gießt paradiesische Lust
> sie in des Dichters Brust –
> im Liebestraum.

Dies ist gewiß keine Traumdeutung, oder eher: was gedeutet wird, bleibt Traum. Die Geliebte bot die Frucht vom Lebensbaum; das nächtliche Sternenmeer leuchtete über der antiken Szenerie von Musenquell und Lorbeerbaum; nun wird das paradiesische Weib gleichzeitig zum Glück der Liebe und zur künstlerischen Erfüllung. Wirr und verwirrend. Die Addition der Sphären als Lösung ihrer Widersprüche? Die Partitur hilft nicht: sie treibt fort, will diesmal nicht erläutern oder gar in Frage stellen. Das kann erst geschehen, wenn der Junker auf der Festwiese nun wirklich eine neue Form der Traumdeutung gefunden hat: in der Synthese Parnaß und Paradies, die keine sein kann, so daß nun Sachs die Gegenthese verkünden und als Sprecher seines Dichters und Meisters begründen kann.

Nicht Parnaß und Paradies als gewonnene Wirklichkeit, sondern die Heilige deutsche Kunst in Form einer Vergöttlichung der Kunst: als kühne Säkularisierung. Und als Bekenntnis zu einer Kunst, die sich querstellt zum Leben, weil sie kein irdisches Glück zu begründen, vielmehr das Paradies der Kunst nur als *künstliches Paradies* zu verstehen vermag. So war es bereits in der Schlußvision des Schusterliedes verkündet worden. Die verliebte Eva spürte, daß ihr selbst geantwortet wurde, und dem Junker auch. »Mit großer Aufgeregtheit« brach es los: »Mich schmerzt das Lied, ich weiß nicht wie! O fort! Laß uns fliehen!«

Auch Stolzing schien in jener wahnhaften Johannisnacht vom Schusterlied des Hans Sachs mehr erfaßt zu haben, als er sich und Eva eingestehen wollte. Es war wohl auch die nächtliche Anrufung der sündigen Eva durch den Schuster-Poeten, des »schlimmen Weibes«, der Verderberin, was den träumenden, dann dichtenden und traumdeutenden Herrn Walther dazu brachte, den Namen der Geliebten zu allegorisieren. Der Kontrast kann nicht schärfer sein: Sachs hatte die Vertreibung aus dem Paradies, den Sündenfall evoziert, die Sünderin und die eigene Arbeit mit Ahl und Draht, als Folge der Erbsünde. Dagegen stellt Herrn Walther von Stolzings frei gedichtete und gesungene Preisallegorie auf der Festwiese die sündenlose Eva. Es wird zum Preislied auf das *wiedergefundene Paradies*. Das Paradies als Hier und Jetzt.

Die Zuordnung der drei Strophen, von Stollen, Gegenstollen und Abgesang ist gut gegliedert: der Morgenvision entspricht die Erscheinung einer paradiesischen Eva. Der

Wunderbaum ist nicht mehr Lebenssymbol, sondern eroti-
sches Emblem. Keine Verderberin lockt mit der Frucht.
Abendlandschaft und nächtlicher Aufstieg zur Quelle der
Musen. Der Lorbeerbaum, doch die andere Frau, die
abendliche, reicht keinen Kranz; sie *tauft* den Wanderer.
So wird er ein Dichter. Der christliche Taufakt wird ins
Antike zurückgedeutet. Die Taufe macht nicht zum Chri-
sten, sondern zum Künstler.

Der Abgesang vollends zerstört im poetischen Nu eines
Stürmers und Drängers jegliche Allegorik: die paradiesische wie die apollinische. Das Paradies ist hier. Der Traum
wurde Wirklichkeit. Nicht mehr Addition der Sphären;
das Bild von den zwei Sonnen ist verworfen. Eva, die wirkliche, Tochter des Goldschmieds Pogner, die Pognerin also, sie ist beides: Parnaß und Paradies. Der vollkommene,
erfüllte Augenblick macht die Erbsünde weichen. Dies gegenwärtige Glück kennt nicht den Tod. Die Geliebte ist
geweiht von der Muse. Am kastalischen Quell geboren:
»der Erde lieblichstes Bild, als Muse mir geweiht«. Das
wiedergewonnene Paradies. Die neue, die poetische Unschuld.

Den Aufbau des Preislieds wird man als eine *dialektische
Triade* deuten müssen. Die These der paradiesischen Eva.
Die abendliche Gegenthese der Muse des Parnaß. Die Syn-
these des glückhaften Augenblicks, der beides in einem
Menschenbild inkarniert und damit ins Gegenwärtige holt:
Parnaß und Paradies.

Diese Traumdeutung des glücklich liebenden Poeten und
poetischen Liebhabers ist opferreich. Der antike Mythos
vom verlorenen goldenen Zeitalter wurde ebenso preisge-
geben, wie der christliche Mythos vom verlorenen Paradies. Die frommen Meister, als deren Patron der Psalmist
David gilt, müßten sich viel stärker entrüsten ob dieser
eudämonistischen Parodie des Sündenfalls, als gestern in
der Singschule. Doch sie haben es wohl nicht so recht
verstanden.

Hans Sachs hat sehr wohl verstanden. Er muß antworten: auch ohne den junkerlichen Affront durch Zurückweisung der Meisterwürde. Wodurch sich Walther übrigens konträr verhält zur soeben vorgetragenen poetischen Vision. Stolzing hatte die Einheit aus glücklicher Liebe und »gewonnener« Kunst verkündet. Nun lehnt er den Parnaß ab, will bloß noch mit Eva im Paradies leben. Allein auch der Meister, der die »Meistersinger von Nürnberg« schrieb, weiß es besser als der Junker aus dem Frankenland.

So antwortet Wagner-Sachs dem Wagner-Stolzing. Hier gilt's wirklich der Kunst. Denn Kunst sei zu verstehen nicht als paradiesische Sündenlosigkeit, sondern als Gegenglück. Es ist immer wieder, seit Wagner und dem Wahnmonolog, in der Ästhetik der künstlichen Paradiese die Trennung vollzogen worden zwischen Glück und Kreativität. Man ist mit den »Meistersingern« plötzlich auch wieder in unserem Jahrhundert. Da hatte *Gottfried Benn* die Schlußworte des Hans Sachs gegen Stolzing fortgedichtet. »Einsamer nie als im August . . .«

> Wo alles sich durch Glück beweist
> und tauscht den Blick und tauscht die Ringe
> im Weingeruch, im Rausch der Dinge –:
> dienst du dem Gegenglück, dem Geist.

Kunst als Gegenglück. Parnaß ohne Paradies. Stolzing hatte den Sündenfall weggedichtet. Das aber war keine Utopie, sondern bloß eine Metapher. Seine Poesie wurde dadurch unwahr: wie sogleich auch sein eigenes Verhalten bei der Preisverleihung demonstriert. Dem Meister Hans Sachs hingegen ist es Ernst mit der Kunst. Weil er weiß, oder zu wissen glaubt, daß man die wahnhaften Exzesse der Menschen nicht durch Kunst zu bannen vermag, aber die schöpferische Glückschance besitzt, in der Kunst eine Gegenwelt zu errichten, die alles Wähnen zum Bestandteil von Form macht. Prügeln als Fuge. An solche Gegenwirk-

lichkeiten soll sich auch der wähnende und leidende
Mensch halten. Kunst vermag zu überdauern. Man halte
sich an die Kunst, nicht an den rasenden und wahnhaften
Weltwillen. Das ist Schopenhauer. Er hat die Schlußan-
sprache des Hans Sachs geschrieben.

Dieser Sachs nämlich, ein Erzeugnis der Einbildungskraft, hat nicht bloß den Opitz gelesen, sondern auch die
»Welt als Wille und Vorstellung«. Er weiß bereits im Schusterlied, daß man der paradiesischen Eva widerstehen muß
und dem durch sie inkarnierten Weltwillen. Das Paradies
besteht fort in der Kunst: um den Preis seiner Unwirklich-
keit. Kunst meint das Ende allen Wähnens. Kunst ist
Wahnfried.

Damit gelangt man zur vielleicht seltsamsten und rät-
selhaftesten Geheimkammer dieser so labyrinthischen
»Meistersinger von Nürnberg«. Zu Richard Wagners Entschluß, scheinbar ausgelöst durch den Anblick eines berühmten Gemäldes, der tiefen Depression seines damaligen
Alltags die »Meistersinger« entgegenzustellen. Die Vorgänge sind bekannt. Wagner schaut im November 1861 auf
ein Jahr der Katastrophen zurück. Der Tannhäuser-Skan-
dal in Paris; die Wiener Tristan-Proben stehen vor dem
Scheitern; das Züricher Asyl ist ein verlorenes Paradies.
Mathilde Wesendonk hat sich gegen ihn entschieden. Man
bleibt »gut Freund miteinander«; aber Richard Wagner
hatte Mathilde einstmals als »Elisabeth« angerufen. Wesen-
donks laden den Freund, um ihn ein wenig aufzumuntern,
nach Venedig ein. Dort sieht Wagner in der Accademia,
also nicht, wie er sich zu erinnern glaubt, im Dogenpalast,
die »Assunta« von Tizian. Die Himmelfahrt der Maria.
Darüber heißt es später in der Autobiographie »Mein Leben«: »Bei aller Teilnahmslosigkeit meinerseits muß ich
jedoch bekennen, daß Tizians Himmelfahrt der Maria im
großen Dogensaale eine Wirkung von erhabenster Art auf
mich ausübte, so daß ich seit dieser Empfängnis in mir

meine alte Kraft fast wie urplötzlich wieder belebt fühlte. Ich beschloß die Ausführung der ›Meistersinger‹.«

Merkwürd'ger Fall. Die Stelle ist immer wieder in der Forschung zitiert, aber bis in die jüngste Zeit hinein nicht ernsthaft interpretiert worden, zumal Wagner kein weiteres Wort der Deutung anbietet, um die Zusammenhänge zwischen der Maria des Tizian und dem lutherischen Franken der Reformationszeit aufzuhellen. Erst das Wagnerbuch »Der traurige Gott. Richard Wagner in seinen Helden« von *Peter Wapnewski*, München 1978, unternimmt eine Interpretation, die sich der autobiographischen Aussage stellt, um ihr eine Deutungsmöglichkeit der »Meistersinger« abzugewinnen. Wapnewski geht von der These aus, die Liebe zu Mathilde Wesendonk sei ein großes existentielles, Schöpferkraft freisetzendes Erlebnis gewesen. Dazu paßt dann in der Tat die planmäßige Arbeit in Cosimas Tagebüchern, die Gestalt der »Frau Wesendonk« zu bagatellisieren. Dazu paßt weiter, weil Wagner seine Autobiographie, was Wapnewski wohl mit Recht beklagt, der Cosima diktiert, das tiefe Schweigen nach dieser Enthüllung über die Maria des Tizian. Hier mußte ein Tabu beachtet werden.

Die Nähe der Hans-Sachs-Pathetik zum Tannhäuser wird von Wapnewski ebenso betont wie die Tristannähe, die Wagner bekanntlich bis zum Selbstzitat hin unterstreicht. Tannhäusers Anrufung der Maria in der antiken Venushölle; Tristans Nichtentsagung als tragischer Konflikt; Richard Wagners Entsagung, die plötzlich von neuem die Schöpferkraft freisetzt: die »Meistersinger« würden dadurch zur Synthese aus »Tannhäuser« und »Tristan«, im Zeichen der Wahnüberwindung *und* in der Entscheidung für den Parnaß und gegen das Paradies. Dies alles wird von Wapnewski sorgfältig herausgearbeitet. Auch das von Wagner gerühmte Madonnenbild im böhmischen Aussig gelangt zu seinem Recht. Es ist sicher richtig, wenn Wapnewski formuliert: »Hans Sachs, das ist ein Künstlerroman wie der ›Tannhäuser‹ – und ein Künstlerschicksal mündet, so erfährt es Wagner wieder und wieder, im Zwang zum Verzicht.«

Vielleicht sollte man noch einen Augenblick weiterdenken. Es wurde evident, daß Wagner die Madonna in seinem Nürnberger Spiel ebenso als Gegensatz, diesmal zur paradiesischen Eva, versteht, wie früher, im »Tannhäuser«, zur heidnischen Venus. Allein Tannhäuser scheitert auch als Sänger der Hohen und Himmlischen Liebe. Tannhäuser war nicht Wolfram. Hans Sachs wiederum ist kein Minnesänger mehr, sondern ein bürgerlich-reformierter Meistersinger. Auch dieser Aspekt seines nunmehr zu schaffenden Werkes muß Wagner in jenem Augenblick zu Venedig und vor dem Kunstwerk des Tiziano Vecellio deutlich geworden sein.

Man kommt weiter, wenn man nicht so sehr fragt nach der allegorischen Bedeutung der Madonna in den »Meistersingern«, sondern nach *Wagners Vorstellung von Himmelfahrt.* Stolzing wollte das Paradies und eine sündenlose Eva durch Sanges Sieg gewinnen. Sachs, der Lutheraner, der sich auskennt mit der Erbsünde und der Bosheit menschlicher Kreatur, weiß nur zu gut, daß er leben und als Schuster arbeiten muß in der Erbsünde. Die paradiesische Eva ist ihm die schlimme Eva, die Verderberin: gleichsam die Venus dieses Tannhäuser.

> O Eva! Eva! Schlimmes Weib,
> das hast du am Gewissen,
> daß ob der Füß am Menschenleib
> jetzt Engel schustern müssen!
>
> . . . .
> um deiner jungen Missetat
> hantier ich jetzt mit Ahl und Draht...

Dennoch ist die Rückkehr ins Paradies möglich: doch nicht, wie Walther gedichtet hatte und gesungen, mit Evas

Hilfe, sondern trotz der Sünderin. Rückkehr ist möglich: dank der Kunst. *Künstlers Himmelfahrt* kann jederzeit erfolgen, wenn der Engel der Kunst, oder die Muse es zulassen. Man mag es dann Aufstieg zum Parnaß nennen, oder auch Himmelfahrt, die antike Allegorik bemühen oder die christliche, die Kunst kann niemals etwas anderes bedeuten als Gegenwelt, als ein künstliches Paradies für den modernen Künstler. So verstand Wagner den Schopenhauer, so verstand Baudelaire den Richard Wagner.

> Gäb nicht ein Engel Trost,
> der gleiches Werk erlost,
> und rief mich oft ins Paradies,
> wie ich da Schuh und Stiefel ließ!
> Doch wenn mich der im Himmel hält,
> dann liegt zu Füßen mir die Welt...

Mit dieser dritten Strophe des Schusterliedes hat das Motiv des Wahns und der Entsagung im Orchester eingesetzt, um immer stärker die Trennung von Schusterwelt und Künstlerwelt auszusingen. Das geht im Vortrag des Liedes bis in die Temporückungen. Das flotte Schustertempo wird verlangsamt und weich gestimmt beim Anruf dieser Himmelfahrt des Artisten. Entsagung, gewiß, allein auch die Kunst, das verrät die Musik, ist ein Wahn oder ein *Gegenwahn*. Wenn aber die Kunst zwar Himmelfahrt bedeutet, so muß sie doch gleichzeitig als unwirkliche Gegenwelt verstanden werden. Der Seufzer des Sachs, zuerst im Orchester hörbar vor den Meistern in der Singschul bei den Worten: »Halt, Meister! Nicht so geeilt!«, kehrte wieder im Gespräch des Schusters mit Eva, als er das Schicksal des Ritters und Dichters ausmalte: durchaus nicht lügenhaft, sondern als einer, der sich auskennt:

> Mein Kind, für den ist Alles verloren,
> und Meister wird der in keinem Land.
> Denn wer als Meister geboren,
> der hat unter Meistern den schlimmsten Stand.

Was heißen soll: die Handwerkermeister und die Meister in der Kunst, das bleibt unvereinbar. Nach jeder inspirierten Himmelfahrt muß man zurück in die Misere. Das hatte Wagner schon früh bei dem bewunderten E. T. A. Hoffmann gelesen, dessen Erzählung vom Meister Martin dem Küfner zur Quelle wurde auch für die »Meistersinger«.

Stolzing hatte die Synthese aus Kunst und Lebensglück besungen als Parnaß und Paradies. Sachs antwortet, was er auch vorlebt, mit schroffer Trennung der Sphären. Auch der religiösen von der ästhetischen Sphäre: trotz Tizian. Die »Meistersinger von Nürnberg« feiern die Vergöttlichung der Kunst und des Künstlers. Es handelt sich um ein Werk der entschlossenen Säkularisierung. Am Beispiel der Taufe und des Täufers kann man das im einzelnen demonstrieren. Aus dem Täufer Johannes Baptista wird bei Wagner der Täufer Hans Sachs. Vorläufer und Erfüllung in einem. Was David unbewußt produziert hatte als Einsicht – »an der Pegnitz hieß der Hans« –, die Taufszene bestätigt es. Der Schluß der »Meistersinger von Nürnberg« verkündigt es als Botschaft: die *Idolatrie der Kunst.* Nicht bloß als Säkularisierung der Religion, sondern auch als Ästhetisierung von Macht und Politik.

So hat es Wagner verstanden und gewollt. Er meinte auch die eigene Himmelfahrt, doch war sie, was ein Stolzing nicht ahnen mochte, unabdingbar geknüpft an die – tragische – Rückkehr zur Erde. *Der Parnaß als Paradies.* Dort unten jedoch, wohin man zurückmuß, liegt die Welt mit ihren Meistern und Beckmessern, den lieben Evchen und trotzigen Rittern, mit allem Behagen und Unbehagen.

Das Paradies als Parnaß. Was der Dichter erfahren hat, das sollten alle wissen und bedenken. Die Heilige deutsche Kunst. Deutschtum ist in der Ansprache des Sachs verstanden als geistige Welt, die auch dann Bestand hat, wenn die gesellschaftliche zerfällt. Kein Grund zum Auftrumpfen, doch auch nicht zur Trauer. Eine bescheidene Wahrheit beendet die »Meistersinger von Nürnberg«, wenn man der Optik von Text und Sinn vertraut, und sich freimacht von der Optik des Opernfinales. Es ist die traurige Weisheit eines Leidens an Deutschland.«

Die Frau ohne Schatten

Für Hilde Unseld

Hört, wir gebieten euch:
ringet und traget,
daß unser Lebenstag
herrlich uns taget!
Was ihr an Prüfungen
standhaft durchleidet,
uns ist's zu strahlenden
Kronen geschmeidet!

Es sind Verse aus dem dritten Aufzug, vorletzte Szene, der »Frau ohne Schatten«. Stimmen der Ungeborenen, mit der Regieanweisung Hofmannsthals: »von oben«. Eine Botschaft an die beiden nun wieder vereinten Ehepaare, das kaiserliche und das plebejische. Versbotschaft der noch ungeborenen, doch nun erwünschten und erwarteten Kinder, worin der Sinn der großen Prüfung zusammengefaßt werden soll.

Lassen Sie mich einen Augenblick weiterzitieren, abermals als Botschaft:

Was euch nicht angehört,
Müsset ihr meiden,
Was euch das Innre stört,
Dürft ihr nicht leiden,
Dringt es gewaltig ein,
Müssen wir tüchtig sein.
Liebe nur Liebende
Führet herein!

Aber die Liebenden, die hier beschworen werden, müssen gar nicht hereingeführt werden, denn sie sind bereits auf der Szene. Auch handelt es sich diesmal nicht um Stimmen der Ungeborenen, sondern – der Textanweisung zufolge – um einen »Chor der Engel«. Und die Verse stammen auch gar nicht aus der »Frau ohne Schatten«; sie sind nicht einmal von Hofmannsthal, sondern von Goethe und stehen im letzten Akt von »Faust II«.

Nun könnte man den zu Lebzeiten Hofmannsthals immer wieder gehörten Vorwurf des dichterischen Epigonentums von neuem anbringen und ein Goethisieren des Wieners belächeln. Allein dabei würde übersehen, daß die Apotheose in der »Frau ohne Schatten« nicht allein in der Sprachmelodie, sondern gerade auch im geistigen Gehalt *ganz bewußt* als Nachfolge des »Faust« von Goethe gehalten wurde.

Nicht nur »Faust II« nämlich wird im Schlußakt der Oper gleichsam von neuem beschworen, wobei erinnert werden mag, daß schon Goethe selbst seine – wie er es nannte – »sehr ernsten Scherze« des Zweiten Faust weitgehend als Libretto für einen großen Tonsetzer verstand. Einen Komponisten freilich, den er unter seinen späten Zeitgenossen nicht entdecken mochte. Die Musik zu »Faust II«, so hat sich Goethe noch geäußert, müßte im Stil des »Don Giovanni« gehalten sein.

Dies alles wußte Hugo von Hofmannsthal natürlich, denn er verstand das Konzept seiner Oper von Kaiser und Kaiserin und Amme, vom Färber und der Färbersfrau, als eigentümliche Neugestaltung des Faust-Themas. In der von Hofmannsthal selbst verfaßten und vorzüglichen Nacherzählung der Opernhandlung im Textbuch heißt es ausdrücklich: »Die Amme ist ein Wesen mephistophelischer Art; sie kennt die Menschenwelt mit scharfer und liebloser Kenntnis.«

Am stärksten, mit einer geradezu modernen literarischen

Kühnheit, kommt es zu einem Amalgam aus Hofmannsthal und Goethe am Schluß des zweiten Aufzugs. Zweimal
hatte Hofmannsthal seinem lieben Tonsetzer Richard
Strauss, der darüber keineswegs entzückt war, zumuten
müssen, große Septette zu komponieren: Färber und Färbersfrau, Kaiserin und Amme, dazu die drei durch das
Leben mißhandelten Brüder des Barak. Die Färbersfrau
hatte mit der Amme den Teufelspakt geschlossen. Im
Briefwechsel mit Strauss zieht Hofmannsthal höchst unbefangen diesen Vergleich. Im ersten Akt hatte die Amme die
Paktformel vorgesprochen:

> Abzutun
> Mutterschaft
> auf ewige Zeiten,
> von deinem Leib!

Auf dem Höhepunkt des zweiten Aufzugs spricht die Färberin, nur halb wissend, was geschieht, in verwirrtem Gefühl, doch ausdrücklich »ohne Furcht«, die Paktformel
nach: im Angesicht des Ehemannes Barak.

> Abtu' ich von meinem Leibe die Kinder,
> die nicht gebornen
> und mein Schoß wird dir nicht fruchtbar...

Der Schatten fällt von ihr ab, der weit mehr in dieser
Handlung bedeutet als bloße Mutterschaft und Möglichkeit des Weiterlebens in künftigen Geschlechtern. Die drei
Brüder Baraks entdecken die schreckliche Wahrheit. Ein
Schwert fällt vom Himmel als Richtschwert in die Hand
des betrogenen Barak. Als er die Schuldige richten will,
»erlischt das funkelnde Schwert plötzlich und scheint ihm
aus der Hand gewunden...«, wie Hofmannsthals Anweisung lautet. Eine plötzliche Verwandlung sprengt das Färberhaus, die Erde tut sich auf, und durch die geborstene
Seitenmauer tritt der Fluß herein. Barak und die Frau ver-

sinken, die Kaiserin wird vom magischen Mantel der Amme geschützt. Man hört das letzte Wort des weiblichen Mephisto aus dem Dunkel:

Übermächte sind im Spiel!
Her zu mir!

Auch das klingt dem Leser wie dem Hörer arg vertraut. Es sind die gebieterischen Worte des Mephistopheles am Schluß von »Faust I«. Faust wird durch die Zauberpferde aus Gretchens Kerker fortgetragen ins Reich des Vergessens. Auch dort sind Übermächte im Spiel, die als Stimme von oben das »Gerettet« verkündet hatten. Auch Mephistopheles, gleich der Amme, hat nicht Zeit, sich um die Übermächte zu kümmern. Jetzt geht es nur noch um Faust und die Kaiserin. Her zu mir!

Wie soll man einen solchen, in der Operngeschichte und wohl auch in der Schauspielgeschichte einzigartigen Aktschluß verstehen? Daß der letzte Satz, und möglichst auch der erste Satz eines Theaterstückes als künftiges Zitat verwendbar sein möge: das hatten die Stückeschreiber und Librettisten immer wieder angestrebt. Von Schiller bis Brecht, der sich dabei ausdrücklich an den sonst mißachteten Friedrich Schiller hält, sind Aktschlüsse und Anfangszeilen nicht bloß zitierbar geworden, sondern mittlerweile Zitat. Trotzdem: sie wurden zwar als zitathafte Satzprägungen vom Autor formuliert, und konnten später zitierbar werden. Allein sie waren im Augenblick der Niederschrift noch kein Zitat. Jenes »Her zu mir!« der Amme hingegen *ist ein Zitat*. Der zweite Aufzug der »Frau ohne Schatten« schließt mit Goethe.

Kein Zweifel: hier wird ein künstlerisches Konzept bewußt durchgeführt, ohne Beachtung hämischer Vorwürfe des Epigonentums. Der zweite Aufzug bei Strauss und Hofmannsthal, so könnte man es zugespitzt formulieren, schließt als »Faust I«; die Apotheose des dritten Opernaktes hingegen evoziert, nicht minder bewußt, den Geist und die Sprachform der Schlußszenen aus »Faust II«. Von geistigen und literarischen »Anleihen« hier zu sprechen, wäre sinnlos. Hofmannsthal hat das Zitat der Amme bewußt als *bekanntes Zitat* künstlerisch eingesetzt. Er hat damit eine spezifisch moderne Kunstform der Zitatmontage sehr früh bereits, im Jahre 1914 nämlich, als er das Textbuch für Strauss entwarf, vorweggenommen. Die Goethe-Zitate, denn auch die Verse am Schluß der Oper haben Zitatcharakter *neben* ihrer Eigenbedeutung für die Handlung, sollen geistige Kontinuität bewirken. Der Leser und Hörer wird mit Hilfe dieser Montage aus Einst und Jetzt genötigt, einen geistigen Zusammenhang für sich herzustellen. Man soll, das ist der Wunsch des Librettisten Hofmannsthal, sein Opernspiel als einen Hofmannsthalschen Faust verstehen.

Allein es geht noch sonderbarer zu bei diesem, auch innerhalb des Gesamtwerks von Hugo von Hofmannsthal, einzigartigen Gebilde. Die »Frau ohne Schatten« ist scheinbar überaus künstlich angelegt, hat sich jedoch in den fast sechzig Jahren seit der Uraufführung als ungemein lebendig und wirkungsvoll präsentiert. Durchaus nicht als Produkt eines schwächlichen Epigonentums. Obwohl nicht allein die Verbindung des Textbuches zu Goethe und zum »Faust« fast überdeutlich herausgestellt wurde, sondern nicht minder zitathaft und unverkennbar auch die Nachfolgekonstellation zu *Mozarts »Zauberflöte«.*

Seine Nacherzählung der Opernhandlung beginnt Hofmannsthal, wenn er den zweiten Aufzug referieren muß, mit folgendem Satz: »Die Prüfungen gehen an; denn es müssen alle vier gereinigt werden, der Färber und sein Weib, der Kaiser und die Feentochter, zu trübe irdisch das eine Paar, zu stolz und ferne der Erde das andere.« Man hat sogleich den Gesang des Sarastro im Ohr, wenn er beim ersten Aktschluß der »Zauberflöte« anordnet, die

Prüflinge, zu denen auch Papageno gehört neben dem Prinzenpaar, müßten verhüllten Hauptes den Prüfungen entgegengehen. Sie müssen erst gereinigt sein. Sieht man ab von Papagena, so hat man in der »Zauberflöte« einen Prüfungsweg vorgezeichnet für ein hohes Paar und einen Spaßmacher. Dies entspricht dem gleichzeitigen Spiel Mozarts und Schikaneders mit der hohen Sphäre der Opera seria *und* den Elementen des Wiener Volkstheaters. Hofmannsthals Entzücken über diese Mischung der Sphären war einmal schon, in der Arbeit für Richard Strauss, produktiv geworden. In der »Ariadne auf Naxos«, wo der hohe Wiener Mäzen, falls wir uns an die endgültige Fassung des Werkes halten, anordnet, daß Ariadne und Zerbinetta gleichzeitig ins Spiel zu bringen seïen.

Diese Vision eines künstlerischen Mischcharakters, wie er in der Tradition des Wiener Volkstheaters lag und zur Restaurationszeit noch einmal durch Ferdinand Raimund fruchtbar gemacht werden konnte, bedeutete für den Textdichter der »Frau ohne Schatten« weit mehr als Bildungstradition. Hofmannsthal fühlte sich dieser österreichischen Überlieferung als einer einzigartigen Verbindung von hohem Spiel und plebejischer Belustigung als Dichter eng verbunden. In seinen Essays über Ferdinand Raimund von 1920 und der wunderbaren Studie über »Goethes Singspiele und Opern« von 1923, wozu natürlich auch Goethes Bemühung um einen Zweiten Teil der »Zauberflöte« gehörte, wird diese Tradition immer von neuem beschworen.

Man wird also davon ausgehen müssen, daß die beiden Paare in der »Frau ohne Schatten« ursprünglich in ihrer stilistischen, sprachlichen und vor allem gesellschaftlichen *Verschiedenheit* auf die Bühne gebracht werden sollten. Pamina und Tamino sprechen anders als Papageno: erst recht, wenn er endlich mit seiner Papagena tanzen und gurren darf.

In der Tat war die »Frau ohne Schatten« ursprünglich

weit eher noch von Hofmannsthal in die Nachfolge der
»Zauberflöte« gestellt worden, als in jene des Goetheschen
»Faust«. Als die Oper beendet war: mitten im Ersten Welt-
krieg, und man nach dem Willen von Strauss das Kriegsen-
de abzuwarten hatte, schrieb Hofmannsthal, als endlich die
neue Oper an der Wiener Staatsoper, vor kurzem noch
Hofoper, aufgeführt werden konnte, einen kurzen Text
mit dem Titel: »Zur Entstehungsgeschichte der ›Frau ohne
Schatten‹«. Darin zitiert er aus einem alten Notizbuch die
Eintragung vom 26. Februar 1911. Sie ist ersichtlich als
Keimzelle der »Frau ohne Schatten« zu verstehen. »Die
Frau ohne Schatten, ein phantastisches Schauspiel. Die
Kaiserin, einer Fee Tochter, ist kinderlos. Man verschafft
ihr das fremde Kind. Schließlich gibt sie es der rechten
Mutter zurück. (›Wer sich überwindet.–‹) Das zweite Paar
(zu Kaiser und Kaiserin) sind Arlekin und Smeraldine. Sie
will schön bleiben. Er täppisch und gut. Sie gibt ihr Kind
her, einer als Fischhändlerin verkleideten bösen Fee; der
Schatten als Zugabe.«
Wie Hofmannsthal mitteilt, wurden Arlekin und Smeraldine dann aus dem Plan entfernt, weil er sie für die »Ariadne auf Naxos« brauchte. An ihre Stelle treten in der Phan-
tasie zwei Wiener Volksfiguren. »Ich wollte das Ganze als
Volksstück, mit bescheidener begleitender Musik machen.
Zwei Welten gegeneinanderstehend, die Figuren der unte-
ren Sphäre im Dialekt.«
Mit bescheidener begleitender Musik. Man lächelt ein
wenig über diese Worte beim Anblick der Riesenpartitur
zur »Frau ohne Schatten«. Übrigens hatte Hofmannsthal
auch »Ariadne auf Naxos« weitgehend als Mischung aus
Singspiel und Schauspielmusik vor Augen gehabt, aber natürlich nicht mit dem Musikertum eines Richard Strauss
rechnen können.
Als der Librettist dann von der Doppelgeschichte des
Kaiserpaars und des Wiener Plebejerpaars seinem Kompo-

nisten erzählte, erblickte Strauss sogleich die Möglichkeit für eine Opernhandlung. Fast treuherzig schreibt Hofmannsthal nachträglich im Bericht zur Entstehungsgeschichte: »Das Musikalische des Prüfungs- und Läuterungsmotives, die Verwandtschaft mit dem Grundmotiv der ›Zauberflöte‹ fiel uns beiden auf. Damit war es entschieden, daß beide Figurengruppen in gleichem Stil, in höherer Sprache zu behandeln wären.«

Hier nun setzt die eigentliche dichterische Neuformung ein. Die faustischen Elemente sind nicht zentral. Sie sind notwendig als Elemente der Handlung, vor allem als Teufels- oder Hexenpakt, sie sind, in den Versen des dritten Aufzugs, überdies wichtig als Beschwörung einer dichterischen Sphäre der Vergangenheit, die als weiterwirkend gedacht wird. Die Umwandlung jedoch der Prüfungssituation aus der »Zauberflöte«, aus einem dualistischen Spiel, worin nur das Fürstenpaar ernsthaft gereinigt wird, während Papageno und Weibchen ganz ungeweiht und ungereinigt bleiben müssen, als Figuren des »Unmittelbar-Erotischen«, wie der dänische Philosoph Kierkegaard das formuliert hat, trifft den geistigen Kern des Werkes. Aus einem ursprünglich denkspielerhaft beschworenen Gegensatz von gesellschaftlich hoher und niederer Sphäre wird nun ein humanistisches Einheitskonzept, das dem Färber Barak keine andere Sprache erlaubt als dem Kaiser, und der Kaiserin keine andere als dem Weib des Färbers. Die Entstehungsgeschichte ist also vor allem als ein *Ernstnehmen des Plebejers Barak* und seiner Leiden zu verstehen. Daher ist auch Barak der einzige im Spiel, der einen *eigenen Namen* besitzt. Alle anderen Figuren sind als Funktionsträger vorgestellt: der Kaiser, die Kaiserin, die Amme. Auch das Weib des Färbers wird von Hofmannsthal nur in dieser Funktion vorgestellt. Sie heißt einfach: »die Frau«. Wie bewußt diese Namengebung und Namenverweigerung gehandhabt wird, erkennt man an der zweiten Ausnahme im

Text. Auch der Vater nämlich der Kaiserin, Fürst des Geisterreiches, also die von der Amme gehaßte und gefürchtete göttliche Übermacht, hat einen Namen. Die Kaiserin ist Tochter des zürnenden Geisterfürsten Keikobad.

Am Beispiel des Barak wird demonstriert – und hier ist der Abstand zu den Konzepten Schikaneders und auch noch Raimunds evident –, daß die Leiden der Menschen mitsamt der Art, wie sie damit im inneren und im äußeren Leben fertigwerden, unabhängig bleiben von einer hohen oder niedrigen Funktion innerhalb der Gesellschaft. Indem Hofmannsthal seinen Stoff so versteht und gestaltet, stellt er das Libretto zur »Frau ohne Schatten« unverkennbar in die *Tradition der bürgerlichen Aufklärung.* Es ist österreichische, sogenannte josefinische Aufklärung, die sich dem Weimarer deutschen Klassizismus und Idealismus anverwandelt. Dies ist eine bewußte Nachfolge Lessings und der »Minna von Barnhelm«; des »Faust« von Goethe; vor allem der »Zauberflöte«. Was scheinbar als Spiel mit Zitaten und gebildeten Anspielungen bei Hofmannsthal interpretiert werden könnte, erweist sich als Bekenntnis zum bürgerlichen Humanismus und zur Verwandlungsethik der idealistischen Philosophie. Daß trotzdem am Schluß der »Frau ohne Schatten« die gesellschaftliche Gleichheit nach bestandener Prüfung wieder aufgekündigt wird, und die Gestalten der herrscherlichen und der beherrschten Welt *bloß im Leiden* und in der ethischen Entscheidung als einander gleichwertig behandelt wurden, nun aber jedes, wie im Märchen, in seine Sphäre zurückkehrt, in den Palast und in die Hütte, das charakterisiert Hofmannsthals Dichtung als ein Werk der *gesellschaftlichen Spätzeit* und als brüchig, vergleicht man in der Tat und rückblickend den Ausklang der »Frau ohne Schatten« mit Mozarts Finale in der »Zauberflöte«.

Übrigens irrte Hofmannsthal, wenn er die Keimzelle zur »Frau ohne Schatten« bloß ins Jahr 1911 zurückverlegt, wo ihm angeblich die Gestalt der Geistertochter, die Mensch werden soll und Kaiserin, zum ersten Mal als dichterische Möglichkeit sichtbar wurde. Allein nahezu alle Arbeiten Hugo von Hofmannsthals seit der Jahrhundertwende und bis zu seinem frühen Tod stellen sich, für die heutige Deutung, als Verarbeitung, Erweiterung und Umdeutung dar, von künstlerischen Entwürfen und Lebenserfahrungen der ersten Jugendzeit. Jener Gymnasiast und Sohn eines Wiener Juristen, dessen Gedichte von den besten Zeitgenossen bewundert wurden und der mit dem Pseudonym »Loris« zu zeichnen pflegte, hatte sich, fast noch als Knabe und dann als junger Student und Offiziersanwärter, ein Reservoir an Figuren, geistigen Traditionen und Bedeutungen angelegt, das für ein großes künstlerisches Œuvre ausreichen sollte. Zu diesem Frühwerk gehört Hofmannsthals lyrisch-dramatischer Einakter *»Der Kaiser und die Hexe«*. Rasch hingeschrieben wurde der Text von einem Dreiundzwanzigjährigen (1897). Drei Jahre später, im Mai 1900, ließ Hofmannsthal seine Dichtung in einer kostbaren Buchausgabe mit Zeichnungen von Heinrich Vogeler-Worpswede im neugegründeten Insel Verlag erscheinen.

Hier gibt es bereits einige Grundmotive der künftigen »Frau ohne Schatten«. Bedeutsam ist der Gegensatz des frühen und des späten dramatisch-lyrischen Textes. Beim jungen Hofmannsthal dreht sich alles um die Gestalt des Kaisers; in der Oper dominiert die Kaiserin als Titelgestalt.

Die Handlung des Spiels vom Kaiser und der Hexe gehört unverkennbar zur literarischen Mode des Fin de Siècle, wo sich eine gesellschaftlich und künstlerisch dominierende Männerwelt nicht genug tun konnte in der Darstellung von seelenlosen weiblichen Verderberinnen. Es ist die gerade in der Operngeschichte wohlbekannte Genealogie von Carmen zu Dalila, zu Salome oder auch zur kindhaft-unschuldigen Verderberin Melisande. Die Hexe bei Hofmannsthal ist eine enge Verwandte der deutsch-romantischen Versucherin Lorelei. Sieben Jahre lang hat sie den Kaiser von seinen Pflichten abgezogen und an sich gebannt. Kein Tag in diesen sieben Jahren, da er sie nicht begehrte. Das Thema kehrt wieder, wie man sieht, in der »Frau ohne Schatten«, wo der Kaiser zwölf Monate lang jede Nacht bei der Feentochter und jetzigen Kaiserin zubrachte, ohne ihr Mutterschaft und damit wirkliches Menschentum zu verschaffen.

Die Handlung in der Oper wird ausgelöst durch den Entschluß des Kaisers, zum ersten Mal drei Tage und Nächte lang fernzubleiben auf der Jagd. Darauf kann die Amme ihr Spiel gründen. Im frühen Text vom Kaiser und der Hexe gehen die sieben Jahre zu Ende. Auch hier muß ein Pakt eingelöst werden. Gelingt es dem Kaiser durch Selbstüberwindung, sieben Tage lang sich fernzuhalten von der Hexe, sie nicht einmal zu berühren, dann ist ihre Macht gebrochen. Wenn nicht, so ist er auf ewig verfallen. Die Kaisergestalt des jungen Hofmannsthal wird gerettet durch Selbstüberwindung vor allen Gaukeleien der Hexe. Sie entdeckt die Welt der Menschen, und damit eine Art der Verantwortung des Herzens. Auch dies ist eine, wenngleich spielerische und wenig ernsthafte Weiterführung der josefinischen Aufklärung. Der Sieg über die Hexe verwandelt den jungen Kaiser gleichsam in einen »aufgeklärten Absolutisten«. Noch versteht Hofmannsthal, gemeinsam mit seinem Kaiser, den gesellschaftlichen Aufbau als Pyramide:

> Denn zu unterst sind die Fischer
> und Holzfäller, die in Wäldern
> und am Rand des dunklen Meeres
> atmen und ihr armes Leben
> für die Hand voll Gold dem ersten,
> der des Weges kommt, verkaufen...

und weiter:

> und darüber
> sind die Könige, zu oberst
> ich: von dieser höchsten Frucht
> fällt ein Licht zurück auf alles
> und erleuchtet jede tief're
> Stufe; jede: auf den Mörder
> fällt ein Strahl, Taglöhner, Sklaven
> und die Ritter und die Großen,
> mir ist alles nah; ich muß das
> Licht in mir tragen für den,
> der geblendet ward um meinet-
> willen, denn ich bin der Kaiser.

Der unerschütterliche Respekt vor einer etablierten gesell-schaftlichen Hierarchie ist ebenso unverkennbar wie die Nähe zu Hofmannsthals berühmtem Jugend-Dramolett »Der Tor und der Tod«. Immer wieder das Streben nach Bindung und Mitmenschlichkeit, damit nach Verantwortung innerhalb einer Gesellschaft der anderen. Alle lyrischen kleinen Dramen von Loris-Hofmannsthal behandeln das Thema der Einsamkeit und einer Bemühung, der – offenbar schuldhaft entstandenen – Isolierung zu entgehen. Man entdeckt plötzlich, beim Vergleich dieses frühen Kaisers mit der späteren Kunstfigur in der »Frau ohne Schatten«, daß beide Kaiser nur im äußeren Handlungsablauf wirklich als Herrscher zu verstehen sind und als Herren über Leben und Tod unzählbarer Menschen. Was jedoch, in beiden Fällen, den Dichter fasziniert, ist nicht die Herrschermacht eines Kaisers, sondern dessen Einsamkeit. Im Bild des Kaisers, der sich vom Zauber der Hexe zu befreien weiß, gestaltet Hofmannsthal *die Einsamkeit des eigenen Künstlertums.* Zwei Jahre vor dem Dramolett »Der Kaiser und die Hexe« schrieb der einundzwanzigjährige Hofmannsthal seine vielleicht schönste Erzählung: »Das Märchen der 672. Nacht«. Es ist die Geschichte eines

Ästheten, der in einer Welt der schönen Dinge lebt und alle Umwelt, beginnend mit den Dienern, nur als Funktion für die eigene, scheinbar durch Schönheit ausgefüllte Existenz betrachtet. Allein man kann, wie Kierkegaard gezeigt hatte, in der rein ästhetischen Existenz auf die Dauer nicht leben. Der Ästhet sucht die Menschen auf, gelangt in die häßliche Welt von Armut, Gier und Haß. Der Ästhet stirbt einen sinnlosen und häßlichen Tod.

Die Kontinuität in der geistigen und gesellschaftlichen Thematik ist offensichtlich sowohl in diesem frühen Märchen vom Zerbrechen der ästhetischen Existenz wie in der Entscheidung des Kaisers, sich von der Hexe zu befreien und sein Kaisertum ernst zu nehmen; auch im Willen endlich der *Kaiserin in der »Frau ohne Schatten«*, die Zwischenexistenz des Nicht-mehr-Geisterhaften und Nochnicht-Menschlichen dadurch zu beenden, daß eine Entscheidung getroffen wird, die nicht mehr geisterhaft-göttlich oder kaiserlich ausfiel, sondern mitmenschlich.

Fast dreißig Jahre nach Niederschrift der Geschichte vom Kaiser und der Hexe schrieb Hofmannsthal in einem Brief: »Ich denke oft daran, nicht so, wie man an eine abgeschlossene Arbeit denkt, sondern eher wie an einen Plan oder Entwurf. Ich glaube zu verstehen, woher dies kommt. Daher, daß ich als recht junger Mensch in dieser Arbeit einen sehr großen, wahrhaft tiefen Stoff ergriffen habe, aber in halb traumwandlerischer Weise, ohne ihm ganz gewachsen zu sein, nämlich was es auf sich habe mit der Verschuldung des Kaisers, worin seine Verbindung mit der Hexe liege, die – das fühlt man wohl – im bloßen gemein Sinnlichen sich nicht erschöpft haben kann. Das wird in dem Stück nicht offenbar.«

Nun erst, durch solche Einbeziehung des Frühwerkes, kann die eigentliche dichterische Substanz der »Frau ohne Schatten« genauer bestimmt werden. Die Märchenwelt von Kaiser und Kaiserin gehört zum Stoff, darf aber nicht als konkrete staatlich-politische Gegebenheit verstanden werden, wie etwa in Hofmannsthals spätem und in Hamburg uraufgeführten Trauerspiel »Der Turm«. Die Einsamkeit von Kaiserin und Kaiser ist vor allem zu verstehen als Verantwortungslosigkeit gegenüber einer jeglichen Mitwelt. Die Selbstsucht im Genuß und Befehlen ist halb unschuldig bei der Kaiserin, der nach wie vor ihre Herkunft aus göttlicher Sphäre anhaftet. Sie ist schuldhaft beim Kaiser, dem alles nur Mittel ist und Instrument zum vollkommenen Genuß: auch die Kaiserin, die er von aller Mitwelt abschirmt und gleichsam gefangenhält. Menschen sind nur Mittel, sein Zorn verschont weder die Diener noch den treuen Falken.

Dieser Kaiser lebt, und durch ihn auch die Kaiserin, in vollkommener Weise eine rein ästhetische Existenz des Genießens. Es ist zugleich die formale Existenz des elitären Künstlers und Ästheten. Auch *Thomas Mann* hatte in seinem Frühwerk, vor allem im Roman »Königliche Hoheit«, die formale Existenz des Fürsten gleichgesetzt dem einsamen Ästhetentum des Künstlers.

Dadurch aber wird die »Frau ohne Schatten« für Hofmannsthal zu einem *Parabelspiel über die Überwindung des egozentrischen Künstlertums mit Hilfe anderer Menschen,* die als solche und als Gleichberechtigte anerkannt werden. Aus dieser tieferen Einsicht entsprang Hofmannsthals Entscheidung, den ursprünglichen Dualismus der Sphären zwischen dem Hohen Kaiserpaar hier und dem ungleichberechtigten Paar der Wiener Spaßmacher preiszugeben. So entstand die Gleichberechtigung der Sphären zwischen Kaiserpaar und Färberpaar. Dadurch wird Barak nun als Mann, der einen Namen trägt in voller Menschlichkeit, zum eigentlichen Gegenspieler der Kaiserin, als der Frau ohne Schatten.

Jetzt erst erkennt man, wie sinnvoll und übersichtlich die Konstellation der Figuren vom eigentlichen Sinn des Spiels her entworfen wurde. Die äußere Handlung strebt nach der glücklichen Vereinigung der beiden Paare, von Kaiser und Kaiserin, von Barak mit seiner Frau. Eine *tiefere Zuordnung* aber verbindet insgeheim *die Kaiserin mit Barak, den Kaiser mit der Färberfrau.* Die Entscheidung der Kaiserin, den Schatten der Färberin, den diese von sich abtat, nicht anzunehmen, so daß besagter Schatten, wie Richard Strauss besorgt monierte, zwischen dem zweiten und dritten Aufzug irgendwo herrenlos herumirren muß, diese erste verantwortungsbewußte Handlung der Kaiserin, ist eine Entscheidung für Barak und sein Glück. Noch wird sie, am Ende des zweiten Aufzugs, getroffen, ohne daß eine tiefere *moralische* Entscheidung dadurch vollzogen würde. Die erfolgt erst in der großen Szene der Kaiserin beim Anblick des versteinerten Gatten. Das hervorgeschossene »Ich – will – nicht! –« ist nun wahrhaft ein moralischer Entschluß, weil er bereit ist, das eigene Glück nicht zu erkaufen durch das Unglück eines anderen. Die Kaiserin handelt menschlich: als ein aufgeklärter und einsichtsvoller Mensch. Dadurch erst wurde sie Mensch und fähig, von nun an selbst den Schatten zu werfen. Die eigentliche Auseinandersetzung findet mithin zwischen der Kaiserin und Barak statt. Durch Barak und sein Tun wird ein Beispiel gegeben und ein Gegenbild entworfen zur formal-ästhetischen Existenz.

Dem entspricht in folgerichtiger Weise *die zweite Achse zwischen Kaiser und Färberin.* Hier freilich weist das Textbuch zur »Frau ohne Schatten« einige Brüche auf und Lükken. Wie soll man das Verhalten der Färberin deuten? Handelt es sich um eine böse Frau? Dann würde die Güte und Männlichkeit des Barak, ob solcher Bindung an eine kalte Intrigantin, arg entwertet. Aus dem Mangel einer tieferen Motivierung dieser Figur im Libretto ist übrigens die Unsitte entstanden, die Färberin als eine keifende Hysterikerin zu interpretieren. Ich selbst habe noch als junger

Mensch die erste Berliner Aufführung der Oper unter Leitung des fast nur mit dem rechten Arm und dem Blick dirigierenden Richard Strauss in der Erinnerung. Die große Sängerin Barbara Kemp, übrigens eine berühmte Carmen und Elektra, hatte auch das Weib des Barak gleichsam als Amalgam aus Carmen und einer als Hysterikerin mißverstandenen Elektra aufgebaut. Sehr eindrucksvoll und sehr falsch.

Freilich hat Hofmannsthal im Text einige Hinweise gegeben, solchem Mißverständnis zu steuern, allein sie sind zu subtil und scheinbar »nebenbei« gesagt. Dennoch ist unverkennbar, daß es sich bei der Färberin um eine sehr schöne junge Frau handelt, *die sich in der Armut verhärtete.* Ähnlich steht es – auch das ist wichtig – mit den drei Brüdern des Barak. Ein Blick auf das Programmheft macht glauben, hier habe Hofmannsthal plötzlich eine Monsterschau aufgezogen: der Einäugige, der Einarmige, der Bucklige. Als die Färberin die scheinbaren Mißgeburten verhöhnt, antwortet Barak in ruhiger Würde:

> Kinder waren sie einmal,
> hatten blanke Augen, gerade Arme,
> einen glatten Rücken.
> Aufwachsen hab' ich sie sehn
> in Vaters Haus.

Das ist alles, aber es erklärt zu wenig. Hofmannsthals große Erzählung »Die Frau ohne Schatten«, wo er im Jahre 1919, also nach Abschluß der Arbeit mit Richard Strauss, dieselbe Geschichte noch einmal, gleichsam in eigener Verantwortung, berichtet hat, gibt besser Auskunft. Der Einäugige stahl in seiner Armut und wurde mit Blendung eines Auges bestraft. Dem Einarmigen war in der Ölmühle ein Arm abgerissen worden. Dem nunmehr Buckligen, einstigem Lastträger, zerschmetterte ein Kamelhuf das Rückgrat.

Man lebt, mit Barak, in der häßlichen und leidvollen Welt sehr armer Leute. Die Frau des Färbers sieht vor sich die eigene Zukunft als ein Verblühen und Verkommen, als körperliche Verwandlung zur Häßlichkeit und als seelische Transformation zur bösartig keifenden Vettel. Sie ist schön und auch fähig zur Güte. Alles aber ist gefährdet durch Armut. Darauf gründet die Amme ihren Plan und den Hexenpakt.

Schwieriger zu deuten (und damit darzustellen) ist die Gestalt des *Kaisers*. Gewiß, der Ruf des Falken trifft alle und alles.

> Die Frau wirft keinen Schatten,
> der Kaiser muß versteinen!

Was aber hat es auf sich mit dieser Versteinerung? Wird sie an einem Unschuldigen vollzogen durch Geisterspruch, weil er wagte, das Geisterkind zur Menschenfrau zu machen? Dann würde grausam gespielt mit den Menschen durch unmenschliche Übermächte. So jedenfalls stellt es sich für die Amme dar, der es recht ist. Oder ist der Kaiser ein Schuldiger, der nicht nur entsühnt werden kann, sondern der sich selbst entsühnen muß?

Die Antwort auf solche Frage wird im Libretto nicht gegeben: das kann nicht bezweifelt werden. Wodurch der Darsteller des Kaisers gezwungen wird, einen hochmütigen jungen Menschen darzustellen, dem vom geisterhaften Schwiegervater bös mitgespielt wird, ohne daß deutlich würde, wodurch der Kaiser, in seiner Todesnot, denn die Versteinerung geht einher mit vollem Bewußtsein, nun wirklich zum mitmenschlichen Verstehen gebracht worden wäre.

Hofmannsthal muß gespürt haben, daß diese wichtige Zuordnung von Kaiser und Färberin im Libretto nicht ausdrücklich und glaubhaft genug gestaltet wurde. Sein Entschluß, die Geschichte noch einmal als eigene Prosaerzählung zu fassen, hing wohl damit zusammen, daß nunmehr die Gestalt der Färberin wie vor allem die Ursache für den Vorgang der »Versteinerung« dargestellt werden konnte.

Die Versteinerung des Kaisers ist nämlich *wesensgleich mit der Versteinerung des Ästheten in Hofmannsthals frühem Märchen* von der 672. Nacht *und* mit der sinnlosen Gier, die den Kaiser des frühen lyrischen Dramas an die Hexe gebunden hatte. In der Erzählung Hofmannsthals von der »Frau ohne Schatten« ist der Kaiser vor allem schuldig des Hochmuts einer bloß genießenden und befehlenden Existenz. Ausführlich wird in der Erzählung der Weg des Kaisers in die Höhle und sein allmähliches Erstarren beschrieben. Drei Knaben aus der »Zauberflöte« sind zur Stelle. Sie helfen mit bei der schrecklichen Prüfung. Der Kaiser, so wird erkennbar, hat bereits ein *steinernes Herz*. Die Versteinerung alles übrigen ist folgerichtig. In einer einzigen Frage klärt eine der Dienerinnen in der Höhle den Sachverhalt: »Du sprichst von dem, was wir dir sind, warum fragst du niemals, was du uns bist?«

Es ist die Versteinerung des eigensüchtigen Herrschers und Künstlers: abermals eine Paraphrase vom häßlichen Tod des schönheitssüchtigen Ästheten. Schuldig sind beide: Färberin und Kaiser. Die eine schuldig geworden durch Armut, der andere im Reichtum und in der Allmacht. Dadurch werden sie unfruchtbar für die Menschen. Die Färbersfrau bekommt keine Kinder, der Kaiser kann dem Geisterkind nicht zur Mutterschaft verhelfen. Denn der Schatten bedeutet mehr als Mutterschaft: er hat zu tun mit der Menschlichkeit als einer Ehrfurcht vor den Mitmenschen.

Was mochte der tiefere Grund sein für *Richard Strauss*, mit einer so faszinierten Bereitschaft dem Librettisten der

»Frau ohne Schatten« zu vertrauen? Bei der »Elektra« hatte sich der Komponist der »Salome« einen bereits gedruckten und aufgeführten Schauspieltext ausgesucht. Hofmannsthal mußte lediglich auf Bitten des Musikers einiges umstellen oder auch durch zusätzliche Verse verlängern, damit die musikalische Phrase ausschwingen konnte. Freilich waren bereits bei dieser Zusammenarbeit die Grenzen des literarischen Verstehens beim Musiker sichtbar geworden. Hochmütig mußte der Textdichter seinem Komponisten klarmachen, daß »Elektra« durchaus nicht als Salome Nummer Zwei interpretiert werden dürfe: »Es sind zwei Einakter, jeder hat einen Frauennamen, beide spielen im Altertum, und beide wurden in Berlin von der Eysoldt kreiert: ich glaube, darauf läuft die ganze Ähnlichkeit hinaus.«

Freudenrausch der beiden bei der von Anfang an glückhaften gemeinsamen Unternehmung des »Rosenkavalier«. Tiefe Skepsis bald darauf, im Jahre 1911, als Hofmannsthals erträumtes Überfest der »Ariadne auf Naxos« vorbereitet werden muß: ursprünglich als Anhang zu einer vollständigen Aufführung von Molières »Bürger als Edelmann« mit Schauspielmusik von Strauss, dann endlich die Pause, anschließend die freilich bezaubernde Oper einer Vermischung der Sphären. Strauss ist zunächst vom Libretto angetan und findet in seiner oft erstaunlichen Taktlosigkeit für den sensiblen Dichter des »Rosenkavalier« und der »Elektra« kein passenderes Kompliment als einen Vergleich mit dem Großlibrettisten Eugène Scribe aus dem 19. Jahrhundert. Wobei er sich selbst freilich ironisch mit Meyerbeer vergleicht.

Hofmannsthal reagiert sehr kühl. Da fehlt plötzlich die Anrede in einem Brief an Strauss. Der revanchiert sich beim Empfang der Ariadnedichtung mit den nicht gerade hingerissenen Zeilen: »Seit heute ist nun die ganze ›Ariadne‹ in meinem Besitz und gefällt mir bis auf den Schluß recht gut: ich denke, es wird sich alles hübsch verwenden lassen.« Strauss war ein guter und ausdrucksfähiger Briefschreiber: wenn er »recht gut« und »hübsch« sagt, so weiß der empfindliche Hofmannsthal, wie schwer die Zusammenarbeit geworden ist.

Achtungserfolg für die erste »Ariadne« bei der Stuttgarter Uraufführung. In der Tat ist die zweite, heute allgemein gespielte Umarbeitung der »Ariadne« unendlich viel besser als jene erste Fassung. Das sah Hofmannsthal bei der Arbeit an dem neuen Vorspiel sogleich ein, während er entsetzt war über den Entschluß von Strauss, die neue Partie des Komponisten, ohne irgendeinen im Libretto angelegten Grund, abermals – wie im »Rosenkavalier«, wo das durchaus motiviert war – für eine Frauenstimme zu schreiben. Im Gegensatz zum Librettisten, der sich für die Umarbeitung entschied, hat sich Richard Strauss sonderbarerweise im hohen Alter nach der Urfassung zurückgesehnt. Ihm zuliebe führte Ernst Legal, damaliger Intendant der Ostberliner Oper, die Urfassung gleich nach dem Kriege auf und spielte selbst den Bürger als Edelmann. Es war bis zur Pause sehr langweilig.

Nun also die »*Frau ohne Schatten*«. Wiedergekehrt scheinen die glücklichen Tage des tiefen Einverständnisses: wie einst bei der Arbeit mit Marschallin, Rofrano, Sophie und dem Lerchenauer. Im Herbst 1912 geht man ans Werk. Alles läßt sich gut an: »Mein lieber Dr. Strauss« (der Dichter vergißt niemals, bei der Anrede an den Ehrendoktor zu appellieren. Strauss hingegen schreibt stets: »Lieber Herr von Hofmannsthal«, obwohl der österreichische Dichter nun wirklich ein promovierter Dr. phil. ist) »Ich schreibe Ihnen dies, weil ich weiß, daß es Ihnen Freude machen wird, daß mir seit einer Woche die ›Frau ohne Schatten‹ mit Gewalt vor die Seele getreten ist und daß ich nun, erst nun diesen Stoff wirklich besitze.« Dann bewölkt sich der Himmel, zumal auch Pauline Strauss in ihrer herzhaften

Art mitkochen möchte. Im Juni 1913 klingt es so aus dem
österreichischen Rodaun: »Nur um alles in der Welt jetzt
nicht ungeduldig sein auf die ›Frau ohne Schatten‹ – auch
Ihre liebe und verehrte Gattin nicht! Sonst gefährden Sie
nicht nur meine Nerven, sondern vor allem dies Werk...«

Am 4. April 1914 ist die Tonart verändert. Strauss scheint
glücklich zu sein über den ersten Akt. »Einfach wunder-
schön und so konzentriert und einheitlich, daß ich auch
nicht ein Pünktchen daran gestrichen oder geändert mir
denken könnte.« Beim Komponieren im Frühsommer freilich quält sich der bayerische Rationalist Strauss mit den
Märchenmotiven ab. Die Amme zaubert Fischlein in die
Pfanne, damit der heimkehrende Barak sein Abendessen
vorfindet, denn die Färberin war durch den Hexenpakt
abgelenkt worden. Die Fischlein singen nun aber mit den
Stimmen der ungeborenen Kinder, und Strauss, den Salome mit dem Haupt des Jochanaan und der Muttermord des
Orest durchaus nicht gestört hatten, entsetzt sich bei dem
Gedanken, dieser Barak könnte seine eigenen Kinder auf-
essen. Der Librettist beißt sich auf die Lippen und berich-
tigt: die Fischlein bleiben unangerührt, Barak halte sich
einfach ans Brot; aber Strauss will sich nicht beschwichtigen lassen.

Am 1. August 1914 beginnt der Weltkrieg. Hofmannsthal, Jahrgang 1874, wird als Offizier eingezogen. Der bis
zum Amoralischen selbstsüchtige und werkbesessene Tonsetzer wagt es, am 22. August an Frau von Hofmannsthal
zu schreiben: »Hugo hat die verdammte Pflicht, den Tod
fürs Vaterland nicht zu sterben, bevor ich meinen III. Akt
habe, der ihm, hoffe ich, noch mehr Ehre einbringen wird,
als eine schöne Todesanzeige in der ›Neuen Freien Presse‹.« Mit einem albernen »Scherz bei Seite« soll das gleich
darauf eingerenkt werden. Aber beim Lesen solcher Texte
steht einem sogleich auch der Briefschreiber Richard
Strauss in den Jahren 1933 und 1934 vor Augen, und man

wünscht sich, aus Ehrfurcht vor einem großen Künstler, daß manches ungedruckt bleiben möge. Halten wir uns, gleichsam zum Ausgleich, an die erschütternde Trauermusik der »Metamorphosen« für Streichorchester.

Der Siegesrausch erster Kriegstage verfliegt. Strauss spürt den Ernst des Massensterbens, und erhält damit neuen Zugang zu den geheimen Sphären der »Frau ohne Schatten«, die abermals, wie alle Werke Hugo von Hofmannsthals, bis hinein in den Monolog der Marschallin, mit Tod und Vergänglichkeit geheimen Umgang haben. Nun beginnen des Musikers Schwierigkeiten mit den Gestalten. Bisher hatte das Faszinosum der Märchenwelt alles überdeckt: mit dem Ruf des Falken, dem Motiv des Keikobad, mit Orchesterzwischenspielen und dem kompositorischen Reiz, wie einst beim »Judenquintett« der »Salome«, die sieben Gestalten im Färberhaus im Tonsatz zu binden. Doch jetzt verlangen die Gestalten ihr Eigenrecht, weil eben darauf, auf ihre menschliche Unaustauschbarkeit nämlich, das Ethos der Dichtung gegründet wurde.

Einverständnis des Musikers mit dem Barak: dessen männliche Güte und Gefühlsstärke kann sich leicht im Klang und Gesang verwirklichen. Die Färbersfrau macht einem Spezialisten für komplizierte Weiblichkeiten weit größere Schwierigkeiten. Daß jedoch die Kaiserin es ist, nicht die Färbersfrau, die als »Frau ohne Schatten«, immerhin als Titelrolle, fungiert, muß der Schriftsteller seinem Musiker brieflich noch einmal genau auseinandersetzen (Brief vom 25. Juli 1914). Immerhin ist Strauss inzwischen für das gesamte Werk gewonnen. In einer Jeremiade über die Opernverhältnisse in München, wo Bruno Walter angeblich nichts für die Oper des geborenen Müncheners tun will, steht plötzlich der Satz, man solle der Bayerischen Hofoper das neue Werk – »unser schönstes« – vorenthalten. Was nicht ausschließt, dem Partner gleich darauf vorzuschlagen, ein Intrigenstück, in der Tat nach dem Vorbild

von Scribe und dem berühmten »Glas Wasser«, oder nach
dem »Geheimagenten« von Hackländer, zu entwerfen.
Liest man die Vorschläge von Richard Strauss aus dem
Jahre 1916, die als Rahmen den Wiener Kongreß von 1815
anempfehlen, so stellt man verblüfft fest, daß Hofmannsthal hier ein Sujet im Sinne des späteren Tonfilms »Der
Kongreß tanzt« zugemutet wurde. Das gibt's nur
einmal...

Der Antwortbrief aus Rodaun spricht nur von herzli-
chem Gelächter beim Lesen solcher »wahrhaft scheußli-
chen Dinge«. Die Heiterkeit wirkt einigermaßen gezwungen, denn unüberhörbar folgt eine Warnung. Solche Pro-
positionen, schreibt Hofmannsthal an Strauss, »könnten
einen für lebenslang abschrecken, Librettist zu werden,
d. h. nicht irgendeinen, sondern mich«. Eine große Krise,
mitten in einem Weltkrieg, der sich für Deutsche und
Österreicher immer hoffnungsloser darstellt. Auch Strauss
ist weniger selbstgefällig und routiniert geworden. Er trat
in den von Hofmannsthal gezogenen Zauberkreis einer
Dichtung, die insgeheim die Grenzen des schönen Scheins
sprengen und einem gesellschaftlichen Ritual, wie der Zau-
beroper, Funktionen einer Verantwortungsethik auferle-
gen möchte. Jäh ist Strauss an die Grenzen der Aussagefä-
higkeit seiner Musik gestoßen. Daß er es erkennt, bedeutet
Größe und auch – Verantwortung.

Es handelt sich um die ethische Grundentscheidung der
Dichtung: Entscheidung der Kaiserin dafür, im Angesicht
des versteinten Geliebten dem Versucher zu folgen, das
Wasser des Lebens zu trinken, das eigene Glück zu retten
und an Barak schuldig zu werden – oder Weigerung, das
eigene Glück durch anderer Leute Leid zu erkaufen.

Alle Kompositionsversuche dieser Stelle müssen nichts
zurückgelassen haben, wie Hofmannsthal schreibt, dem
Strauss das Komponierte vorspielte, als ein Gefühl der
Trübnis und Beschwernis. Das Gegenteil also einer klassi-

schen Läuterung der Leidenschaften. Strauss möchte frühere Stellen der Partitur paraphrasieren und repetieren, allein der Librettist rät ab, wenngleich er – mögliche – Füllverse schickt. Dann hat Strauss den rettenden Einfall, die Grenzen des Ästhetischen anzuerkennen, die sittliche Entscheidung nicht durch Schöngesang zu entwerten, und Musik mit dem gesprochenen Wort zu konfrontieren. Hofmannsthal ist sehr erleichtert. Endlich hat der Tonsetzer auch Zugang gefunden zu seiner Titelgestalt, zur wirklichen Frau ohne Schatten. Auch er siegt, an dieser entscheidenden Stelle, als Künstler durch die Entsagung.

Dies alles trug sich zu im Jahre 1916, vor einundsechzig Jahren. Im dritten Jahr eines Ersten Weltkriegs. Das Gerede der Rezensenten von einst, die wortreich bedauerten, daß sich ein Musiker vom Format eines Richard Strauss abermals einließ mit den wirren, unverständlichen und bildungsüberladenen Gespinsten eines Wiener Ästheten, ist zwar nicht verstummt, wird bisweilen auch auf kleiner Flamme gewärmt, schadet aber nicht mehr. Die »Frau ohne Schatten« blieb im Weltrepertoire der Oper: als ein Ausnahmewerk, das schwer zu gestalten und auch schwer zu verstehen ist. Nicht wegen offenkundiger Konstruktionsfehler, wie behauptet wurde, was durchaus nicht stimmt, und was Strauss, der sich darin besser auskannte als irgendeiner, stets und mit Recht bestritt. Sondern wegen der bewußt angestrebten gleichzeitigen Fortführung *und* Brechung der künstlerischen Tradition. »Faust« und zugleich ein Gegenfaust. »Zauberflöte« und gleichzeitig auch deren Zurücknahme. Ein Nichtmehr der naiven Zauberopern, und ein Nochnicht der menschlichen Gleichberechtigung. Der ethische Konflikt zwischen Kaiserin und Färber wurde zugunsten des Plebejers entschieden. Nicht so der gesellschaftliche. Schöne Musik kann hier nicht Antwort geben. Das wußte bereits Richard Wagner, als er die Schlußmusik schrieb zum »Ring des Nibelungen«.

Wie also? Kann die Entscheidung, eben diese »Frau ohne Schatten« heute und hier zu spielen, mehr für sich anführen als den Hinweis auf ein schönes und erfolgreiches Werk, und auf eine gute Besetzung?

Man pflegt seit einiger Zeit viel Wesens zu machen mit der Formel vom »kulinarischen Theater«. Die Oper schlechthin, so wird munter argumentiert, sei eine von Grund auf kulinarische, folglich verwerfliche Gattung. Sie toleriere nur erschlaffte Genießer und verweigere sich dem hellwachen Bewußtsein. Das ist zur Hälfte wahr, zur Hälfte falsch, also von Grund auf falsch. Die Formel vom »kulinarischen Theater« hat Bertolt Brecht geprägt in einem Essay, den er übrigens zusammen mit dem späteren Verleger Peter Suhrkamp zeichnete, und zwar aus Anlaß eines eigenen Opernlibrettos. »Aufstieg und Fall der Stadt Mahagonny« von Brecht und Weill, und der Librettist Brecht leugnete im mindesten nicht, daß dieses dies Parabelspiel vom Untergang der bürgerlich-kapitalistischen Gesellschaft, durch den Stückeschreiber wie den Musiker, als ein kulinarisches Kunstwerk präsentiert werde. Bertolt Brecht, dem man Nachdenken über gesellschaftliche Relevanz nicht absprechen kann, war gleichzeitig ein genauer Kenner der griechischen Tragödie. Über die Zusammenhänge zwischen Tragödiengenuß und sogenannt »tieferer Bedeutung« hatte er ein Leben lang nachgedacht. Auch er war durchaus der Meinung seines idealistischen Gegenspielers und negativen Vorbildes Friedrich Schiller, daß es im menschlichen Leben so etwas gebe wie ein »Vergnügen an tragischen Gegenständen«. Wer also die »Zauberflöte« und das Trompetensignal des Prinzips Hoffnung im »Fidelio«, wer den »Wozzeck« von Büchner und Alban Berg oder die »Soldaten« von Lenz und Bernd Alois Zimmermann für kulinarisches Theater hält, hat weder die Werke verstanden, noch sein eigenes Verhalten.

Ist nun die »Frau ohne Schatten« von Hugo von Hofmannsthal und Richard Strauss ein kulinarisches Theater, das nichts zu bieten hätte als merkwürdige Geschehnisse, schöne Bilder, tragische Konstellationen und die Musik eines spätbürgerlichen Tonsetzers? So wird man nicht mehr fragen können, wenn man sich einmal, und ernsthafterweise, mit diesem Werk einließ. Hofmannsthal faßte in einem Brief an Strauss (Anfang April 1915) den Gehalt seiner Dichtung in einem Verspaar von Goethe zusammen:

> Von dem Gesetz, das alle Wesen bindet,
> befreit der Mensch sich, der sich überwindet.

Sie stehen bei Goethe in dem Epenfragment »Die Geheimnisse«; es ist in Stanzenform geschrieben. Liest man die vollständige Strophe bei Goethe nach, so hat man gleichzeitig den innersten Gehalt der »Frau ohne Schatten« – und eine Antwort auf die Frage nach ihrer Bedeutung für unser Heute. Die Verse Goethes lauten:

> Denn alle Kraft dringt vorwärts in die Weite,
> zu leben und zu wirken hier und dort:
> dagegen engt und hemmt von jeder Seite
> der Strom der Welt und reißt uns mit sich fort:
> in diesem innern Sturm und äußern Streite
> vernimmt der Geist ein schwer verstanden Wort:
> ›Von der Gewalt, die alle Wesen bindet,
> befreit der Mensch sich, der sich überwindet.‹

Diese Selbstüberwindung aber hat nichts zu tun mit ärmlichem Asketentum. Sie meint auch nicht Entsagung, sondern Ehrfurcht, um abermals einen Zentralbegriff Goethes zu verwenden. Ehrfurcht vor Dasein und Würde eines jeden anderen Menschen. Das meint Hofmannsthal. Das Parabelspiel von der »Frau ohne Schatten« soll es verstehen machen: durch den Geist *und* durch die Sinne. Glück kann nicht erkauft werden, um es zu wiederholen, durch das Unglück von anderen. Welche Botschaft wäre drängender und gegenwärtiger als diese: in unserem Tageslauf der Erpressungen und der Geiselnahmen? Nichts von den großen Gedanken der Aufklärung, ihrer Dichter und Denker ist eingelöst worden. Wie stehen wir heute vor dem Grundgedanken der Moralphilosophie eines Immanuel Kant: daß kein Mensch als bloßes Mittel behandelt werden dürfe? Ein jeder sei in sich selbst Zweck.

Das *Motiv des Schattens* schließlich meint die künftigen Generationen, die noch Ungeborenen, die aber unser aller Zukunft bedeuten sollen. Sie sind die Gewähr für das Überleben der Menschheit. Wer diesen Schatten von sich abtut, hat ein Urteil gesprochen über die Zukunft des Menschengeschlechtes.

Darum findet sich vermutlich am Schluß des ersten Aufzugs der »Frau ohne Schatten« die tiefste Aussage. Nicht zufällig, daß Richard Strauss hier, seit der »Elektra«, seine vielleicht großartigste Musik fand. Man spürt Ergriffenheit, die sich unmittelbar mitteilt. Es singen die Wächter der Stadt. Sie geben den Menschen, die sich zum Schlaf rüsten, eine Botschaft mit in die Nacht. Sie lautet:

> Ihr Gatten, die ihr liebend euch in Armen liegt,
> ihr seid die Brücke, überm Abgrund ausgespannt,
> auf der die Toten wiederum ins Leben gehn!
> Geheiliget sei eurer Liebe Werk!

Man kann das so verstehen: die Eintracht der Gatten, als Grundlage einer jeden zwischenmenschlichen Eintracht, die den Frieden bedeutet, ist eine Brücke über dem Abgrund, »auf der die Toten wiederum ins Leben gehn«!

Die von uns bewohnte Welt ist das Werk der Toten: im Guten und auch im Schlimmen. Wer Leben und Würde des anderen Menschen nicht gelten läßt, tötet die Toten zum anderen Mal. Die »Frau ohne Schatten« ist ein Märchenspiel, das vom Überleben der Menschheit handelt.

Musik als Luft von anderem Planeten

Ernst Blochs »Philosophie der Musik«
und Ferruccio Busonis
»Neue Ästhetik der Tonkunst«

Die Heranwachsenden einer ersten Vorkriegszeit fühlten
sich jung mit dem jungen Jahrhundert. Sie ahnten – un-
deutlich zumeist –, daß eine Ära ans Ende gelangt sei:
mitsamt ihren Moralen, Bildungsvorstellungen und Hier-
archien. Man empfand sie als Feindgesellschaft, als Welt
der Väter. Rückblickend kam Johannes R. Becher immer
wieder auf seine Kindergedanken in der Silvesternacht des
Jahres 1899 zu sprechen: als auf einen Willen zum »Großen Anderswerden«. Natürlich war da ein Gerede der Er-
wachsenen verarbeitet worden, mitsamt viel Haß gegen
den Vater Oberlandesgerichtsrat. Was der Knabe vom
Jahrgang 1891 halb empfunden und halb imitiert haben
mochte, der junge Expressionist Becher machte es sich zu
eigen. Die gesammelten Gedichte aus dem Kriegsjahr 1914
stehen unter dem Signum »Verfall und Triumph«. Verfall:
das meint die Väter und ihre Gesellschaft. Triumphieren
wird die junge Welt, als Welt der Jungen.
  Heiterkeit herrschte und Zuversicht beim Anblick einer
gesellschaftlichen Endzeit. Jugend würde die neue Welt
begründen als Ära der Jungen. In eigener Verantwortung,
wie es in der Formel vom Hohen Meißner heißt. Als eine
freie Welt zudem, worin nichts mehr von dem Geltung
haben durfte, was einst, in der Bürgerwelt der Väter, die
»Mode streng geteilt«.
  Nur wenn dies überdacht wird, vermag man einen Vorgang zu verstehen, dem die Forschung bisher geflissentlich
auswich: jene aufrichtige und verzückte Zustimmung der

jungen Generation beim Kriegsausbruch des 1. August 1914. Das hat sich niemals wiederholt. Es gab den chauvinistischen Größenwahn deutscher Stammtische und Reserveoffiziere, gewiß, und den späteren Langemarcklegenden ist tief zu mißtrauen. Man weiß, wer sie erfand, und warum sie erfunden wurden.

Dennoch hat es diesen Enthusiasmus der Jungen gegeben. Nicht in Form eines blöden Kälbermarsches im Sinne von Brecht. Darin lag der Unterschied zwischen 1914 und 1939. Man wollte den Krieg, als einen kurzen natürlich, um die alte Welt beenden zu können. Nach der Heimkehr würde alles anders werden. Thomas Manns »Gedanken im Kriege« von 1914, die er niemals wieder nachdrucken ließ, die lyrischen Jubilationen von Hauptmann und Rilke, das war bürgerlicher Nationalismus, die Arbeiterdichter ahmten ihn nach: Bröger und Lersch. Was aber dachten Franz Marc und August Macke, August Stramm und Ernst Stadler, was empfand der Musiker Rudi Stephan, der in seiner Oper »Die ersten Menschen« ein Werk des Menschenanfangs hatte schreiben wollen, als sie in einen Krieg ohne Heimkehr zogen?

Alles gehört durchaus zur Sache, denn hier wird von zwei Neuausgaben älterer und fast verschollener Texte gesprochen[1], die der Zufall eines Verlagsprogramms zur selben Zeit wieder erscheinen machte. Busoni als Nummer 397 der Bibliothek Suhrkamp, Blochs Schriften zur Philosophie der Musik als Nummer 398. Beide Schriften wurden in jener Vorkriegszeit konzipiert, erschienen im Kriege, handelten vom Anderswerden, vom Ende menschlicher Vorgeschichte, von der Freiheit. Beide Male als Rückblick auf alle bisherige Musikhistorie: mit dem erklärten Ziel, selbst Bach und Mozart, Beethoven wie Wagner als Prähistorie der Tonkunst zu überwinden. Busoni wartet auf »diesen Giotto eines musikalischen Rinascimento«. Ernst Bloch formuliert in beiden Fassungen (1918 und 1923) seines Buches »Geist der Utopie« die Erwartung »unserer im Dunkel, in der Latenz jedes gelebten Augenblicks verborgenen Selbstbegegnung, Wirbegegnung, unserer durch Güte, Musik, Metaphysik sich zurufenden, jedoch irdisch nicht realisierbaren Utopie«.

Beide Texte gehören auch insofern zusammen, als sie alle Spekulation über die Zukunft der Tonkunst als sozial-philosophische Grundlegung verstehen. Musik ist für Busoni wie damals für Bloch die Kunst aller Künste. Sie war es auch den deutschen Romantikern und ihrem Nachfahren Richard Wagner. Busoni und Bloch sind folgerichtige und deklarierte Wagnerianer, die den Meister gleichzeitig fortsetzen, freisetzen und aufheben möchten. Mit Hilfe einer neuen und befreiten Gesellschaft, die allein die freie, neue und befreite Musik hervorzubringen vermöge. Mit Recht spricht H. H. Stuckenschmidt im Nachwort zu seiner Neuausgabe des Busonischen Traktats von einem »Stück echter Utopie«, das »wie alle Utopien« einem Überdruß am Gegebenen entsprungen sei. Bloch entwickelte seine Philosophie der Musik unter dem Titel »Geist der Utopie«.

Musik als »Luft von anderem Planeten«. Mit der Zeile »Ich fühle luft von anderem planeten« hatte Stefan George das Schlußgedicht des Maximin-Zyklus im »Siebenten Ring« eröffnet. Um so zu schließen:

Ich bin ein funke nur vom heiligen feuer
Ich bin ein dröhnen nur der heiligen stimme.

Ferruccio Busoni formulierte seinen »Entwurf einer neuen Ästhetik der Tonkunst« in Berlin im Jahre 1906: ein Jahr, bevor Schönberg in Wien mit der Komposition des 2. Streichquartetts begann. Schönbergs Tonsatz integriert zwei Gedichte Stefan Georges als Struktur und Gehalt. Busoni widmet seinen Traktat in Verehrung und Freundschaft dem »Musiker in Worten Rainer Maria Rilke«. Im Text zitiert Busoni voll inniger Zustimmung das Wort ei-

nes »bekannten Dichters«, der einmal gesagt habe: »Meine
Verse sind zu musikalisch, als daß sie noch in Musik gesetzt werden könnten.« Man darf annehmen, daß hier ein
Wort Rilkes zitiert wurde. Schönberg hingegen kümmerte
sich um keine Verachtung des George-Kreises und keine
Vorurteile seines Meisters gegen die Tonkunst, wenn er
sein opus 10 als Einheit aus Lyrik und Musik entwarf.

Für den Kreis Georges war Rilke, wie bekannt, nicht
existent. Schönberg jedoch empfand, wie Busoni, die Nähe
sowohl zu George wie zu Rilke. Wie er auch seine Verehrung für Karl Kraus durchaus mit einer Komposition von
Versen Georges und Rilkes, für die nun wieder Kraus
nichts aufbringen konnte als Verachtung, zu vereinen wußte. Schönbergs Vier Orchesterlieder op. 22 auf Texte aus
Rilkes »Stundenbuch« und dem »Buch der Bilder« sind
zwischen 1912 und 1916 entstanden: im Vorkrieg und
Krieg.

Als dieser Zyklus abgeschlossen war (man vermutet, daß
es nicht vor dem Jahre 1917 geschah), kam Schönberg dazu, die im Jahre 1916 neu und in erweiterter Fassung im
Insel-Verlag erschienene »Neue Ästhetik der Tonkunst«
durchzuarbeiten. Der Lesende machte sich zahlreiche No-
tizen: am Buchrand und auf Zetteln. Die Neuausgabe in
der Bibliothek Suhrkamp druckt zum ersten Mal Busonis
Text zusammen mit den Anmerkungen Arnold Schönbergs. (Eine schöne Faksimile-Ausgabe des Insel-Verlags
präsentiert diesen einzigartigen musikalisch-ästhetischen
Agon: Busonis Text und Schönbergs Randnoten.)

Sie sind im wesentlichen polemisch, nicht zustimmend,
diese Anmerkungen des Wiener Tonsetzers und Lehrers
der Berg und Webern. Evidenz bei beiden, Busoni wie
Schönberg, daß die Musikentwicklung gleichsam »Vor
Sonnenaufgang« operiert. Alles wird bald erst beginnen.
Wenn die von Busoni gehöhnte »absolute Musik«, die eben
dies durchaus nicht sei, weil sie an scholastischen Regeln

festhalte, als Schranke erkannt wurde, die man niederwer-
fen müsse. Nur: Busoni wartet auf den Giotto der Musik;
Schönberg ist tief davon überzeugt, dieser musikalische
Erneuerer zu sein.

Die Auseinandersetzung wird noch komplexer dadurch,
daß der Traktat Ferruccio Busonis für den Komponisten
Busoni gleichsam nur ein Denkspiel bleibt, eine zerebrale
Utopie mit 113 Tonarten, während der Tonsetzer Busoni
sich – zumeist – noch an die konventionelle Schreib- und
Kompositionsweise hält. Schönberg hingegen ist der Prak-
tiker seiner eigenen Theorie. Was er erkannt hat, muß sich
auf dem Notenpapier bewähren. Busoni hatte die Musik in
einem poetischen Gleichnis als das von aller Erdenschwere
befreite, schwebende Kind evoziert. Schönbergs Anmerkung ist trocken, doch es ist die Replik dessen, der geleistet
zu haben glaubt, was jener sich und der Zukunft erträum-
te: »Und nun sehe Busoni einmal dieses Flötensolo aus
meinen Pierrot-lunaire-Melodramen an... ob diese Melodie... nicht der göttlichen Freiheit des schwebenden Kindes mehr entspricht als was dem Gefängnis seiner Tonrei-
hen entspränge!«

Ein Schiller-Pathos klang in Busonis These an und auf:
»Frei ist die Tonkunst geboren und frei zu werden ist ihre
Bestimmung.« Der schroffe Dualismus von Sein und Sollen beherrscht auch die idealistischen Konklusionen der
neuen Busonischen Ästhetik. Schopenhauer und Nietzsche
sind Gedankenpaten, wenn es am Schluß heißt: »Bis an die
Pforte. Bis an das Gitter, das Menschen und Ewigkeiten
trennt – oder das sich auftut, das zeitlich Gewesene einzu-
lassen. Jenseits der Pforte ertönt Musik. Keine Tonkunst. –
Vielleicht, daß wir erst selbst die Erde verlassen müssen,
um sie zu vernehmen.«

Schönberg ist weder Utopist noch philosophischer Idealist. Er sucht nach Evolutionen, die er zwar nicht historisch, aber biologisch interpretiert. Wenn Busoni im Trak-

tat von »Dekadenz« spricht, so antwortet Schönberg am Rande des Textes: das sei ein Historiker-Begriff. Man solle besser, mit den Biologen, von Degenerierung sprechen. »Degenerierung tritt ein, wenn ein Neues entstehen will. Dann schlagen die alten Dinge aus der alten Art, aber sie schlagen dabei teilweise bereits in die neue.«

Das ist eine außerordentliche Bemerkung. Sie beweist, daß Schönberg die Luft von anderem Planeten nicht, wie Busoni, erst jenseits der Pforte für möglich und erklingbar hält, nämlich buchstäblich auf einem anderen Planeten, was immer das sein möge: sondern daß er sich anschickt, diese Luft hier bereits, auf dem Planeten Tellus, zu atmen. Nicht bloß in einsamer »Entrückung«, wie bei George, sondern als neue Luft einer neuen Gesellschaft. Neues entstehend aus der »Degenerierung« des Alten. Indem Schönberg den utopisch-resignativen Idealismus Busonis überwindet, macht er in der Tat den Weg frei für eine neue Tonkunst, nicht bloß für eine neue Ästhetik.

Ernst Blochs musikphilosophisches Konzept entstand gleichzeitig mit der erweiterten Neuausgabe des Busonischen Traktats und mit Schönbergs kritischen Anmerkungen dazu. Das Buch »Geist der Utopie« erschien zuerst im Jahre 1918. Es war im Jahre 1917 abgeschlossen, bevor sein Verfasser die Erlaubnis erhielt, in die Schweiz zu übersiedeln. In dieser ersten Fassung des berühmten Buches dominiert die Philosophie der Musik in einem Maße (sie umfaßt nahezu die Hälfte aller Ausführungen), daß demonstriert werden soll: Musik sei eigentlich Instrumentarium des utopischen Geistes.

Die Neufassung des Werkes in der Nachkriegszeit, die zur Neuausgabe von 1923 führte, akzentuiert anders. Nun wurde die Philosophie der Musik zum »Moment« einer Phänomenologie des Geistes der Utopie. Die jetzige Neuedition aller Arbeiten Blochs über musikalische Gegenstände druckt, mit Recht, die »Philosophie der Musik« in der erweiterten und veränderten Fassung von 1923.

Eben dadurch kommt die *Gemeinsamkeit im Denkansatz Busonis, Schönbergs und Blochs,* die durchaus »Gleichzeitigkeit« bedeutet im Sinne der Blochschen Philosophie, klar zum Ausdruck. Nicht bloß insofern, als sich Bloch sowohl mit Busoni wie mit Schönberg ausdrücklich auseinandersetzt. Er hatte Umgang mit Ferruccio Busoni. Schönberg ist er niemals begegnet, doch wird Schönberg zweimal von Bloch ausdrücklich als Zeuge für philosophische Thesen aufgerufen. Einmal im »Geist der Utopie« aus Anlaß von Erörterungen über die Freiheitssphäre der Kunst; zum anderen und später, gegen Ende der zwanziger Jahre, in polemischer Antithese zum musikalischen und sozialen »Opportunismus« Igor Strawinskys.

Aus Busonis »Neuer Ästhetik der Tonkunst« übernimmt Bloch ausdrücklich und zustimmend *allein* die Busonische Konzeption der Oper. Beim Anblick der Opern von Mascagni, Puccini, Leoncavallo, auch von d'Alberts »Tiefland« hatte sich Busoni gegen alle Realitätsimitation durch Musik und Musiktheater gewehrt: »Der größte Teil neuerer Theatermusik leidet an dem Fehler, daß sie die Vorgänge, die sich auf der Bühne abspielen, wiederholen will . . .«

Umgekehrt möge man es halten: »Es sollte die Oper des Übernatürlichen oder des Unnatürlichen, als der allein ihr zufallenden Region der Erscheinungen und der Empfindungen, sich bemächtigen und dergestalt eine Scheinwelt schaffen, die das Leben entweder in einen Zauberspiegel oder einen Lachspiegel reflektiert.«

Arnold Schönberg hatte auch hiergegen protestiert. Zwar hielt auch er nicht viel vom italienischen damaligen »Verismus«; allein er hielt einen verinnerlichten musikalischen Realismus für durchaus möglich. Die Anmerkung notiert gegen Busoni: »Die Musik kann den Menschen nachahmen, wie er innerlich ist, und in diesem Sinne ist eine Programmusik möglich.« Man solle mithin die Mittel des musikalischen Theaters »zur äußeren Darstellung innerer

Vorgänge ... benutzen«. Schönberg sprach hier als Musikdramatiker der »Erwartung« (1909) und der »Glücklichen Hand« op. 18, die er als »Drama mit Musik« noch im Vorkriegsjahr 1913 hatte abschließen können.

Ernst Bloch entscheidet sich für Busoni und damit, was er damals nicht wissen kann, gegen Schönberg. Im Abschnitt seiner Musikphilosophie, der sich mit der »schöpferischen Vertonung« befaßt, wird Busonis Formel zitiert, wonach man den Zauberspiegel für die ernste, den Lachspiegel für die heitere Oper verwenden solle: »Damit, nach Busonis guter Operntheorie, das Unmögliche der Musik dem Unmöglichen, Visionären der Handlung sich verbinde und derart beide möglich werden.« Zweimal Minus ergeben ein Plus. Schönberg hatte solchen Rechenkünsten mißtraut und sich, gegen Busoni übrigens, auf Kandinsky berufen, der einmal erklärt habe, in der Kunst sei »2x2 nicht immer vier und 16:2 nicht gleich 8«.

Die Formel Ernst Blochs, wonach die Summe von zwei Unmöglichkeiten als Möglichkeit gebucht werden könne, ergibt sich für ihn konzeptuell aus der Ablehnung allen damaligen Musiktreibens und aus der Vorstellung, daß man auch »die Gebilde der Musik als bloßes befestigtes Unterwegs betrachten« dürfe. Noch fehle es sogar an einem »anderen Hören«. Der Geist der Utopie sei dem Musiker zutiefst verwandt. Bloch hatte ihn, um die Stelle von neuem zu zitieren, steht sie doch in dem Abschnitt über »Das Ding an sich in der Musik«, als »unsere durch Güte, Musik, Metaphysik sich zurufende, jedoch irdisch nicht realisierbare Utopie« interpretiert.

Irdisch nicht realisierbare Utopie? Das scheint sich mit Busonis Formel von der Musik jenseits der Pforte zu decken, welche zum ersten Mal Musik sei, doch nicht mehr Tonkunst. In »Geist der Utopie« gibt es noch nicht, was Bloch später in der von ihm geprägten Formal einer »konkreten Utopie« zu fassen suchte. Im Jahre 1923 heißt es daher noch, die Musik besitze »ihre Kraft des Heimwehs, nicht ein Heimweh nach einem alten verlassenen Land, sondern nach einem unbetretenen, nicht nach einer Vergangenheit, sondern auch einer Zukunft«.

Die eigensinnige Konsequenz in Blochs Philosophieren macht immer wieder staunen, denn jener eben zitierte Satz nimmt bereits den Schlußsatz des »Prinzip Hoffnung« vorweg, den Bloch mit 74 Jahren niederschrieb und worin es vom Menschen heißt: »Hat er sich erfaßt und das Seine ohne Entäußerung und Entfremdung in realer Demokratie begründet, so entsteht in der Welt etwas, das allen in die Kindheit scheint und worin noch niemand war: Heimat.«[2]

Freilich schließt dieser Satz von 1959 ein Buch ab, das vom Prinzip Hoffnung handelt, nicht mehr vom Geist der Utopie, und dessen abschließendes Kapitel die Musik ganz ausgespart hat, um statt dessen zu meditieren über »Karl Marx und die Menschlichkeit«. Das frühe Auftauchen der Formel vom Heimweh nach einem unbetretenen Land der Zukunft, Situierung mithin von Heimat einzig im Zukünftigen, sollte daher, neben der denkerischen Kontinuität, die Unterschiede im Denken Blochs auf dem Wege vom »Geist der Utopie« zum »Prinzip Hoffnung« nicht vergessen machen.

In der zweiten Fassung von »Geist der Utopie« hatte der revidierende und ergänzende Autor einen wesentlichen Exkurs neu geschrieben, um genauer zu begründen, was er unter Freiheit in der Musik und Musik der Freiheit verstehe. Als Beispiel wählte er sich – wie konnte es anders sein! – den Schlußsatz aus Schönbergs 2. Streichquartett in fis-Moll, also die Komposition des George-Poems »Entrückung«. Bloch interpretiert so: »Das Lied schließt dann mit Neu, Unendlich oder Unerfüllt; es geht ohne anzukommen, der Sinn liegt im Weg . . .«

Im »Prinzip Hoffnung« wurde dies alles transzendiert. Die Anthologie der wichtigsten Schriften von Bloch zur

Musik und ihrer Philosophie macht es deutlich: Blochs philosophisches Interesse an der Musik erkaltet gegen Ende der zwanziger Jahre. Bis dahin hatte er die zeitgenössische Musik aufmerksam verfolgt: Bartók, Berg, Schönberg, Strawinsky, die Franzosen, auch Hindemith, Weill, Eisler. Seit er Deutschland im Jahre 1933 verließ, scheint Bloch den Weg der nachfolgenden Neuen Musik kaum mehr verfolgt zu haben.

Das Große Anderswerden fand nicht statt. Musik war nach wie vor »Tonkunst«: nach Busonis verächtlichem Wort. Bloch und Busoni, und auch Schönberg, glaubten, Morgenluft zu atmen. Schönberg versuchte sie als tönende zu fassen. Ernst Bloch sah sich durch Schönberg bestätigt. In der zweiten Hälfte des damals jungen Jahrhunderts wird gern, und etwas genüßlich, vom Ende der Kunst gesprochen, wobei man Hegel zu zitieren pflegt. Ernst Bloch veröffentlichte seine »Erläuterungen zu Hegel« zuerst im Jahre 1949. Darin wird zwar bestätigt, daß Hegel eine mögliche Ära ohne Kunst (doch erfüllt von Religion!) konzipiert hatte, allein Hegel transzendiere *auch* die Religion, und zwar mit Hilfe des Humors.

»Hegel ging hier, in seiner Art, den Weg zur hellsten Mystik, die es gibt. Übrigens ist objektiver Humor seit je die Essenz der Weisheit gewesen und der Äther, worin sie lebt.«

Womit sich Ernst Bloch von Schönberg verabschiedet, der stets ein Pathetiker blieb. Nähe dafür zu Ferruccio Busoni und seinem heiteren Kunsttraum vom Zauberspiegel und vom Lachspiegel. Humor aber setzt voraus, daß wir uns damit abfinden, die Luft von anderem Planeten niemals atmen zu können.

Franz Schreker und die Literatur

Auch dies ist Suche nach einer verlorenen Zeit. Der hier spricht, hat die wichtigsten Opern Franz Schrekers noch auf der Bühne gesehen. Zu Anfang der zwanziger Jahre, als ich von den Eltern mit einem Opernbillett fortgeschickt wurde, wenn abends Gesellschaft war und man verhindern wollte, daß ich durch ungezogene Bemerkungen die lieben Gäste beleidigte, geriet ich auch an die »Gezeichneten« und den »Schatzgräber«. Die hielten sich in Köln lange Jahre im Repertoire. Den »Fernen Klang« habe ich dann später noch mehrfach auf der Bühne gesehen, in meiner Studentenzeit. Auch Schreker selbst durfte ich einmal kurz in Berlin in der Hochschule die Hand geben. Bei der Kölner Uraufführung von »Irrelohe« am 27. März 1924 war ich gleichfalls zugegen, als sich der kleine Komponist glücklich neben Rose Pauly, der Sängerin der Eva, und an der Seite des riesigen Otto Klemperer für den Beifall bedankte.

War man damals dem falschen Meister gefolgt? In jenen zwanziger Jahren hatten es die scheinhaften Genies einigermaßen leicht. Fritz von Unruh wurde gefeiert als wiederkehrender Kleist im 20. Jahrhundert. Freilich trug die mächtige »Frankfurter Zeitung« einiges zu diesem Ruhm bei. Wenn an die jungen hoffnungsvollen Begabungen erinnert werden sollte, den reinsten Inbegriff einer damaligen Avantgarde, nannte man die drei Namen des Bertolt Brecht, des Alfred Döblin und des Arnolt Bronnen. Auf Unruh und Bronnen konzentrierten sich die Spielpläne der großen Schaubühnen in Berlin und Hamburg und Frankfurt.

Zur gleichen Zeit triumphierte Franz Schreker. Vielleicht

war der Glanz seines Ruhmes im Jahre 1924, an jenem Abend, da das Schloß Irrelohe auf der Opernbühne in Flammen aufging, gleich der Burg von Walhall, schon etwas verwelkt. Wenn ich es richtig sehe, begann damals bereits ein Prozeß des Absinkens, Verblassens, wohl auch der Verkennung. Schrekers Zeit: das ist die Epoche eines Vorkriegs, Kriegs und Nachkriegs, vom »Fernen Klang« (1912) bis zu »Irrelohe« im Jahre 1924. Im rein literarischen Bereich steht jene Ära im Zeichen der musa expressionistica. Das Jahr 1924, das in Deutschland zugleich das Ende der aberwitzigen Geldentwertung bedeutet hatte, auch aller Versuche mit einem Weitertreiben der Revolution, der gescheiterten Versuche mit einer Gegenrevolution, markierte zugleich ein Ende expressionistischer Bühnenkunst. Die meisten Ekstatiker der Ausdruckskunst paßten sich an. Walter Hasenclever und der junge Zuckmayer wechselten ohne viel Widerwillen von der Menschheitsdämmerung zur schnoddrigen Gebrauchsdramatik. Theodor Däubler schrieb Essays über Bildende Kunst. Eine Literatur wurde produziert und dankbar konsumiert, die nichts mehr zu wissen schien von der Geburt des Neuen Menschen, von der reinigenden Flamme der Zerstörung. Man beschrieb nun die Miseren der Anpassung an eine miserable Welt des kleinbürgerlichen Genießens. In den Romanen eines Hermann Kesten, Martin Kessel oder Erich Kästner scheiterten die Moralisten. In Erich Kästners Roman ertrank der Dr. Fabian, ein Moralist, der ein Kind vor dem Ertrinken retten wollte. Das Kind kroch ans Land, doch Fabian ertrank, denn er konnte nicht schwimmen.

Das große Schlußduett aus »Irrelohe« ist gleichsam noch einmal ein Abgesang auf die expressionistische Dramatik (wobei hier ausdrücklich und ausschließlich von der literarischen Struktur gesprochen wird, durchaus nicht von der musikalischen). Heinrich umschlingt Eva und stimmt ein in ihre Menschheitsverkündigung. Fasziniert hatte die Frau »auf die lodernde Glut über dem Schlosse gestarrt« und die Botschaft verkündet:

Offen seh' ich ein goldenes Tor.
Dort winkt Friede,
dort lacht Erlösung!
Dort steigt auf,
aus Asche und Blut,
aus lodernden Flammen,
ein reines Licht:
der Liebe Sieg
über wilde Glut –
selige Lohe
aus Nacht und Grauen.
Mag nun kommen,
was kommen mag,
in uns ist Sonne –
in uns ward es Tag!

Allein die historisch-soziologische Analyse ist unzulänglich. Ihre Ergebnisse sind zu offensichtlich, um als gesichert gelten zu können. Freilich gibt es die fatale Nachbarschaft von kurzem und gewaltigem Ruhm und raschem Vergessen bei Fritz von Unruh oder Arnolt Bronnen ebenso wie bei Franz Schreker. Freilich läßt sich die Ära dieses Aufglühens und Verglühens einigermaßen exakt bestimmen als Vorkrieg, Krieg, als Turnus der gescheiterten Revolution und der einstweilen erfolglosen Gegenrevolution, als Triumph und Verfall des Expressionismus, als ephemere Menschheitsekstase der Künstler und Intellektuellen, die rasch abgelöst werden kann durch eine freiwillige Gleichschaltung. Auf die Unmittelbarkeit des Neuen Menschen und seiner Wandlung folgte eine Realpolitik der Vermittlungen und der schlechten Gewissen.

Ist Franz Schreker damals mituntergegangen, im Jahre 1924? Denn daß er sich angepaßt hätte, wurde niemals behauptet. Antwort auf solche Fragen kann nur die neue Begegnung mit dem Werk Franz Schrekers geben. Dies Werk aber hat von Grund auf auch mit der Literatur zu tun. Will man nicht zynisch ein Urteil dahin fällen, daß jener gewaltige Ruhm, der zweierlei damals bedeutet hatte: äußeren Erfolg und künstlerische Wirkung, einem bloßen Mißverständnis zu danken war, einer Mode, wo nicht gar einer geschickten Publizität, so muß man Schrekers wesentliche Positionen innerhalb der Dramatik herausarbeiten, nicht bloß innerhalb der Musikdramatik.

Die beiden Bände, die Franz Schrekers Operntexte und Tanzdichtungen enthalten: vom »Fernen Klang« bis zu »Irrelohe«, sind unter dem gemeinsamen Titel »Dichtungen für Musik« zusammengefaßt. Bei den Gattungsbezeichnungen im Untertitel seiner Werke bevorzugt Schreker die Bezeichnung »Operndichtung«.

Er selbst hatte damit bereits terminologisch all diese Werke einem besonderen literarischen Bereich zugeordnet. Dies sind nicht Operntexte im Sinne eines herkömmlichen Libretto. Schreker lebt in der deutschen Kulturwelt, die damals, und ohne gedankliche Klarheit, viel Wesens zu machen liebte vom angeblich profunden Unterschied zwischen der bloßen »Literatur« und der echten »Dichtung«. Auch Schreker versteht programmatisch seine dramatischen Entwürfe als Dichtung. Alle Beurteilung dieser spezifischen Literatur, die konzipiert wurde für das Musiktheater und die stets ausgeht von einer Personalunion zwischen dem Dichter und dem Tonsetzer, setzt eine Kenntnis der möglichen Positionen voraus, die eingenommen werden konnten. Dann erst kann erläutert werden, wie die Entscheidung Franz Schrekers ausfiel und ausfallen mußte.

Es gibt im wesentlichen drei Varianten für eine Amalgamierung von Libretto und Opernpartitur. Die herkömmliche und traditionelle, gegen die sich schließlich Richard Wagner zur Wehr setzte, in seinem Schaffen wie in seinen

Analysen der Unterschiede zwischen Oper und Drama, bestand in der Kollaboration eines professionellen Verfassers von Operntexten mit einem Komponisten, der – meistens aus Gründen eines Auftrags – auf der Suche war nach einem geeigneten Textbuch. Die berühmten Beispiele Mozart – da Ponte, Verdi – Boito, Strauss – Hofmannsthal, in neuerer Zeit auch Strawinsky – Auden, bedeuteten stets eine *Gleichzeitigkeit* beim Schaffensprozeß von Text und Opernpartitur. Es handelte sich sowohl um eine ästhetische wie um eine gesellschaftliche Gleichzeitigkeit: das Werk entstand als akute und gemeinsame Kreation. Die Rollen waren verteilt. Freilich durfte man dieser Gleichzeitigkeit nicht allzusehr vertrauen. Sie hatte Grenzen, denn man arbeitete in den meisten Fällen mit Adaptationen von Texten der Vergangenheit. Da Ponte bearbeitete ältere dramatische Literatur im »Don Giovanni«, neuzeitliche im »Figaro«. Boito bearbeitete den Shakespeare, Hofmannsthal bemühte die griechischen Mythen. Werke der totalen Gleichzeitigkeit waren verhältnismäßig selten: »Cosi fan tutte«, die Libretti eines Henry Meilhac und Ludovic Halévy für Jacques Offenbach. Auch der »Rosenkavalier« ist so entstanden.

Die zweite Möglichkeit der literarisch-musikalischen Kollaboration besteht in der Übernahme eines selbständig entstandenen Werkes der dramatischen Literatur durch einen Komponisten. Das setzt stets eine *Ungleichzeitigkeit* voraus. Sie kann ihrerseits relativ sein, ist aber in den meisten Fällen wohl als absolute Ungleichzeitigkeit zu verstehen. In relativer Ungleichzeitigkeit entschloß sich Robert Schumann dazu, die soeben erschienene »Genoveva« von Friedrich Hebbel zu komponieren. Der junge Richard Strauss verhielt sich ähnlich gegenüber der »Salome« von Oscar Wilde und der »Elektra« von Hofmannsthal.

Die absolute Ungleichzeitigkeit scheint gegenwärtig das moderne Opernschaffen zu bestimmen. Kritik pflegt in

solchen Fällen, meist abschätzig, von einer »Literaturoper«
zu sprechen. Was töricht ist, denn es handelt sich um eine
durchaus legitime Form der Kreation eines neuen Kunstwerks mit Hilfe bereits vorhandener Kunstschöpfungen.
Daß dieser Vorgang sowohl in der modernen Literatur wie
in der Bildenden Kunst ein spezifisches Merkmal bedeutet,
darf nicht verkannt werden. Trotzdem ist diese Form einer
Bearbeitung und Neufassung des bereits Verfaßten und
Gestalteten uralt. Euripides hielt es so mit seinen Vorbil-
dern und Gegenbildern. Die Entscheidung Alban Bergs für
Büchner und Wedekind, von Bernd Alois Zimmermann
für Lenz, von Wolfgang Fortner für Lorca bedeutete in
allen Fällen die absolute Ungleichzeitigkeit. Sie war aber
nicht minder programmatisch zu verstehen: als Absage an
die damals zeitgenössische Literatur, also an Zusammenarbeit mit einem Literaten als Librettisten, nicht zuletzt als
Negation der Wagnerschen Totalität und Einheit von
Dichter und Tonsetzer.

Richard Wagner nämlich bedeutet, wie allgemein bekannt
ist, die Absage sowohl an die Zusammenarbeit von Librettist und Komponist wie auch an die »Vertonung« eines
bereits existierenden Werkes der dramatischen Literatur.
Giuseppe Verdis Unterfangen, den »Othello« Shakespeares
auf der Opernbühne heimisch zu machen, mußte für Wagner ebenso unerträglich sein, wie irgendeine andere »Ver-
operung« der dramatischen Literatur. Zwischen dem
»Othello« Rossinis und Verdis hätte der Musikdramatiker
Richard Wagner keinen Unterschied gesehen.

Daß Richard Wagner etwa zwischen 1870 und 1920, für
die Dauer also eines halben Jahrhunderts, seine eigene
Konzeption des Musikdramas als Maxime einer allgemeinen Gesetzlichkeit durchzusetzen vermochte, ist evident.
So heterogene Komponisten wie Peter Cornelius und
Hans Pfitzner, Arnold Schönberg und Franz Schreker haben sich im Sinne dieser Personalunion entschieden. Im

öffentlichen Bewußtsein wurde, dank den Wagner-Epigonen, der Ruhm eines Tonsetzers gleichgesetzt mit seinen Erfolgen als Musikdramatiker. Die deutsche Literatur hat sich sehr früh bereits den Fall eines solchen erfolglosen Wagner-Epigonen als Thema erwählt. Es gibt, am Beginn unseres Jahrhunderts und mithin auf dem Höhepunkt dieser Wagner-Nachfolge, den Roman »Enzio« von Friedrich Huch, ein von Thomas Mann sehr geschätztes Buch, und es gibt die dramatische Groteske des Konservatoriumprofessors Dühring, der eine Oper über Hermann den Cherusker geschrieben hat und nun auf der Hoteltoilette auf den »Kammersänger« Frank Wedekinds wartet, um sie ihm vorzuspielen. Dühring und der Kammersänger unterhalten sich über die Kunst. Der Wagner-Tenor belehrt den komponierenden Wagner-Epigonen. Einig aber sind sich beide darüber, daß Tonkunst gleichzusetzen sei mit einer Weiterführung des Wagnerschen Musikdramas.

Franz Schreker steht, geprägt durch die geistige und gesellschaftliche Umwelt seiner Jugend und durch seine Zeitgenossenschaft als Künstler vom Jahrgang 1878, in dieser Tradition einer Nachfolgeschaft Richard Wagners und seiner Grundentscheidung für das Musikdrama. Innerhalb dieses Bereichs jedoch hat es sehr divergierende Positionen gegeben. Die Identität von Textdichter und Komponist bedeutete bloß in den banalen Fällen des Epigonentums, etwa bei den Musikdramen Siegfried Wagners oder beim »Guntram« des jungen Richard Strauss, die Repetition der Wagnerschen Modelle und dramatischen Konstellationen. Bei den ernsthafteren Versuchen einer Weiterentwicklung des musikalischen Theaters über Wagner hinaus, doch unter Beibehaltung der Identität von Librettist und Komponist, traten wesentliche Gegentendenzen zu Wagners Konzept des musikalischen Dramas auf. Sie sind in den literarischen Konzepten Arnold Schönbergs ebenso festzustellen wie bei den Antagonisten Pfitzner und Schreker. Es versteht sich, daß hier immer von den *literarischen* Konzepten und den Dramaturgien gesprochen wird, nicht von den Partituren.

Der Gegensatz läßt sich vielleicht in folgender Weise interpretieren: Bei Richard Wagner soll das sogenannte Kunstwerk der Zukunft, um den berühmten Ausdruck Wagners zu übernehmen, der eine Paraphrase von Ludwig Feuerbachs Philosophie der Zukunft bedeutet hatte, sowohl das bisherige Operntheater wie auch das bisherige Schauspieltheater überwinden und schließlich obsolet machen. Wagner erstrebt in seinen theoretischen Schriften wie in seinen Schöpfungen, zumindest seit »Tristan und Isolde«, eine Übergipfelung aller bisherigen Opern, auch eines Gluck, Beethoven oder Weber, *zugleich* mit einer Überwindung der bisherigen Tragödie von Sophokles und Shakespeare bis zum deutschen Klassizismus, nicht zu reden von den von Wagner verachteten französischen Klassizisten. Friedrich Nietzsches Formel von der »Geburt der Tragödie aus dem Geiste der Musik« gibt dies Konzept genau wieder.

Es ist aber charakteristisch sowohl für Pfitzner wie auch für Schreker, von deren Gegensätzen noch zu sprechen ist, daß sie den Glauben an diese Wagnersche Utopie oder auch Hybris verloren haben. Wagners Musikdrama verstand sich als kolossalische *Objektivation*. Das Musikdrama seiner Nachfolger hingegen folgt unaufhaltsam einem Prozeß der entschiedenen *Subjektivierung*. Bei Pfitzner wie bei Schreker, und später noch einmal bei Hindemith in »Mathis der Maler«, versucht der dichtende Musikdramatiker nicht etwa die große Tragödie zu evozieren und mit neuen Mitteln zu überwinden, sondern umgekehrt die bürgerlichen Literaturformen des Subjektivismus: das Erlebnisgedicht, die Autobiographie, den Entwicklungsroman und die Künstlernovelle. Dieser Typ des Musiktheaters soll nur noch von einer inkommensurablen Individualität künden, nicht mehr von einer allgemeinen tragischen Situation. Darum verblassen in all diesen Schöpfungen fast alle Kunstfiguren, die ein gesellschaftliches Milieu zu repräsentieren haben, zur bloßen Staffage neben dem allein wichtigen Protagonisten, der in den meisten Fällen als Künstler auftritt ohne Gegenspieler. Dieser Typ des Musikdramas nach Wagner gestaltet immer wieder ein einziges Thema in stets neuen Varianten: die Isolation des Künstlers in der spätbürgerlichen Gesellschaft. Es gibt kein Spiel und Gegenspiel. An die Stelle der musikalischen Tragödie ist die Darstellung eines subjektiven Scheiterns getreten: als Scheitern an der Gesellschaft *und* als Scheitern an der Kunst.

Hier aber werden Franz Schreker und Hans Pfitzner mit Notwendigkeit zu Antagonisten. Der asketischen Variante, die Pfitzner hartnäckig verfolgt, vom »Armen Heinrich« bis zum »Palestrina«, stellt sich bei Schreker die eudämonistische Variante entgegen. Pfitzners Komponist Palestrina scheitert an der Umwelt, doch nicht als Künstler. Die spezifische Modernität und Kühnheit in Franz Schrekers Dichtungen für Musik offenbart sich jedoch darin, daß er seine Operndichtungen des extremen bürgerlichen Individualismus auch als *Scheitern der Kunst,* nicht allein des Künstlers angelegt hat. Der Künstler Fritz im »Fernen Klang« und der Meister Florian im »Spielwerk«, der offensichtlich an den Musikmeister von St. Florian erinnern soll, sie sind ebenso wie Elis im »Schatzgräber«, der als ein »fahrender Sänger und Scholar« bezeichnet wird, stets scheiternde und gescheiterte Künstler. Von hier aus läßt sich der *spezifische Topos der Schreker-Oper* genauer bestimmen. Der Schlußgesang der halb wahnsinnigen Mutter im »Spielwerk« formuliert in der eigentümlichen Literatursprache einer ersten Vorkriegszeit die Botschaft aller wichtigen Schreker-Opern. Sie ist zu verstehen als Dialektik von individuellem künstlerischem Scheitern *und* utopi-

scher Kunstperspektive: als konkrete Utopie der Fernen
Klänge:

> Kaum bist Du gestorben,
> schon kehrst Du wieder
> ein andrer vollendet,
> was einer begann.
> Und wogt auch der Kampf
> durch endlose Zeiten –
> sieghaft über Not
> und Tod und Vergehen
> zittert dahin
> des Spielwerks Klang:
> der Sang urewig
> von Tod und Gebären
> ein mild Verklären
> schmerz-wilder Triebe –
> das Lied der Liebe!

Das scheint nach ungestörter Kontinuität des Kunstschaffens auszusehen: hier wird die Eigensphäre der Kunst sogar gegenüber der Religion, nicht bloß gegenüber dem profanen gesellschaftlichen Diesseits, postuliert. Man braucht ihn nicht mehr, den Gott Hölderlins, der »dort« ergänzen kann »mit Harmonien und ewigem Lohn und Frieden«, was »hier« unvollendet bleiben mochte. Der ferne Klang wird von irgendwoher ans Ohr des Künstlers gebracht; wenn er sich dem Gehör verweigert, verblaßt das Getöne; doch ein Anderer und Späterer wird es vernehmen und weiterklingen lassen.

Das sieht nach der Kunstreligion des 19. Jahrhunderts aus, nach der bürgerlichen Säkularisation. Allein die Dichtungen Schrekers widerlegen eine solche Auslegung.

Der Dramatiker Schreker ist kein Mann des kunstseligen bürgerlichen Jahrhunderts. Die Heilsgewißheit des Künstlers vermag er nicht zu teilen. Abermals wird die spezifische Modernität Franz Schrekers bei einer Konfrontation

mit Hans Pfitzner evident. Dessen »Palestrina« vertraut
nach wie vor auf die schöpferische Kontinuität, die den
Meister von einst mit jenem des Jetzt verbindet. Die alten
Meister können aushelfen bei der Kreation des neuen Ton-
werks. Man bleibt unter sich: jenseits aller Zeitlichkeit und
Historizität. Das Konzil zu Trient und der Erste Weltkrieg, Pierluigi Palestrina und Hans Pfitzner: der ferne
Klang erreicht den einen wie den andern. Der Schöpfer
entsagt der Welt, doch sein Werk dauert. Das ist für Pfitzner ebenso unumstößlich wie noch für Hindemith in dem
Spätwerk von der »Harmonie der Welt«. Es ist bürgerlicher Pessimismus Arthur Schopenhauers: das Kunstwerk,
insbesondere das musikalische, als wahnlos und willenlos
gesetzt gegen den Weltwahn des bloß Seienden, was hier
einbekannt wurde. Es ist auch eine regressive Ästhetik: um
das zu beweisen, hätte es nicht der politischen Eskapaden
Pfitzners bedurft. Alban Bergs meisterhafte Polemik gegen
Pfitzner aus Anlaß der »Träumerei« von Robert Schumann
hat diese nachromantische und ersatzhafte Ästhetik schon
früh mit ihren eigenen Argumenten widerlegt.

Franz Schreker ist in alledem der eigentliche Gegenspieler. Seine Dichtungen gestalten immer wieder, und fast
zwanghaft, die Diskontinuität der Kunstentwicklung in einer späten Bürgerwelt. Der Topos dieser Dramatik beruht
auf einer *dreifachen Negation.* Zunächst als Negation einer
Symbiose von glücklichem Leben und künstlerischem
Schaffen. Dann die Negation einer Symbiose von Mann
und Weib. Schließlich die Negation der Chance, als Künstler ins künstliche Paradies auszuweichen.

Die Antinomie von *Kunst und Leben* übernimmt Schreker von den Romantikern. Im Märchen vom »Goldnen
Topf« hatte E. T. A. Hoffmann als erster und schon in der
frühen deutschen Bürgerwelt demonstriert, daß ein Leben
in Atlantis und in Dresden gleichzeitig nicht möglich sein
könne. Hier bereits der später von Gottfried Benn formu-

lierte Zwang zum »Doppelleben«. Alle Protagonisten bei
Schreker führen ein solches Doppelleben. Der Künstler
Fritz im »Fernen Klang«, der einer sozialen Misere ent-
strebt, die als Schnitzlerwelt, teilweise bereits mit Zügen
einer Canetti-Welt, entworfen wurde. Der Meister Florian
im »Spielwerk«, der sich zu den »Himmlischen Freuden«
der Vierten Mahlersymphonie bekennt, aber sein Werk
und dessen erhabene Harmonik zu verteidigen hat gegen
die Welt mit ihren irdischen Freuden; nicht minder sein
Sohn, der seine Kunst an die Prinzessin verriet. Der durch
Reichtum und Kunstliebe isolierte und körperlich »Gezeichnete« Alviano in den »Gezeichneten« ebenso wie die
Künstlerin Carlotta, die von platonischer Spiritualität im
Leben und Schaffen träumt, aber im letzten Wort vor dem
Sterben doch nur noch das Leben anbetet, die Lust als
Ewigkeit. Auch über den »Gezeichneten« nämlich könnte
das Nietzsche-Motto stehen, das Schreker dem »Spielwerk« voranstellte: »Doch alle Lust will Ewigkeit –, / will
tiefe, tiefe Ewigkeit!« Es ist Zarathustras Nachtlied. Es ist,
neben den himmlischen und irdischen Freuden, zugleich
ein zweites Mahlerzitat in diesem Schrekerwerk.
  Der Schatzgräber, Sänger und fahrende Scholar Elis trägt
einen Namen aus Georg Trakls Dichtung. Samson als
Künstler, der mitsamt seiner Kunst nicht allein einer ver-
brecherischen Dalila erliegt, sondern einer verbrecheri-
schen Gesellschaft, vor welcher nur noch die Klause des
Eremiten und weisen Narren als Zuflucht bleibt. Immer
wieder ein Topos aus der romantischen Dichtung: die freie
und unbeschwerte Künstlerausfahrt; die Verstrickung in
der Welt, die sich als Kunstverlust und als Verlust der Identität manifestiert; schließlich die Heimkehr des Gescheiterten. Eichendorffs Gedicht von den »Beiden Gesellen«, von
denen der eine das Alltagsglück wählte, der andere die
Erleidnisse des Künstlertums, hat auch diese Grundstruk-
tur der Operndichtung Schrekers antizipiert. Allein bei

Schreker gibt es nicht mehr, wie bei Eichendorff, das Gebet als Lösung. Daran vermochte bereits Robert Schumann, wie das Klaviernachspiel seiner Eichendorffkomposition demonstriert, nicht mehr zu glauben.

Neben der Antinomie von Kunst und Leben steht in Schrekers Dichtung die *Antinomie der Geschlechter*. Diese Dramatik vermag nicht mehr dem zu vertrauen, was Ernst Bloch den *»Mythos vom Hohen Paar«* genannt hat. Bloch versteht ihn als Konkretion einer »Utopie der Ehe« und erläutert im »Prinzip Hoffnung« folgendermaßen: »Weib und Mann werden hier jeder konzentrisch als Bild vorgestellt, das eine anmutig und gewährend-gut, das andere kraftvoll und herrschend-gut; erst die Verbindung aber wird Segen an sich. Sie erscheint als Einheit von Zartheit und Strenge, von Huld und Macht, ja, von Hure und Prophet...«

Daß Bloch bei dieser Verbindung von Hure und Prophet an die »Salome« denkt, die ihn eingestandenermaßen seit dem »Geist der Utopie« beschäftigen sollte, ist offenbar. Das Hohe Paar aber ist in der Kunst in auffallender Weise weniger der Tragödie als der Oper zum Vorbild geworden: als tönender Einklang der Singenden. Pamina und Tamino, Leonore und Florestan, Brünnhilde und Siegfried. Doch schon in der »Götterdämmerung« zerbricht der Mythos. Hofmannsthal hat in der »Frau ohne Schatten« eine Restauration versucht: aber es war eben eine konservative Restauration und Regression, und Richard Strauss kam es ohnehin mehr auf ein »Musizieren« an, als auf Mythen.

Die Wirklichkeit der dramatischen Literatur, im Schauspiel wie in der Oper, gehörte seit der Jahrhundertwende den Dalilas und Fredegunden, den Undinen und Lulus, den Weibsteufeln und Strindbergheroinen. Sie bevölkern auch die Bühnenwelt Franz Schrekers. Das Bürgermädchen Grete entflieht der Väterwelt: auch sie vernahm den fernen Klang. Als Kurtisane Giulietta aus »Hoffmanns Erzählungen« wird sie auch bei Schreker in ein Opern-Venedig versetzt; allein sie lebt dort im unglücklichen Bewußtsein. Die Hure ersehnt, mit Bloch zu sprechen, die Gegenwelt des Propheten, oder des Künstlers. Schreker möchte beides zur Einheit zwingen: die Demonstration einer Unmöglichkeit des Hohen Paares *und* die Bühnenwirklichkeit des großen Zwiegesangs. In den Verführungsszenen im »Spielwerk« und im »Schatzgräber«, in der Atelierszene aus dem »Gezeichneten«, die sämtlich, wie die Regieanweisungen demonstrieren, von den Klangvorstellungen des Tondichters bestimmt worden sind, wird der Mythos vom Hohen Paar gleichzeitig ephemer im Gesang realisiert, und zerbrochen. Er scheitert an der Lebensschwäche der Künstler und Männer ebenso wie an der Rollenverkehrung der Geschlechter, denn auch Schrekers weibliche Heroinen führen die Aktion; ihr Gespräch mit dem Mann bleibt, wie bei Wedekind, ein windschiefes Gespräch.

Diese Frauengestalten präsentieren sich als merkwürdiges Amalgam aus Otto Weininger und Frank Wedekind. Die geistigen Relationen zwischen Schreker und Alban Berg sind immer wieder frappierend. Sie vollziehen sich, was eingehend untersucht werden müßte, weitgehend im Zeichen Wedekinds, denn auch für Berg war, wie für viele seiner Zeitgenossen, übrigens auch für den jungen Brecht, der Wedekind gut kannte und bewunderte, der Dramatiker der »Büchse der Pandora« ein Wegbereiter für den lange vergessenen Autor des »Woyzeck«.

Neben der Antinomie von Kunst und Leben, neben der Negierung des Hohen Paares schließlich die Negation einer *Ästhetik der künstlichen Paradiese*.

In einer stets häßlicher werdenden Welt, die nicht mehr als Inspiration für das Kunstwerk taugte, also unfähig geworden war zu dem, was man seit Friedrich Schlegel und Friedrich von Hardenberg als »Romantisierung« bezeichnet hatte, dachten die Dichter der Bürgerwelt immer intensiver die These E. T. A. Hoffmanns von der Unvereinbarkeit eines Lebens in bürgerlicher Misere *und* in einer Atlantiswelt der Poesie zu Ende. So entstand, zusammenfassend formuliert von Baudelaire, das ästhetische Gegenkonzept der »paradis artificiels«. Auch die Welt Tannhäusers gehört dazu, wie bekannt. Richard Wagner hatte sich als ursprünglichen Titel seiner Romantischen Oper den Inbegriff solchen künstlichen Paradieses ausgedacht: »Der Venusberg«. Baudelaires Begeisterung für Wagner entzündete sich folgerichtigerweise sogleich just am »Tannhäuser«. Nur scheitert der Künstler Tannhäuser nicht am Venusberg, auch nicht an der Wartburgwelt, sondern an der Nichtentscheidung. Das künstliche Paradies der Frau Venus ist intakt geblieben. Was man dort verspricht, das wird auch geleistet.

Erst mit dem Beginn des 20. Jahrhunderts machte sich eine neue Generation der Artisten, nicht bloß der Literaten, mit Anstrengung frei von solchem Traum einer reinen ästhetischen Gegensphäre zur unreinen Bürgerwelt. In der Misere des bürgerlichen und gleichzeitig utopischen Künstlers wird auch die Misere der Kunst-Utopie enthüllt. Carl Sternheim ist nicht müde geworden, in seinen Szenen aus dem bürgerlichen Heldenleben die platte Erbaulichkeit zu denunzieren, die in einem grotesken Funktionswandel das puristisch geschaffene Kunstwerk wieder zurückbringt ins Bürgerheim. Eines der größten Werke Frank Wedekinds, das aus gutem Grund noch in den zwanziger Jahren mit höchstem Unbehagen abgelehnt wurde, behandelt diese Wechselwirkung zwischen ästhetischer Reinheit und kleinbürgerlicher Dumpfheit. Wedekinds dramatischer Text »Musik« aus dem Jahre 1906 wird vom Autor als »Sittengemälde in vier Bildern« präsentiert. Auch Wedekind wählt sich die damals ergiebigste Konstellation: den *Alltag der Wagnerianer*. Was sich zwischen dem Gesangspädagogen Josef Reißner und der idealistischen Gesangs-

studentin mit dem banalen Namen Klara Hühnerwadel ab-
spielt, ist durchaus nicht zu verstehen als moralische Verurteilung des pädagogischen Kunstspießers. Die Unreinheit dieses Kunsttreibens selbst ist Thema des Theater-
stücks »Musik«.

Auch in den Operndichtungen Franz Schrekers erlebt
man, wie bald darauf in den Bildern der frühen Surrea-
listen, *das künstliche Paradies als eine Trümmerwelt.* Am
Hofe des Märchenkönigs im »Schatzgräber« singt Elis vom
Mythos der zerstörten Schönheit. Es ist, konzipiert als lyrische Ballade, eine Schrekersche Neudeutung der ersten
Szene aus dem »Rheingold«. »Jugend und Schönheit für
immerdar«: das war ein permanenter paradiesischer Zustand am Ilsenstein, als Schön-Ilse dort »hauste in Pracht
und in Herrlichkeit«. Dann naht Alberich, abermals ein
»häßlicher Zwerg«, der abgewiesen wird mit Spott und mit
Hohn.

> Da raubte der Alb
> Ihr den Wundertand –
> einsam liegt der Berg:
> Frau Ilse verschwand.
> Ihr Körper verfiel,
> doch die Seele lebt,
> in manchen Kindern
> sie wieder erstand
> mit all der Sehnsucht,
> mit all dem Wünschen
> nach jenes Schatzes
> hehr-seltsamer Kraft.

Das künstliche und künstlerische Paradies ist also zerfallen. Was weiterlebt, ist die Sehnsucht danach: »nach ewiger
Jugend und ewiger Schönheit«. Es ist abermals der Mythos
vom Fernen Klang. Wer ihn jedoch vernimmt, an diesem
Grundmotiv hält Franz Schreker in seinen Dichtungen fast
eigensinnig fest, erlebt die Vision von Jugend und Schön-

heit nicht im Augenblick des Glücks, sondern des Zerbrechens, meist als Euphorie in der Agonie. Liebesglück und glückhaftes Kunstschaffen bedeuten die Synthese. »Jugend und Schönheit« in jenem Reich am Ilsenstein sind als Symbiose von Lebensglück und Kunstglück zu verstehen.

> Hörst Du den Ton –?
> Der schwindet mir nimmer –
> den halt ich so fest,
> wie ich Dich nicht mehr lasse. –

Das sagt Fritz im »Fernen Klang« in der Schlußszene, als er Grete wiedergefunden hat. Aber es ist der Augenblick des Sterbens. Gleichzeitig erkennt er, daß das künstlerische Paradies, dem nichts an Reinheit entsprach in der Lebenswirklichkeit, mit Notwendigkeit scheitern muß. Der Künstler Fritz erkennt es im letzten Lebensmoment, als er an sein Kunstwerk denkt, bei dem Schreker in bewußter Zweideutigkeit offenläßt, ob es sich dabei um ein Schauspiel handelt oder eine Oper.

> Der letzte – Akt – ist *verfehlt* – –
> nun ich Dich – ge – funden – – –

Was hat sie erbracht, die Suche nach einer verlorenen Zeit? Eine wiedergefundene Zeit, verstanden als neue Begegnung mit den geistigen Modellen und dramatischen Konstellationen des Operndichters Franz Schreker, läßt sich verstehen als *Fortdauer* eines gesellschaftlichen und ästhetischen Konflikts, der akut bleibt und virulent, den aber Schreker als einer der ersten in seinen Bereichen empfunden und gestaltet hat. Über die atemlose, nicht selten unfreiwillig komische Sprache dieser Operndichtungen ist leicht spotten. Manche Wendung wäre nicht übel geeignet gewesen als Schmuckstück in einem Leitartikel der damaligen »Neuen Freien Presse«. Auch ist nicht zu verkennen, daß im »Fernen Klang« im Grunde alles spätere Schaffen bis zu »Irrelohe« bereits keimhaft vorhanden war. Der Weg von einer Denunzierung der künstlichen Paradiese bis zur spätexpressionistischen Vision einer neuen Menschheit nach dem Brand von Walhall–Irrelohe ist kaum als Aufstieg zu verstehen. Der Schreker im »Fernen Klang« war, in jener geschichtlichen Konstellation, da auch die abstrakte und insgeheim verlogene Schönheitsseligkeit der ästhetischen Gegenwelt zerfiel, ein künstlerisches Ereignis.

Der hier spricht, weiß nichts mehr vom »Singenden Teufel«, vom »Christophorus« oder vom »Schmied von Gent«. Eines ist sicher: die Wiederbegegnung mit den Operndichtungen Franz Schrekers läßt sich im mindesten nicht vergleichen dem peinigenden Unbehagen, das einen heute erfaßt beim Wiederlesen der Weltkriegs- und Nachkriegsstükke eines Fritz von Unruh, oder bei einem verwunderten Blättern in der »Katalaunischen Schlacht« und der »Septembernovelle« von Arnolt Bronnen. Das macht: bei Unruh oder Bronnen sind Thematik und Pathetik gleichsam beliebig geworden. Man kennt gewisse Verbalekstasen und hat ein klischeehaftes Modell zur Verfügung. Auch bei Unruh oder Bronnen, aller Unterschiede zwischen ihnen ungeachtet, liegt aller verbale Glanz oder Scheinglanz auf den Hauptgestalten und Räsonneuren. Der Rest ist Staffage und bekommt, nach expressionistischer Manier, nicht einmal einen individuellen Namen im Programmheft. Man ist »der Mann« oder »das Weib« oder »der Sohn«.

Der Unnotwendigkeit jener dramaturgischen Aleatorik stellt Franz Schreker die Notwendigkeit eines Kunstschaffens gegenüber, das zweierlei gestalten will und gestalten muß: die Partitur der fernen Klänge *und* die Situation von Künstler und Kunst in einer kunstfeindlichen Bürgerwelt. Darum sind die optimistischen Konstruktionen typisch expressionistischer Schauspiele weitaus ohnmächtiger, als Schrekers scheinbare oder auch reale Destruktionen.

Versteht man Dichtungen wie den »Fernen Klang« und das »Spielwerk« als Metaphern für eine heutige gesellschaftliche Konstellation, so wird offenbar, daß Schreker insgeheim (und vielleicht entgegen den eigenen Impulsen) zum ersten Mal gewagt hat, den Mythos vom Ende der Kunst als Kunstwerk zu gestalten.

Die Verurteilung des Lukullus
(Bertolt Brecht und Paul Dessau)

Sie wollen eine Opernaufführung besuchen, meine Damen und Herren. Das Werk eines noch lebenden Musikers und eines Dramatikers, der viel zu früh starb, mit 58 Jahren. Da wäre es denkbar, von der Zusammenarbeit zwischen Tonsetzer und Stückeschreiber auszugehen. So müßte einer verfahren, wollte er die Zusammenarbeit eines Richard Strauss mit Hugo von Hofmannsthal interpretieren, oder in neuerer Zeit etwa die Kollaboration des Musikers Hans Werner Henze mit Ingeborg Bachmann oder dem Engländer W. H. Auden. Allein zwischen Brecht und Dessau gab es nur eine späte, bloß auf Einzelheiten sich beziehende Zusammenarbeit. Brechts Hörspiel »Das Verhör des Lukullus« war eine Schöpfung ganz jenseits von Musik, wie bald gezeigt werden soll. Dessau ließ sich davon inspirieren; er komponierte im wesentlichen, was bereits in gültiger Textfassung vorlag. Erst Einwände von außen, von politisch-ideologischen Instanzen, führten zum Schluß, nach einer ersten Probeaufführung der Oper in Ost-Berlin, zu einer knappen gemeinsamen Überarbeitung. Man wird also von Brecht auszugehen haben: von seiner Lebenssituation bei Entstehung des »Lukullus«; von den Funktionen, die er diesem römischen Sujet beimaß; überhaupt von der sonderbaren Konstellation eines »römischen Brecht«. Dann erst, im Grunde etwas beiläufig, kann auch noch von Brechts Verhältnis zu seinen Tonsetzern gesprochen werden, und von der spezifischen Aufgabe, die er insbesondere seiner Zusammenarbeit gerade mit Paul Dessau zugedacht hatte.

Das Totengericht über den römischen Feldherrn Lukullus

wurde von Brecht im dänischen Exil geschrieben und kurz vor Ausbruch des Zweiten Weltkriegs vollendet. Der Stoff war als Hörspiel komponiert worden. Später erst wurde die Radiodramaturgie zur Operndramaturgie umfunktioniert. Paul Dessaus Oper »Die Verurteilung des Lukullus« ist seitdem – seit der in Ost-Berlin so heiß umstrittenen Uraufführung im Jahre 1951 – immer wieder gespielt und erörtert worden. So kam es, daß Brechts Originaltext langsam hinter dem Opernlibretto zurücktrat und beinahe vergessen wurde. Sehr zu Unrecht, wie gesagt werden soll, denn nach Anlage und Aussage überragt, wie mir scheint, die ursprüngliche Hörspielfassung den späteren – erweiterten und tagespolitisch adaptierten – Operntext.

Mancherlei mochte Brecht veranlaßt haben, als dänischer Emigrant in einer Vorkriegszeit, von welcher der Stückeschreiber genau wußte, daß sie es war, das Urteil der Totenrichter, und zwar höchst plebejischer Rechtsprecher, über den siegreichen, durch Triumphbogen und erbauliche Lesebuchstücke schon zu Lebzeiten hochgeehrten Feldherrn Lukullus als Hörspiel zu komponieren.

Ein praktischer Gesichtspunkt stand im Vordergrund, wie so oft bei Brecht. Einige seiner besten Einfälle waren nämlich durch praktische Erwägungen veranlaßt: aus der Not, der materiellen Schwierigkeit pflegte er gern eine schriftstellerische Tugend zu machen. Es ist bekannt, daß er sich die Rolle der stummen Kattrin in seiner ungefähr gleichzeitig mit dem »Verhör des Lukulles« entstandenen dramatischen Chronik von Mutter Courage und ihren Kindern einfallen ließ, weil er für Helene Weigel eine Rolle schreiben wollte, die es ihr erlauben würde, auch bei einer dänischen oder schwedischen Aufführung des Stückes, trotz Unkenntnis der Landessprache, mitzuwirken. Wir verbinden heute mit Helene Weigels Namen die Erinnerung an ihre Darstellung der Mutter Courage selbst: ursprünglich war ihr die Rolle der Kattrin zugedacht.

Auch die Hörspieldramaturgie des Lukullus entstand aus der Not des Exils und der Erfahrung mit großen Schwierigkeiten bei der Aufführung von Stücken eines Emigranten in fremder Sprache und in fremden Ländern. Brecht hat außerordentlich unter dem Exil gelitten, denn es bedeutete für ihn als Stückeschreiber: Verzicht auf Sichtbarmachung der Werke. Für ihn als dichtenden Pädagogen hieß das außerdem: Lehren ohne Schüler.

Das Hörspiel schien eine größere Lehr- und Demonstrierchance zu bieten. Es war billiger, es entbehrte der sonst für den Stückeschreiber Brecht so wichtigen optischen, szenischen und gestischen Elemente, und es verwandelte überdies, durch die Privatisierung des Rundfunkempfangs, die Beziehung zwischen Dramatiker und Publikum in die von Brecht so erwünschte pädagogische Zwiesprache zwischen Lehrer und Schüler. Also zwischen dem Dramatiker der neuen Dramaturgie und einem Zuschauer, der das lernen sollte, was Brecht später die »Neue Zuschaukunst« genannt hat: die Fähigkeit des Zuschauers oder Zuhörers, nicht mehr rauschhaft sich einer tragischen Wucht auszuliefern, sondern kritisch und distanziert das Vorgetragene zu überdenken, zu billigen, wohl auch zu bestreiten.

Dies Hörspiel des Exils gehört formal noch in die Reihe der Lehrstücke, mit denen Brecht – ziemlich genau zehn Jahre vor der Entstehung des Lukullus-Hörspiels – debütiert hatte: zuerst mit einem »Radiolehrstück für Knaben und Mädchen«, das mit einer Musik von Paul Hindemith und unter dem Titel »Der Flug der Lindberghs« auf dem Baden-Badener Musikfest von 1929 aufgeführt worden war. Als die rechtsradikalen Tendenzen des ersten Ozeanfliegers Charles Lindbergh bekannt wurden, änderte Brecht den Titel und nannte das Lehrstück einfach »Der Ozeanflug«.

Worauf es ihm ankam, sagte er damals in den Erläuterungen zum »Ozeanflug«. Die Thesen von 1929 standen im unmittelbaren Zusammenhang mit Brechts Protest gegen das kulinarische, rausch- und genußhafte Theater. Nicht ästhetische Wirkungen sollten angestrebt werden, sondern pädagogische. Formuliert wurde das so: »Der ›Ozeanflug‹ hat keinen Wert, wenn man sich nicht daran schult. Er besitzt keinen Kunstwert, der eine Aufführung rechtfertigt, die diese Schulung nicht bezweckt. Er ist ein Lehrgegenstand und zerfällt in zwei Teile. Der eine Teil (Die Gesänge der Elemente, die Chöre, die Wasser- und Motorengeräusche usw.) hat die Aufgabe, die Übung zu ermöglichen, d. h. einzuleiten und zu unterbrechen, was am besten durch einen Apparat geschieht. Der andere pädagogische Teil (der Fliegerapparat) ist der Text für die Übung: der Übende ist Hörer des einen Textteiles und Sprecher des anderen Teiles. Auf diese Art entsteht eine Zusammenarbeit zwischen Apparat und Übenden, wobei es mehr auf Genauigkeit als auf Ausdruck ankommt. Der Text ist mechanisch zu sprechen und zu singen, am Schluß jeder Verszeile ist abzusetzen, der abgehörte Teil ist mechanisch mitzulesen.«

Auch die Wahl des Radiolehrstücks wurde mit erzieherischen, kulturpolitischen Motiven begründet. Indem man dem damaligen Rundfunk nämlich Aufgaben stelle wie hier beim Lehrstück über den Ozeanflug, werde, wie Brecht das nun formulierte, folgendes angestrebt: »Dem gegenwärtigen Rundfunk soll der ›Ozeanflug‹ nicht zum Gebrauch dienen, sondern er soll ihn verändern. Die zunehmende Konzentration der mechanischen Mittel, sowie die zunehmende Spezialisierung in der Ausbildung – Vorgänge, die zu beschleunigen sind – erfordern eine Art Aufstand des Hörers, seine Aktivisierung und seine Wiedereinsetzung als Produzent.«

Man spürt den marxistischen Neuling. Er möchte überall Ernst machen mit der Anwendbarkeit jener berühmten, im

Jahre 1845 von Karl Marx formulierten These gegen Ludwig Feuerbach, wonach alle bisherigen Philosophen die Welt nur interpretiert hätten, während es darauf ankomme, sie zu verändern. Genauso äußerte sich Brecht kurz darauf in einer Studie über die Lehrstücke, die nicht zu seinen Lebzeiten publiziert wurde, sondern nun im Nachlaß, in den »Schriften zum Theater«, gelesen werden mag. Dort heißt es, unter ausdrücklicher Berufung auf die Lehrstücke, im allgemeinen: »Die bürgerlichen Philosophen machen einen großen Unterschied zwischen den Tätigen und den Betrachtenden. Diesen Unterschied macht der Denkende nicht. Wenn man diesen Unterschied macht, dann überläßt man die Politik dem Tätigen und die Philosophie dem Betrachtenden, während doch in Wirklichkeit die Politiker Philosophen und die Philosophen Politiker sein müssen. Zwischen der wahren Philosophie und der wahren Politik ist kein Unterschied.«

Überall also die marxistische Antithese zwischen bloßer Interpretation von Zuständen zum Zwecke höherer und reinerer Erkenntnis – und einer aktivistischen Erkenntnis, die interpretiert, um verändern zu können. Alle Literatur, so folgert Brecht für sich daraus, hat mitzuwirken bei diesen notwendigen Veränderungen der Gesellschaft. Was bei ihm damals, um 1930, heißen sollte: die von schweren ökonomischen Krisen geschüttelte, durch millionenhafte Arbeitslosigkeit gezeichnete Gesellschaft des Monopolismus. Die Literatur sollte ein revolutionäres Bewußtsein der Arbeiterschaft bewirken, um die Welt von Mahagonny oder Chicago (später kam der Name Sezuan hinzu) von Grund auf zu ändern. Lehrstücke am Rundfunk hatten eine doppelte Aufgabe. Falls sie gesendet wurden, konnte durch die Sendung der Hörer verändert werden – und mit ihm gleichzeitig die Institution: eben der Rundfunk selbst.

Dies war auch der tiefere Grund dafür, daß Brecht, dem es niemals vergönnt war, eines seiner markantesten Stücke, nämlich »Die heilige Johanna der Schlachthöfe« von 1929/30, auf der Bühne zu sehen, begierig die Gelegenheit ergriff, dies wichtige Werk und Lehrstück seiner neuen Einübung im Marxismus wenigstens als Rundfunksendung wirken zu lassen. Auch hier ging es wieder um den Gegensatz zwischen bloßer Interpretation und Veränderung der Welt. Aber hinzugetreten war bereits ein entscheidendes Motiv der späteren Brecht-Dramatik: die Frage nach dem guten Menschen und seinen Chancen in einer unguten Welt. Die sterbende Johanna Dark hatte damals verkündet:

> Eines habe ich gelernt und weiß es für euch
> Selber sterbend:
> Was soll das heißen, es ist etwas in euch und
> Kommt nicht nach außen! Was wißt ihr wissend
> Was keine Folgen hat?
> Ich zum Beispiel habe nichts getan.
> Denn nichts werde gezählt als gut, und sehe es aus wie immer, als was
> Wirklich hilft, und nichts gelte als ehrenhaft mehr, als was
> Diese Welt endgültig ändert: sie braucht es.

Dann kam das Jahr 1933. Für Brecht begann die Zeit des Exils, des Stückeschreibens ohne Realisierungsmöglichkeit, des Lehrens ohne Schüler. Er blieb aber den Erfahrungen der letzten Weimarer Zeit auch als Stückeschreiber treu in der Wahl der kleinen, lehrhaften Formen, in der Bevorzugung von Arbeiten, die leicht aufgeführt werden konnten, wie die Szenen über »Furcht und Elend des Dritten Reiches«; er schrieb weiter Stücke für Kinder und für den Rundfunk; er verstand nach wie vor seine Dramatik als Beitrag zur Veränderung des Bewußtseins und damit der Umstände.

Daß sich das Dritte Reich auf einen Weltkrieg vorbereitete, war für Brecht von Anfang an evident. All seine Lehrstücke hatten daher von nun an das Ziel, die Kriegsgefahr zu zeigen. Die Lehrstücke wurden zu Warnstücken. Brecht hielt sich auch hier ausdrücklich fern von der einstigen expressionistischen Emotionsdramatik, die sich durch Schilderung der Kriegsgreuel als Abschreckungsliteratur präsentiert hatte. Abschreckungsliteratur war für Brecht abermals eine Form der rauschhaft-kulinarischen Schriftstellerei. Die wollte er nicht.

Wenn er vor dem Krieg zu warnen gedachte, so kam es darauf an, den Kriegszustand ernst zu nehmen und das große Kriegsgeschäft hinter aller Phraseologie zu zeigen. Zweierlei war wichtig: den Krieg als gewaltiges Geschäft der Herrschenden zu zeigen – und dem kleinen Mann begreiflich zu machen, daß er allein die Spesen zu tragen habe. Noch grausamer formuliert: Kriegsspesen sind gleichbedeutend mit massenhaftem Sterben der kleinen Leute.

Brecht wird nicht müde, zwischen 1933 und 1939 dies immer wieder zu verkünden: in Epigrammen und Kurzgeschichten; in der dramatischen Chronik, die scheinbar vom Dreißigjährigen Krieg und der Marketenderin Mutter Courage spricht, aber die Welt von 1939 meint; mit besonderer Schärfe und Klarheit schließlich in dem Hörspiel »Das Verhör des Lukullus«.

Auch dieses Hörspiel, das gleichfalls der Veränderung des Rundfunks dienen möchte, ist ein Lehrstück. Die neue Lehre als Zeitinterpretation des Jahres 1939 wird hier dargestellt. Aber ein drittes Element trat noch zu den Überlegungen aufführungspraktischer und politisch-pädagogischer Art. Im Totengericht über den römischen Feldherrn konnte sich von neuem der »römische Brecht« entfalten.

Diese demonstrative Verbundenheit Brechts mit der römischen Antike ist abermals, wie meist bei diesem Schriftsteller, als Negation hervorgetreten. Brecht wendet sich mit ihr gegen die berühmte deutsche Literatursynthese aus Deutschtum und Griechentum. Natürlich hängt seine Animosität gegen die griechische Literaturtradition mit dem

Anti-Aristoteles zusammen: also mit Brechts Bemühung um eine antiaristotelische Dramatik. Aber auch den politischen Denker Aristoteles kann er nicht ausstehen. Die Bosheiten seines Galilei gegen den Griechen kommen aus vollem Herzen.

Natürlich wendet sich Brecht damit auch gegen Lessings »Hamburgische Dramaturgie«, erst recht gegen den Weimarer Klassizismus. Darum mußte es ihm besonders erwünscht sein, wenn Paul Dessau nun einen römischen Text zur Oper formte: seinerseits in Antithese zu den Griechenopern von Hofmannsthal und Strauss: der Elektra, Ariadne, der Ägyptischen Helena, schließlich noch, nach einem Libretto aus Hofmannsthals Nachlaß, der Oper »Die Liebe der Danae«. Ein einziges Griechenthema hat Brecht zur Bearbeitung gereizt, neben den vielen römischen Motiven: die »Antigone«. Allein in ihrer schroffen Antithetik von Staatsräson und individueller Gewissensentscheidung verstand er sie vielleicht als die »römische« unter den griechischen Tragödien.

Die römischen Themen im Werk Bertolt Brechts behandeln entweder die sagenhaften Anfänge der Urbs oder spielen in der Caesarzeit. Schaut man genau hin, so waren Livius und Plutarch seine wichtigsten Quellen und Themenlieferanten. Livius für »Die Horatier und die Kuratier« und die Bearbeitung des Shakespeareschen »Coriolan«; Plutarch gleichfalls für den »Coriolan« und für »Das Verhör des Lukullus«. Für den Roman »Die Geschäfte des Herrn Julius Caesar« bediente sich Brecht natürlich der gesamten einschlägigen Caesarliteratur.

Affinität zu den Römern und ihrer Literatur. Abwendung von der griechischen Tradition in der deutschen Geistesentwicklung. Dennoch muß auffallen, daß Brecht seine wichtigsten Römerthemen in den ersten Jahren des Exils, zwischen 1934 und 1939, abzuhandeln sucht.

Das Schulstück »Die Horatier und die Kuratier« von

1934 rundet den Kreis der Lehrstücke. Die Darstellenden sollen daraus lernen: als Schüler. Der Vorwurf ist dem Titus Livius entnommen. Drei Horatier und drei Kuratier kämpfen um den Sieg zwischen Rom und Albalonga. Zwei Horatier fallen, zwei Kuratier werden bloß verwundet. Die Tat des dritten Horatiers beschreibt Livius: »Zum Glück hatte er noch keine Wunde, und so wie er allein dreien zugleich nicht gewachsen war, so war er jedem einzelnen überlegen. Um den Kampf mit ihnen zu teilen, ergriff er die Flucht, in der Erwartung, daß sie ihn so verfolgen würden, wie es jedem seine schwächende Wunde gestatten werde. Er trennt somit die Gegner voneinander, wendet sich dann um und tötet sie einzeln, zuerst den Stärksten, dann die beiden Geschwächten.« Bei Brecht wird daraus ein Lob des Denkens und des Lernens. Denken ist wichtiger als materielle Übermacht. Vorübergehende Siege sollten nicht zu voreiligem Jubel verleiten. Auf den Endsieg kommt es an. Auch Niederlagen können in Siege verwandelt werden. Das sagenhafte Geschehen aus den Anfängen Roms soll helfen, die Kräfte und Gegenkräfte zu Beginn des Dritten Reiches richtig einzuschätzen. Es ist nicht zu leugnen, daß dies Lehrstück vom Jahre 1934 eine richtige Prognose für das Schicksal der damaligen »Kuratier« gestellt hat.

Das Romanfragment von Herrn Caesars Geschäften, das Hörspiel von Prozeß und Verurteilung des Feldherrn Lukullus und die nach der Rückkehr in den Jahren 1952/53 gleichsam nachgelieferte Bearbeitung des »Coriolan« gehören innerlich zusammen. Es sind drei Werke der plebejischen Tradition.

Caesar oder der Held und seine Geschäfte. Lukullus (Brecht läßt ihn sogar »in der verachteten Sprache der Vorstädte« als Lakallas anrufen, also mit amerikanischer Aussprache des Namens!) oder die Verdienste eines Generals in den Augen seiner Untergebenen, der Besiegten, der ar-

men Leute. Coriolanus oder der scheinbar unersetzbare
Spezialist, der zu spät erkennen muß, daß das Volk ihn
entbehren und ersetzen kann.

In Brechts Werk stößt man immer wieder auf eine Betrachtungsweise geschichtlicher und gesellschaftlicher Vorgänge, die vielleicht am besten mit dem Ausdruck »plebejische Tradition« bezeichnet wird. Gemeint sind nicht die
römischen Plebejer, wenngleich sie, wie gerade auch der
Lukullus beweist, nicht bloß von Brecht als Prototyp der
unterdrückten Klasse betrachtet zu werden pflegen. Plebejische Tradition ist gemeint als Überlieferung, die durch die
Jahrhunderte weitergegeben wird von den Unterdrückten
an die Unterdrückten. Nur ihr Geschichtsbild hat für
Brecht Gültigkeit. Diese plebejische Tradition ist identisch
mit seinem Verhältnis zur Literatur und zur gesellschaftlichen Überlieferung.

Allerdings bietet der Umkreis des Werkes von Brecht immer neue Abwandlungen. Konsequent durchgeführt aber
ist jedesmal der Standpunkt der »Unterseite«. Daß er hierin seine Aufgabe sah, überhaupt die Aufgabe des Schriftstellers, hat Brecht in Gedichten, gerade aus der Zeit des
Exils, immer wieder bekannt. Die Fragen eines lesenden
Arbeiters aus dem Jahre 1936 geben einen Aufriß der Weltgeschichte aus der Perspektive eben des lesenden Arbeiters, des gemeinen Mannes. Neben der heldischen Chronik
der Siege und Reiche der Könige steht der geschäftliche
Teil mit den Opfern, Toten, Unkosten und Spesen.

> Jede Seite ein Sieg.
> Wer kochte den Siegesschmaus?
> Alle zehn Jahre ein großer Mann.
> Wer bezahlte die Spesen?

Die Fragen des lesenden Arbeiters müssen, nach Brecht,
gleichzeitig auch Fragen des denkenden Schriftstellers sein.
Sind sie es nicht, so betrügt er. Und die Nachwelt wird es

ihn durch ihr Urteil entgelten lassen. Programmatisch spricht (aus dem Jahre 1939) das Gedicht: »Wie künftige Zeiten unsere Schriftsteller beurteilen werden«:

> Aber in jener Zeit gepriesen werden
> Die auf dem nackten Boden saßen, zu schreiben,
> Die unter den Niedrigen saßen,
> Die bei den Kämpfern saßen.

Es steht aber so, daß plebejische Logik und Tradition sich mit den Thesen und Ausdrucksformen der gesellschaftlichen Oberschicht niemals zu Harmonie und Einklang zusammenfinden können. Brecht ist Marxist und weiß, daß alle bisherigen Gesellschaftsformen den Charakter von Klassenkämpfen besaßen. Es gibt also für die Betrachtungsweise, und damit für den Schriftsteller, nur das Entweder-Oder. Das mochte noch zweifelhaft sein in Zeiten, da diese Gesellschaftserkenntnis durch weitgespannte Bogen idealistischer Konstruktion überdeckt war. Heute sei, so verstand es Brecht, ohne Betrug oder Selbstbetrug die falsche Harmonisierung nicht mehr aufrechtzuerhalten. Gesellschaftszustände in den Schilderungen Brechts sind daher nicht harmonisch – und schon gar nicht vorgetragen im hohen und gewählten Ton. Sie schildern gespaltene Gesellschaft als eine gespaltene, gesehen mit dem Blickwinkel derer, die im Dunkel leben. Das bedeutet aber keine Idealisierung des Plebejers. Wie sollte er von Haus aus hochherziger sein als seine Oberen? Die »heilige Johanna der Schlachthöfe« lehnt alles Moralisieren ab über Feigheit und Gemeinheit der Armen. Wenn Victor Hugo von den »Elenden« sprach, hatte dieses Wort den Doppelsinn materiellen und moralischen Elends, Brechts Johanna erklärt:

> Nicht der Armen Schlechtigkeit
> Hast du mir gezeigt, sondern
> Der Armen Armut.

In einer Welt des Hasses und gesellschaftlichen Kampfes kann sich der Arme die Liebe und Hilfsbereitschaft offenbar nicht leisten. So war es wenigstens in Geltung in jenen früheren Zeiten, wo die Erkenntnis fehlte, wie die Dinge zu ändern wären. Da bleibt nichts als die Schilderung der Welt im Dunkel mit ihrer eigenen Logik – und die Schilderung der Welt im Licht: betrachtet mit den Augen derer, die im Dunkeln sitzen. Der Richter Azdak in Brechts »Kaukasischem Kreidekreis« weiß genau, daß er im Sinne formaler Rechtlichkeit das Gesetz beugt, wenn seine Richtersprüche bewußt und parteiisch den Armen helfen. Aber er weiß gleichzeitig, daß auch das formale Recht parteiisch war, indem es Gesetzgebung der Herrschenden blieb: mit der formalen Struktur allgemeiner überklassenmäßiger Gültigkeit, die es weder besaß noch besitzen konnte. Dies über Brechts Motiv der plebejischen Tradition, soweit sie den Inhalt des Geschehens betrifft.

Nach diesen Grundprinzipien nämlich ist das Hörspiel über die Befragung des verstorbenen Feldherrn Lukullus im Totenreich und durch die »fahle Stimme« der Totenrichter aufgebaut. Den Vordergrund bildet zunächst die Geschichtstradition der Herrschenden, zu welchen sich Lukullus durchaus rechnen durfte. Das offizielle Geschichtsbild: Trauerzug, großes Gepränge, die plärrenden Kinder, die das Geschichtsbild der Herrschenden von eifrigen Lehrern in der Schule eingepaukt bekommen. Doch es gibt auch bereits die Gegenwelt der Soldaten, derjenigen nämlich, die trotz der siegreichen Feldzüge des gloriosen Feldherrn überleben durften. Wie wenig ihr Urteil über den Toten mit dem offiziellen »Leitbild« übereinstimmt, zeigt der fünfte Abschnitt als Chor der Soldaten.

Dann aber beginnt der Empfang im Totenreich. Die berichtende fahle Stimme des Türhüters erzählt, wie sich Lukullus unter den Schatten aufführt. Genauso wie in der Oberwelt. Freilich sind in Bertolt Brechts plebejischem

Schattenreich die Verhältnisse umgekehrt. Es ist keine christliche Welt, worin die Gleichheit nach dem Tode wiederhergestellt wurde. Auch im Totenreich gibt es eine Hierarchie. Allerdings genau umgekehrt zu den Verhältnissen in der Oberwelt. Die Richter der neuen herrschenden Klasse sind jetzt plebejische Richter: ein Bauer, ein Bäcker, ein Lehrer, ein Fischweib, übrigens auch eine Kurtisane. Brecht bleibt auch im Lukullus-Hörspiel, genauso wie im Falle des guten Menschen von Sezuan, der Kurtisane Shen Te, seinem Leitmotiv treu.

Vor Richtern solcher Art muß der tote Feldherr in Verwirrung geraten. Lukullus hat das Warten nicht gelernt.

Paul Dessau hat die Partie des Lukullus für einen feisten Heldentenor geschrieben. Der kräht seine Arie:

> Was, bei Jupiter
> Soll das bedeuten? Ich stehe und warte hier!
> Noch schallt die größte Stadt der Erdkugel wider
> Von der Trauer um mich, und hier
> Ist niemand, der mich empfängt!
> Vor meinem Kriegszelt
> Haben sieben Könige auf mich gewartet!
> Ist hier keine Ordnung?
> Wo steckt zumindest mein Koch Lasus?
> Ein Mann, der aus Luft und Luft
> Immer noch ein kleines Speislein bäckt!
> Hätte man, zum Beispiel, ihn mir entgegen
> Geschickt, da er auch ja hier unten weilt
> Fühlt ich mich heimischer. – O Lasus!
> Dein Lammfleisch mit Lorbeer und Dill!
> Kappadozisches Wildbret! Ihr Hummern vom Pontus!
> Und ihr phrygischen Kuchen mit den bitteren Beeren!
> *Stille*
> Ich befehle, daß man mich von hier geleitet.
> *Stille*
> Soll ich hier bei diesem Volk stehn?
> Stille

Ich beschwere mich. Zweihundert Schiffe
Eisengepanzert, fünf Legionen
Stießen vor auf meines kleinen Fingers Wink.
Ich beschwere mich.
   Stille

Die fahle Stimme
Keine Antwort, aber auf der Bank der Wartenden
Sagt eine alte Frau:

Stimme einer wartenden alten Frau
Setz dich nieder, Neuer.
Das viele Metall, das du schleppst, der schwere Helm
Und das Brustschild müssen dich doch müde machen.
Also setz dich.
   Lukullus schweigt.
Sei nicht trotzig. So lang, als du hier warten mußt
Kannst du nicht stehn. Vor dir bin ich noch dran.

Die alte Frau wird dann sogleich ins Schattenreich aufge-
nommen. Den Richtern genügte ein Blick. Ihre Armut galt
hier schlechthin als Wert. Genauso hat später bei Brecht
der plebejische Richter Azdak im »Kaukasischen Kreidekreis« seine Fälle entschieden: nach dem Recht der Unterdrückten.

Lukullus erfährt, als er aufgerufen wird, diesen Kontrast
zwischen Oberwelt und Totenreich. Die schöne lateinische
Sprache wird hier als verachtete Sprache der Vorstädte gesprochen, Brecht scheint auch dies als plebejischen Vorzug
zu empfinden. Die großen Feldherrn der Antike können
nicht für ihn zeugen. Alexander der Große ist im Totenreich unbekannt. Nicht die großen Taten zählen, sondern
die gesellschaftlich nützlichen Leistungen.

Mit denen aber steht es im Falle des Lukullus schlecht.
Eingeräumt wird ihm von seinem Autor als Vorzug, daß er
gern aß und die Kochkunst bereicherte. Vor allem auch,
daß er den Kirschbaum nach Europa brachte. Allein das

kann nicht genügen. Dagegen stehen die riesenhaften Spesen jener glorreichen Taten, die vom Volk bezahlt werden mußten. Der Spruch der Totenrichter, erlassen nach den Normen der plebejischen Tradition, kann von Anfang an nicht zweifelhaft sein. Ins Nichts: mit dem berühmten Mann der herrschenden Klasse. Die Totenrichter sind für Brecht die Inkarnation der wirklichen Nachwelt. So verkündet es am Schluß der Sprecher des Totengerichts:

> Und vom hohen Gestühle erheben sich
> Die Fürsprecher der Nachwelt
> Der mit den vielen Händen, zu nehmen
> Der mit den vielen Mündern, zu essen
> Der eifrig sammelnden
> Gern lebenden Nachwelt.

Ein Lehrstück der plebejischen Tradition. Es war gedacht als ein Warnstück für die deutschen Landsleute des Verfassers in jenen Jahren vor dem Zweiten Weltkrieg. Gezeigt werden sollte die geschäftliche Realität jener Heldentaten, von der damals die Propaganda des Dritten Reiches so eifrig – und durchaus unplebejisch – zu rühmen wußte. Der Stückeschreiber Brecht wollte andeuten und als Moral des Hörspiels verstanden wissen: daß die berühmten Toten in der Nachwelt nicht wegen ihrer heroischen Leistungen gerühmt würden, sondern dann nur, wenn sie zugleich Nützliches bewirkt hatten für den menschlichen Fortschritt. Sonst blieben ihre Namen im Totenreich so unbekannt wie jene des großen Alexander und des Lukullus.

Die Rechnung ging glatt auf im Hörspiel von Brecht. Aber nur im Hörspiel.

Man darf fragen, was einen Musiker veranlassen mochte, dies Hörspiel zu komponieren. Paul Dessau ist verhältnismäßig spät in Brechts Leben getreten. Beim Rückblick wird Musik zu Brecht im allgemeinen Bewußtsein mit den Namen Kurt Weill und Hanns Eisler identifiziert. Weill: das bedeutet »Dreigroschenoper«, »Aufstieg und Fall der

Stadt Mahagonny«, »Happy End«. Eisler komponierte die berühmte Musik zu »Mutter«, viele Brechtgedichte, später an Brechts »Berliner Ensemble« die Musik zum »Galilei«. Nachdem eine kurze Episode der Zusammenarbeit zwischen Brecht und Hindemith um 1927 mit tiefen ästhetischen Divergenzen geendet hatte, fand Brecht in Kurt Weill, dem Schüler von Franz Schreker, den Musikanten, der genau den Ton damaliger Brechtsongs zu finden wußte, und mit ihnen seinen eigenen. Noch heute ist es für den Vortrag der Songs von Brecht nahezu ein Hindernis, hinter den wohlbekannten Gesten und Intonationen der Dreigroschenmusik zu einer neuen, heutigen Interpretation vorzudringen.

Brechts Arbeitsjournal aus dem amerikanischen Exil verrät, wie sehr Kurt Weill unter der Abkehr seines einstigen Librettisten gelitten hat. Auch hier gab es, neben den politischen, vor allem ästhetische Gegensätze. Kurt Weill blieb ein kulinarischer Musiker. Brechts »Anmerkungen zur Oper Mahagonny« betonen geradezu demonstrativ, daß die gemeinsamen Arbeiten von Brecht und Weill keineswegs episches, sondern herkömmlich rauschhaftes Theater sein wollten: freilich mit einer spielverderberischen Hinterabsicht.

Der Schönbergschüler Hanns Eisler hingegen war ein dialektischer Musiker, ein Mann für das epische Musiktheater im Sinne von Brecht. Das Arbeitsjournal verzeichnet die enge geistige und künstlerische Gemeinschaft von Brecht und Eisler in jenen Tagen des Exils, während des Krieges und in Los Angeles. Eine Eintragung im Arbeitsjournal vom 15. April 1942 hält Brechts Auffassung von der ihm gemäßen Musik sehr ergötzlich fest. Brecht war in Los Angeles zu Besuch bei Theodor W. Adorno, wo er Platten mit Musik von Eisler hörte: dessen Komposition der verschiedenen Versuche, den Regen zu beschreiben. Brecht notiert sich: »Sie ist sehr schön, hat etwas von chinesischer Tuschzeichnung. Während die Platten gespielt werden, denke ich: die europäische Musik wird sich entwickelt haben in großartigen Werken durch drei Jahrhunderte, und eines Tages werden die Chinesen sagen: jetzt ist es Musik.«

Dann fährt er jedoch folgendermaßen fort, halb ernst und halb lustig: »Danach kann ich es mir nicht versagen, sie zu schockieren mit einem Angriff auf Schönberg. Eines der wichtigsten Werkzeuge für die Beurteilung der Musik ist das Fieberthermometer. Die normale Körpertemperatur beträgt ungefähr 37 Grad. Bei leidenschaftlicher, hitziger oder auch nur intensiver Musik muß man nachprüfen, ob diese Temperatur noch intakt ist. Bei Bach ist sie es auch in den passioniertesten Werken.«

Diese These wird den Schönbergschülern Eisler und Adorno nicht sehr gefallen haben, was auch ihr Sinn zu sein hatte. Es ist eine Abwandlung Brechts beim Ausdenken von Tricks, wie man dem Theaterbesucher die totale Hingabe an das Vorgeführte erschweren könnte: mit Hilfe von Zigarrenrauchen, von Schaukelstühlen, von Unterbrechung der Illusionen. Theatermusik für Brecht, der ein ausgezeichneter Musiker war, mußte darüber wachen, daß keinerlei Übertemperatur zustandekam.

Dafür nun konnte Paul Dessau garantieren. Der gebürtige Hamburger war ein handwerklich vorzüglich durchgebildeter Musiker. Als Gymnasiast bereits erlebte ich ihn an der Kölner Oper, wo er unter Otto Klemperer wirkte. Viel später haben wir uns gemeinsam darüber amüsiert, daß der junge Dessau so schön die »Madame Butterfly« dirigieren konnte. Im Arbeitsjournal von Brecht taucht Dessau im Juli 1944 auf, als er zu Besuch nach Kalifornien kommt und mit Brecht eine Komposition bespricht, die unter dem Titel »Deutsches Miserere« in Oratorienform Gedichte von Brecht für Chor und Orchester vertonen will. Im Gegensatz zu seinem Verhalten gegenüber Eisler ist Brecht gegenüber Dessau fast herrisch. »Dessau macht gute Fortschritte mit dem Deutschen Miserere. Für die Instrumentierung schlug ich ihm vor, den ›einheitlichen Klangkörper‹ zu liquidieren und für die einzelnen Stücke eigene Instrumentengruppen zu bilden, auch die Chöre zu individualisieren (zum Beispiel mehrere Bässe gegeneinander zu führen, da ja die Stimmen große Unterschiede aufweisen). Überhaupt dürfte das Orchester nicht nur den Text servieren, d. h. seinen emotionellen Gehalt dem Publikum ›verkaufen‹.«

Dessau freundete sich damals mit Elisabeth Hauptmann, der engsten literarischen Mitarbeiterin Brechts an; sie heirateten und kehrten gemeinsam mit Brecht aus Amerika nach Europa zurück: zuerst nach Zürich, wo die Uraufführung des »Puntila« stattfand, mit Dessaus Musik, dann gegen Jahresende 1948 nach Ost-Berlin. Das »Berliner Ensemble« wurde gegründet, mit Eisler als Berater und mit Dessau als dem Hauskomponisten. Um jene Zeit beschloß Dessau, das einstige Hörspiel vom »Verhör des Lukullus« als abendfüllende Oper zu vertonen. Um die Aufführung entstand bereits während der Proben am Jahresbeginn 1951 heftiger ideologischer Streit zwischen den Parteiinstanzen, die sich nach den ästhetischen Richtlinien der damaligen Stalinära zu orientieren hatten, und den Verfassern der neuen Oper. Ein allgemeines Verbot war beabsichtigt, aber man fürchtete den Eklat in der westlichen Welt. Immerhin ging es um Brecht und Dessau; Caspar Neher hatte herrliche Kostüme entworfen; Hermann Scherchen studierte das Orchester ein. Dessau wollte eine Vertagung befürworten. Brecht lehnte ab. Das Journal verzeichnet unter dem 15. Januar 1951 eine Beratung. Man lebte damals im kalten Krieg. Die amerikanische Politik erstrebte offensichtlich ein »Aufrollen« der DDR von innen wie von außen. Es ist noch mehr als zwei Jahre bis zum 17. Juni 1953.

Brecht möchte jetzt den Lukullus auf der Bühne sehen.

Nunmehr endlich kann das Werk vielleicht jene Wirkung entfalten, die ihm damals, in Dänemark und in den dreißiger Jahren, versagt blieb. Das Journal notiert: »Der Stoff ist eben jetzt wichtig, wo die amerikanischen Drohungen so hysterisch sind ... Schließlich ist Dessau wie ich davon überzeugt, daß die Form der Oper die Form ihres Inhalts ist. Außerdem muß man die Kritik nie fürchten; man wird ihr begegnen oder sie verwerten, das ist alles ... Die Lähmung, welche der Kontakt mit den neuen Schichten von Hörern bei den Musikern ausgelöst hat, muß überwunden werden. Man muß sich engagieren, und man wird sehen.«

Und man sah. Ich bin dabeigewesen bei jener einmaligen Probeaufführung am 17. März 1951, an einem Sonntagmorgen. Falls die kulturpolitischen Gegner von Brecht und Dessau mit einem Protest des Publikums gerechnet hatten, so sahen sie sich betrogen. Es wurde ein ungeheurer Erfolg einer sehr guten Aufführung.

Von den angeblich erzwungenen Retuschierungen nach jener Probeaufführung ist in der Presse viel Wesens gemacht worden. Ganz ohne Grund. Man änderte den Titel um: Verurteilung statt Verhör des Lukullus. So wurde das Schlußverdikt unterstrichen. Einwände betrafen eine angeblich zu abstrakte pazifistische Passage, die alle Kriege ablehnte, auch die sogenannten gerechten Volkskriege. Brecht schrieb ein paar Zeilen neu, die Dessau vertonte. Das war alles. Unter Chruschtschow und nach Stalins Tod konnte der »Lukullus« nunmehr ins Repertoire einziehen: zuerst in der DDR, dann auch in der Bundesrepublik.

Fast vierzig Jahre seit dem ersten Entwurf eines Textes, der den Krieg meinte und den Übermut der hohen Militärs. Fast ein Vierteljahrhundert seit jenen Debatten über die Oper von Brecht und Dessau. Merkwürdig: so manches Werk des späten Brecht ist seinerseits kulinarisch geworden: es wird konsumiert, bloß ästhetisch bewertet, emotional verkauft, um Brechts Tagebuchnotiz zu zitieren.

Dem »Lukullus« ist das jedoch nicht widerfahren. Er ist herb, unfreundlich, verstörend geblieben. Vielleicht weil er aktuell blieb.

Die Oper als Endspiel:
»Moses und Aron« von Arnold Schönberg

In einem Lexikon-Artikel über Arnold Schönberg, geschrieben für die »Encyclopédie de la Musique« im Jahre
1961, hat *Pierre Boulez* eine sehr viel vorsichtigere und
freundlichere Würdigung vorgenommen als in der einstigen Sturm- und Drangzeit des Jahres 1951, wo die Überschrift des berühmt gewordenen Darmstädter Vortrages
monumental dekretierte: »Schönberg est mort.« In jenem
provokatorischen Text, der im Rahmen der Darmstädter
Ferienkurse für Neue Musik gehalten worden war, ging es
dem jungen Boulez um zweierlei: um die Herausarbeitung
einer scheinbaren Unvereinbarkeit der Schönbergschen
Reihentechnik mit dem gleichzeitig von Schönberg beibe-
haltenen Kompositionsprinzip auf thematischer Grundlage; zum anderen um die Erhöhung des Anton von Webern
über seinen Lehrer und Meister Arnold Schönberg. Es war
grimmige Ironie, wenn Boulez damals in Darmstadt seine
Verwerfung des Musikers Schönberg ausgerechnet mit einem spöttischen Hinweis auf die Thematik der Oper »Moses und Aron« zu krönen gedachte. Da heißt es: »Hüten
wir uns, Schönberg als eine Art Moses anzusehen, der im
Angesicht des Gelobten Landes stirbt, nachdem er die Gesetzestafeln von seinem Berg Sinai heruntergebracht hat,
den einige Leute um ihr Leben gern mit Walhall verwech-
seln möchten. (Inzwischen ist der Tanz um das Goldene
Kalb in vollem Gange.)«[1] Einzig der »Pierrot Lunaire«
scheint Gnade zu finden. Er wird bei der Verdammung
ausgeschlossen.

Zehn Jahre später werden zwar die wesentlichen Einwände von 1951 beibehalten. Boulez spricht immer noch von

einer »Spaltung . . . zwischen der eigentlichen Technik und einem Zwang zum Akademischen . . .«, doch schließt er den Lexikon-Artikel gleichsam mit einem satten Dur-Akkord: »Dennoch haben wenige Männer mit solcher Kraft auf die Geschichte der Musik eingewirkt wie er: er ist eine jener ragenden Gestalten in der Musik des 20. Jahrhunderts, die der zeitgenössischen Sprache ihre gegenwärtigen Konturen verliehen.«[2]

Bloß die unvollendete Oper »Moses und Aron«, der damals bereits in Darmstadt ein metaphorisch verkleideter Spott zuteil wurde, bleibt nach wie vor von Boulez verworfen: »Bedauerlicherweise steht auch hier der literarische Wert des Librettos beträchtlich unter der musikalischen Qualität der Partitur: Schönberg hatte den Text selbst verfaßt, er zeigt einen ziemlich naiven Gegensatz zwischen Materialismus, dargestellt in Aron, und Idealismus, verkörpert in Moses. Der geglückteste Aspekt des Werkes scheint die gleichzeitige Verwendung von Sprech- und Gesangspartien, sowohl bei den Solisten wie bei den Chören zu sein . . .« Auch die Musik übrigens, wenngleich ihr eine höhere Qualität zugesprochen wird als dem Libretto, scheint dem Komponisten Boulez fremd zu bleiben: »Was die stilistischen Eigenschaften der Musik angeht, bieten sie keine zusätzlich neuen Erfahrungen über Schönbergs neoklassizistische Entwicklung.«[3]

Auffallend ist an diesem Text einer Verwerfung zunächst die fast als Axiom zu verstehende Behauptung, daß »auch hier«, nämlich beim Libretto von »Moses und Aron«, der literarische Wert beträchtlich tiefer anzusetzen sei als der musikalische. Womit angedeutet werden soll, daß Schönberg wieder einmal unrecht hatte, wie bei dem Monodram »Erwartung«, opus 17, bei der »Glücklichen Hand«, einem Drama mit Musik, opus 18, oder bei dem unvollendeten Oratorium »Die Jakobsleiter«, als sein eigener Textverfasser zu fungieren. In der Tat sind Schönbergs Dichtungen für Musik immer wieder als expressionistische Epigonik denunziert worden. Man glaubte, bisweilen nicht mit Unrecht, hinter den Wortballungen eine geheime Sprachlosigkeit zu entdecken. Pierre Boulez war offenbar nicht gewillt, zwischen den verschiedenen Schönberg-Texten genauer zu differenzieren. Es sei offensichtlich, wie ein »auch hier« erkennen macht, dasselbe Urteil zu fällen über den Text zur »Glücklichen Hand« von 1913 und jenen für den »Moses und Aron«, der zwischen 1930 und 1932 anzusetzen ist.

Allein es muß gegen ein solches Pauschalurteil eingewandt werden, daß Schönberg in »Moses und Aron« das *Thema der Sprachlosigkeit selbst* zum Gegenstand einer dramatischen Handlung machen will. Die literarische Qualität seines Librettos gründet sich just darauf, daß die sprachliche Ohnmacht des Moses mit der Wortmächtigkeit seines Bruders Aron konfrontiert wird. In doppelter Weise sogar: durch die abweichende Diktion der beiden Brüder, die folglich einen Dialog gar nicht zuläßt, sondern als windschiefes Gespräch verläuft; andererseits durch den erstaunlichen Einfall des Tonsetzers Schönberg, für die Rolle des Moses die Prinzipien des Sprechgesangs aus dem »Pierrot Lunaire« auf neuer Ebene weiterzuführen. Der Sprechrhythmus wird genau festgelegt, nicht aber der Verlauf der Tonhöhen, mit Ausnahme der Betonungshöhen. Daraus entsteht übrigens eine Schwierigkeit für den Sänger des Moses. Der nicht fixierte Ablauf der Tonhöhen läßt dem Sänger und Darsteller eine gefährliche Freiheit, die es erlaubt, die Gestalt des Moses, je nach dem Konzept, positiv oder negativ zu interpretieren.

Aron hingegen ist eine sorgfältig notierte Tenorpartie, bei welcher der Wechsel zwischen Aufrichtigkeit und Demagogie, Ergriffenheit und Rhetorik genau fixiert wurde. Erst wenn dieses Grundkonzept des Librettos, als eines dramatischen Textes über den Konflikt zwischen Sprachlosigkeit und Rhetorik, ernstgenommen wird, läßt sich ein Urteil fällen über die literarische Qualität des Textes zu »Moses und Aron«.

Dem Einwand des Franzosen gegen das angebliche Mißverhältnis zwischen der literarischen und musikalischen Qualität von Schönbergs Oper gesellt sich bei Boulez ein weiteres Argument: es handle sich bei diesem Opernfragment um den »ziemlich naiven Gegensatz« zwischen dem Idealisten Moses und dem Materialisten Aron. Allein Moses ist bei Schönberg kein Idealist, und Aron fast noch weniger ein Vertreter des »Materialismus«, was immer man hier darunter verstehen könnte. Einem jeden Denken des Idealismus nämlich bleibt es eigentümlich, daß es der untrennbaren Verknüpfung mit dem Wort verhaftet bleibt. Hier findet sich erst bei Ludwig Wittgenstein die Absage. Bei Wittgenstein – und bei seinem österreichisch-jüdischen Landsmann Arnold Schönberg. Der Moses in Schönbergs Oper mißtraut der Symbiose von reinem Gedanken und reinem Wort. Das idealistische Etikett verfehlt mithin die eigentliche Auseinandersetzung, die Schönberg als Textdichter und Tonsetzer zugleich führen möchte. Andererseits unterscheidet sich Aron von jeglichem Materialismus gerade dadurch, daß er, als ein treuer Bruder und redlicher Gefolgsmann des bewunderten Moses, den Primat des Gedankens niemals verrät. Er sucht ihn, im Gegenteil, vielleicht als ein Pragmatiker, doch keinesfalls als ein Materialist, so gut wie möglich zu verwirklichen. Was freilich auch heißen muß: so unrein wie nötig.

Mit Hilfe der Ismen läßt sich also Schönbergs Konzept und Libretto nicht ausloten. Es zeigt sich vor allem daran, daß es schwerfällt, vor dieser Oper irgendeine »Einfühlung« des Betrachters zu versuchen. Sei es als Identifikation mit Moses unter Verwerfung des Aron, sei es umgekehrt als Absage an die Wortlosigkeit des Propheten vom Sinai, unter freundlicher Zustimmung zur Realpolitik des Hohepriesters Aron.

Weil dem so ist, lassen sich, gerade bei ausgezeichneten Sachkennern, die widerstreitendsten Urteile aufzeigen über die Rolle und Funktion des Propheten Moses. *H. H. Stuckenschmidt* nimmt in seinem umfangreichen Buch über Schönberg, gleichsam in mitgehender Interpretation, durchaus Partei für Moses und gegen Aron: »Moses, der Träger des Wortes, hat die Gesetzestafel in der Hand. Er muß erkennen, daß Aron, dessen Mund die Gedanken verkündet, sie verdirbt, indem er sie sichtbar macht. Auch die Feuersäule und die Wolkensäule erklärt Moses als Götzenbilder, die von der reinen, unvorstellbaren Gestalt Gottes ablenken. Er hat die Gesetzestafel zertrümmert, nun erscheint ihm, was er gedacht, als Wahn. Mit dem Satz: ›O Wort, du Wort, das mir fehlt‹, sinkt er verzweifelnd zu Boden.«[4]

Die Gegenthese wird durch *Michael Gielen* vertreten, dem man die vorzügliche Schallplatten-Aufführung von »Moses und Aron« mit dem Chor und Sinfonieorchester des Österreichischen Rundfunks zu danken hat. Im Beiheft zu dieser Aufnahme findet sich der Wortlaut eines Interviews zwischen Michael Gielen und Jonathan Ellis. Darin äußert sich Gielen ganz unverhohlen als Gegner des Moses und als Parteigänger des Hohepriesters.

»Ich bin überzeugt, daß Moses' Politik falsch ist. Doch der Gegensatz zwischen Moses und Aron ist fingiert. Sie sind zwei Seiten derselben Münze. Was taugt der Gedanke, wenn er nicht verwirklicht wird? Was nützt eine Revolution, die nur in Büchern stattfindet? Aron wählt den Weg des Demagogen. Damit bringt er das Volk in Bewegung und orientiert es dorthin, wo er es haben will. Es hätte Moses nicht gestört, wenn all diese Menschen in der Wüste gestorben wären, sofern sie nur seinen Gedanken verbunden geblieben wären. Und nur er sah Gott, sonst niemand. Die anderen mußten glauben, er war der ›Führer‹. Deshalb stehen meine Sympathien hundertprozentig auf der Seite Arons.«[5]

In der Tat ist Arnold Schönberg von eindeutiger Parteinahme für den Propheten und gegen den Hohepriester weit entfernt. Daraus ergibt sich freilich für die musikalisch-szenische Interpretation eine große Schwierigkeit. Man kann »Moses und Aron« sowohl als Billigung der Handlungen des Moses inszenieren, wie als Zustimmung zu den verzweifelten und insgeheim von ihm selbst abgelehnten Bemühungen des Aron, die reine Lehre Gottes und seines Propheten im Auserwählten Volk zu verwurzeln. Die Berliner Aufführung unter Hermann Scherchens Leitung mit dem würdevoll-ergriffenen Moses Josef Greindls und dem schönsingenden und als eitel interpretierten Aron, den der Tenor Helmut Melchert darstellte, hatte sich gegen Aron entschieden und für Moses. Michael Gielen gelingt es, entsprechend seinem Konzept, Zweifel zu wecken an der Reinheit, Bescheidenheit und gewollten Machtlosigkeit des Moses.[6] Bereits durch die erste Auseinandersetzung zwischen den Brüdern in der zweiten Szene mit der Überschrift: »Moses begegnet Aron in der Wüste« wird der Konflikt exponiert. Die Stimme aus dem Dornbusch hatte dem Moses verkündet:

Aron will ich erleuchten, er soll dein Mund sein!
Aus ihm soll deine Stimme sprechen, wie aus mir die meine!

Als ihm nun Aron in der Wüste begegnet, muß sich Moses folglich im Einklang fühlen zugleich mit dem Bruder und mit Gott. Dennoch beginnt hier bereits der Zwiespalt zwischen den durchaus abweichenden Auffassungen der Brüder von der ihnen zugefallenen Aufgabe. »Schwungvoll«, wie die Partitur an dieser Stelle fordert, und arios übernimmt Aron seine Aufgabe, dem von Gott auserwählten Volk Israel diese säkulare Verheißung zu verkünden. Im langsamen Recitativ wiederholt er dann die Botschaft aus dem Dornbusch, wonach sich das Auserwählte Volk kein Bildnis machen könne *und dürfe* von Gott:

»Unsichtbar! Unvorstellbar! Volk, auserwählt dem Einzigen, kannst du lieben, was du dir nicht vorstellen darfst?«[7] Hier bereits hat Aron, aus der ariosen Verzückung durch jähe Erkenntnis vertrieben und ans meditative Recitativ verwiesen, den unlösbaren Zwiespalt geahnt zwischen dem unvorstellbaren Gott und der geforderten Notwendigkeit, das Gestaltlose, Unvorstellbare zu verehren, gar zu lieben.

Die Replik des Moses ist schneidend. Der Rhythmus hat gewechselt bei Schönberg. »Sehr langsam«, doch stark, antwortet Moses der Frage Arons: »Kannst du lieben, was du dir nicht vorstellen darfst?« Moses wiederholt, offenbar zornig oder spöttisch: »Darfst.« Die Notierung des Sprechgesangs verlangt den Sprung einer übermäßigen Septime. Die Posaunen begleiten die erbitterte Frage des Moses mit eben diesem Intervall.[8] Dann wiederholt Moses, durchaus nicht arios, sondern monoton auf der stets selben Note eines tiefen E, die in seinen Augen reine und fraglos anzunehmenden Lehre: »Unvorstellbar, weil unsichtbar, weil unüberblickbar, weil unendlich, weil ewig, weil allgegenwärtig, weil allmächtig.« Einmal erhebt sich nur die Stimme, um sogleich wieder zur Monotonie zurückzukehren: »Nur einer ist allmächtig.« In Michael Gielens musikalischer Ausdeutung der Szene wird die höhnische Replik des Moses im Wort »Darfst?« als unguter Hohn, als herrscherliche Anmaßung vorgetragen. Um die Reinheit der Lehre scheint es schlecht zu stehen bei ihrem von Gott berufenen Ausdeuter.

Aron beginnt nun einen Lobgesang auf Gottes Allmacht und Allgüte. Immer wieder wird es ihm, ohne daß er sich stören läßt, von Moses verwiesen. Der Text ist tiefsinnig. Wer möchte hier von einer geringen literarischen Qualität sprechen, wenn dem biblischen Satz im Munde Arons: »Du strafst die Sünden der Väter an den Kindern und Kindeskindern!« von Moses durch Fragen die Sinnlosigkeit einer solchen Aussage vorgestellt wird: »Strafst du? Sind

wir fähig, zu verursachen, was dich zu Folgen nötigt?«
Hier ist der Konflikt zwischen Moses und Aron zum ersten Mal genau umrissen. Aron versteht die Botschaft aus dem Dornbusch als Bündnis zwischen Gott und seinem Auserwähltem Volk. Damit aber wird Gott zum Teil des Volkes, an dessen Tun und Trachten er von nun an Anteil nehmen muß, indem er die gute Tat belohnt, die Untat auf Generationen hin mit Eifer verfolgt. Dies aber ist nicht der Gott des Moses. Der ist ein verborgener Gott, ein deus absconditus, der stets verborgen bleibt: nicht vorstellbar nach menschlichen Maßstäben. Sinnlos daher das von Aron entworfene Bild einer gütigen und strafenden Gottheit. Wo wäre der Mensch, so wird man Moses verstehen müssen, dessen Tun ursächlich werden könnte für eine Maßnahme der Gottheit. »Sind wir fähig, zu verursachen, was dich zu Folgen nötigt?«

In diesem ersten der drei großen Gespräche zwischen Moses und Aron im Verlauf der Oper, von denen das letzte im wesentlichen den nicht komponierten dritten Akt ausmacht, kann es, nach Schönbergs Libretto wie auch nach seiner Partitur, keine Entscheidung geben für den Propheten oder den Hohepriester. Der Widerspruch ist aufgebrochen zwischen den Brüdern, und mit ihm sogleich auch *der Widerspruch zwischen ihnen beiden und dem göttlichen Gebot.* Die Stimme aus dem brennenden Dornbusch hatte Übereinstimmung gefordert und also wohl auch vorausgesehen. Die besteht jedoch nicht: trotz besten Willens der beiden Brüder. Freilich ist Moses erleuchtet worden in der ersten Szene, die Schönberg als »Moses' Berufung« überschrieb. Allein Gott hatte auch verheißen: »Aron will ich erleuchten, er soll dein Mund sein.« Folglich darf das Handeln und Sprechen des Aron nicht abgetan werden als das eines Nichterleuchteten. *Keiner* allein ist Herr des Geschehens und könnte dadurch den Gegenspieler und Bruder ins Unrecht setzen. Beide sind Träger einer Verheißung, die jedoch nicht Selbstzweck bedeuten darf. Sie wurden erleuchtet, um dienen zu können. Die Substanz der Oper »Moses und Aron« kann nicht gedeutet werden als autonomes Spiel und Gegenspiel zwischen den Titelgestalten. Es ging Arnold Schönberg, dem Juden und dem Künstler, um das *Schicksal des Volkes Israel*. Ihm galt die Verheißung als eine gleichzeitig weltliche und heilige. Moses und Aron aber wurden ins Volk geschickt, um dieser Verheißung zur Existenz zu verhelfen. Es ist deshalb eine Fehldeutung des Werkes, wenn man es, wie geschehen, als sonderbare Mischform versteht aus der Entgegensetzung einer sprechenden und einer singenden Stimme und einem den wichtigsten Teil der Partitur erfüllenden, fast sprengenden Chorwerk, worin sich alle Zweifel, Hoffnungen und Widersprüche des Volkes Israel ausdrücken sollen.

Das eigentliche Gegenspiel ist angelegt als Beziehung zwischen den beiden – in sich uneinigen – Brüdern und dem Volk Israel. Die Oper »Moses und Aron« handelt vom Schicksal und vom Überleben der Juden.

Die fünfte Szene des zweiten Aktes, die letzte also, die Schönberg komponierte, lenkt den Gegensatz zwischen Moses und Aron hinüber zur eigentlichen Antinomie, auf die es dem Librettisten und Komponisten ankommt: zum grundverschiedenen Verhalten gegenüber dem Volk Israel. Der Prophet, erleuchtet und beauftragt in der Szene des Brennenden Dornbusches, kennt nur sein Gesetz, seinen Gedanken. Schlimmer noch: wenn die Tafeln des Gesetzes, nämlich der Zehn Gebote, ohnmächtig erscheinen müssen vor dem Verhalten des Volkes Israel, das im Tanz um das Goldene Kalb, in der Ausschweifung und im Blutopfer, alle zehn Gebote gleichzeitig verletzt, so hat sich – für Moses – dadurch das Gesetz selbst als wirkungslos demonstriert. Die Zertrümmerung der Tafeln, jene berühmte Szene, die Michelangelo vor Augen hatte, als er den zornigen (und gehörnten) Moses bildete: im Augenblick, da er aufzuspringen scheint, um die Tafeln von sich zu schleudern, und die Sigmund Freud in seinen Meditationen über den Moses des Michelangelo zu deuten suchte, ist von Schönberg nicht als Ausbruch eines machtvollen Zornes interpretiert, sondern als ohnmächtige Wut über das Versagen des Gedankens.

Allein Moses hat den Gedanken Gottes mißverstanden. Der Gedanke war durch die Stimme aus dem Dornbusch gleichsam als Ausdruck einer »funktionalen Vernunft« verkündet worden. Die Erleuchtung, die gleichzeitig für den Propheten Moses galt wie für den wortmächtigen Aron, hatte ein Ziel:

> Dieses Volk ist auserwählt, vor allen Völkern, das Volk
> des einzigen Gottes zu sein,
> daß es ihn erkenne, und sich ihm ganz widme:
> daß es alle Prüfungen bestehe, denen in Jahrtausenden
> der Gedanke ausgesetzt ist.

Eben dies hatte Moses vergessen oder gar »verdrängt«. Nicht so der Hohepriester Aron. Es war nicht ein süßliches und verlogenes Arioso, was Aron bereits in der ersten Konfrontation mit dem Bruder zur Lobpreisung des Auserwählten Volkes drängte. Zornig gleich am Beginn durch Moses zurechtgewiesen. Als Moses dann auf dem Berg des Gesetzes verharrt und für tot gehalten wird, versucht Aron seinen Teil der Funktion zu erfüllen. Das Überleben des auserwählten Volkes setzt den Einklang voraus zwischen dem erleuchteten Hohenpriester und den vielen Unmündigen. Zwar hat die Mündigkeit im Wortsinne nichts mit dem menschlichen Mund zu tun, allein Aron macht sich – bei Schönberg – zum Mund der Unmündigen:

> Wenn Moses von dieser Höhe hinuntersteigt,
> wo ihm allein das Gesetz sich offenbart,
> soll mein Mund euch Recht und Gesetz vermitteln.
> Erwartet die Form nicht vor dem Gedanken!
> Aber gleichzeitig wird sie da sein.

So entsteht das Bild: als Goldenes Kalb. Das Kalb freilich vergeht beim Anruf des zornigen Moses: »Vergeh, du Abbild des Unvermögens, das Grenzenlose in ein Bild zu fassen!« Abermals die übermäßige Septime als Notierung (fortissimo), wenn Moses das »Vergeh« befiehlt und im chromatischen Niedertaumeln zugleich das Abbild entwesen macht wie den Gedanken, »das Grenzenlose in ein Bild zu fassen«. Auch die Notierung des Sprechtons beim Worte »Bild« wird als unaufhaltsames Absinken verstanden.

Das Prinzip Moses' scheint sich durchgesetzt zu haben. »Das Volk weicht zurück und verschwindet rasch von der Bühne.« Allein nun beginnt, als groß angelegtes Recitativ, die entscheidende Auseinandersetzung zwischen den Brüdern. Es folgt eine völlige Umkehr der Positionen und Perspektiven. Der machtvolle Moses, der mit dem Wort allein das Bild vernichten konnte und folglich allein in der Gunst des Allmächtigen zu stehen scheint, hat am Ende der Szene die Tafeln zertrümmert und kennt nur noch den letzten Ausbruch: »O Wort, du Wort, das mir fehlt!«

Der Chor zieht hinter dem Hohenpriester Aron her, hinter den Wundern der Feuersäule und der Wolkensäule. »Tempo di marcia« hat Schönberg für den 4/4-Takt angeordnet. Es gibt die Gongs, die Schellen, die große Trommel. »So rasch wie möglich und von Note zu Note beschleunigend.« Moses bleibt allein zurück. Nur die Geigen sind bei ihm geblieben als Ausdruck der einsamen Trauer. Das steigert sich auf dem tiefen A vom piano zu einem müden forte und sinkt ab ins pianissimo.

Die Umkehr innerhalb dieser letzten Szene ist vollkommen. Zuerst war Aron unsicher geworden, gedemütigt, schüchtern. Er versuchte mit kleinen Kantilenen den Bruder zu beschwichtigen. Gewiß wurde die Reinheit des Gedankens vom unvorstellbaren, mithin bildlosen Gott in schrecklicher Weise profaniert. *Allein es geschah gleichfalls im Dienste der Verheißung.* Wenn Gott bestimmt hatte, daß dieses Volk auserwählt sei zum Überleben unter allen Völkern, die auftauchen und hingerafft werden, mit Hegel zu sprechen, durch die »Furie des Verschwindens«, so entstand eine unlösbare Antinomie. Reinheit der Lehre: dann konnte dieses Volk der Unmündigen nicht überleben. Aron argumentiert sehr scharf:

> Ein beklagenswertes, ein Volk von Märtyrern wäre es dann!
> Kein Volk erfaßt mehr als einen Teil des Bildes,
> das den faßbaren Teil des Gedankens ausdrückt.
> So mache dich dem Volk verständlich, auf ihm angemessene Art.

Das beeindruckt den Propheten durchaus nicht. Es ist ein windschiefes Gespräch zwischen den Brüdern, das hier abläuft. Moses hat die Verheißung für das Volk Israel nicht wahrgenommen. Als er die Tafeln zertrümmert, hat sich Gott von ihm abgewendet. Nun spricht Gott durch Aron:

> Kleinmütiger! Du, der du Gottes Wort hast,
> ob mit oder ohne Tafeln:
> Ich, dein Mund, bewahre deinen Gedanken, wie
> immer ich ihn ausspreche.

Auch der Gedanke in Moses ist ohnmächtig geworden. Als Moses die Gesetzestafeln vorweist als Ausdruck seines Gedankens, antwortet Aron sehr richtig, indem er darauf hinweist, daß diese Tafeln »auch nur ein Bild, ein Teil des Gedankens« sind. Eine zum Bild gewordene Metapher, wie man spöttisch sagen könnte. Seit aber das Bild der steinernen Tafeln zertrümmert ist, hat sich Gott offensichtlich selbst für eine neue Bildhaftigkeit entschieden: um des Überlebens der Israeliten willen. Da ist plötzlich die Feuersäule und die Wolkensäule. Moses kann bloß noch wüten: »Götzenbilder.« Aron jedoch antwortet in einer scheinbaren Blasphemie, die aber nicht als solche gesühnt wird. Er repliziert gegen den Vorwurf, die himmlischen Zeichen seien götzenhaft, mit abgründigem Hohn: »Gottes Zeichen, wie der glühende Dornbusch.«

Das Niedersinken des verzweifelten Moses, dem Aron davonzieht mitsamt dem Volk, *welches überleben wird im Kompromiß*, also wohl mit der Billigung Gottes, erfolgt abermals als geheime Erleuchtung. Der Prophet hat recht daran getan, das Bild und Abbild zu zerstören, denn: »Du sollst dir kein Bildnis machen.« Der Weg vom Wort zum Bild bedeutet Unreinheit der Lehre. *Allein es gibt auch den Weg vom Gedanken zum Wort.* Der bedeutet nicht Unreinheit. Dennoch kann ihn Moses nicht beschreiten. »O Wort, du Wort, das mir fehlt!«

Allein es erfolgt abermals eine Peripetie. Wie es zu diesem jähen und vollständigen Umschwung zu kommen vermochte, hat der Dramatiker Schönberg nicht begründet. Der von ihm niedergeschriebene dritte Akt von »Moses und Aron«, bloß eine einzige Szene umfassend, wird eingeleitet durch folgende Regieanmerkung: »Moses tritt auf, ihm folgt Aron, gefesselt, ein Gefangener, wird hereingeschleift, von zwei Kriegern an Schultern und Armen festgehalten. Nach ihm die siebzig Ältesten.«

Aron ist nicht kleinmütig und fragt aufbegehrend: »Willst du mich morden?«, worauf ihm verächtlich der Bescheid wird: »Es geht nicht um dein Leben . . .« Nun spricht Moses fast monologisch, unbeirrt durch die Einwürfe des Bruders, der sich rechtfertigen möchte ob der Wunder, die er zu tun imstande war. Er schlug an den Felsen, und es kam erquickendes Wasser aus dem Gestein. Der Einwand des zornigen Moses ist fast komisch:

> Da schlugst du auf den Felsen, statt zu ihm zu sprechen,
> wie dir befohlen, daß Wasser aus ihm fließe . . .
> Aus dem nackten Felsen sollte das Wort Erquickung schlagen.

Schönberg selbst kam nicht zurecht mit diesem Dilemma, wie er seinen Freunden und Schülern gestand. Noch 1934 war er, in der New Yorker Emigration, mit der Text-Neufassung zum dritten Akt beschäftigt. Der ist und bleibt

– als Dramaturgie – unentschieden und unbefriedigend. Moses hat offensichtlich, zwischen dem zweiten Aktschluß und dem neuen Auftritt, aus der Ohnmacht wieder zur Erleuchtung gefunden, und damit zur Macht. Die reine Lehre soll wiederhergestellt werden. Die siebzig Ältesten, die dem Tanz um das Goldene Kalb ebensowenig gewehrt hatten wie den Blutopfern, stehen nun bei Moses und gegen Aron.

Auch die göttliche Kraft aus dem Dornbusch scheint bei ihm zu sein. Als Moses befiehlt, dem Wehrlosen die Fesseln abzunehmen, damit Aron frei sei und lebe, »wenn er es vermag«, erhebt sich Aron, um sogleich tot umzufallen. Die Gottheit hat sich von ihm abgewandt. Allein auch Moses verkündet nun den Kompromiß. In Form eines – hypothetischen – Urteils: Immer wenn das Volk Israel sich unter die Völker mische, aber die Auserwähltheit verwechsle mit dem banalen Welterfolg, werde Israel »wieder heruntergestützt werden vom Erfolg des Mißbrauches, zurück in die Wüste«.

Das letzte Wort des Librettos ist eine asketische Verheißung des Propheten, die sich sonderbar ausnimmt: angesichts von Umständen, die Arnold Schönberg im Exil zum neuen Nachdenken zwangen über das jüdische Außenseitertum. Moses verkündet:

> Aber in der Wüste seid ihr unüberwindlich und werdet das Ziel erreichen:
> Vereinigt mit Gott.

Warum aber hat er ihn nicht mehr vertont, diesen dritten Akt? Darüber wurde viel gerätselt. Im Anhang zur Partitur hat Gertrud Schönberg eine Reihe von Briefstellen aneinandergereiht:[9] sie umfassen die Zeitspanne von 1931 bis 1951. Noch nach dem Kriegsende (1949) heißt es: »Aber ich habe mir bereits weitgehende Vorstellungen über die Musik des III. Aktes gemacht und glaube, daß ich sie in wenigen Monaten werde schreiben können . . .« Zwei Jahre später ist der Plan aufgegeben worden: angeblich wegen des »nervösen Augenleidens«. Daher heißt es nun: »Einverstanden, daß der dritte Akt eventuell ohne Musik, bloß gesprochen, aufgeführt wird, falls ich Komposition nicht vollenden kann.«

Dabei ist es dann geblieben.

In einem Brief vom 15. März 1933 schreibt Schönberg an den österreichischen Schriftsteller Walter Eidlitz, der ihm sein Buch über den Berg Sinai und die mosaische Konstellation geschickt hatte: »Mein dritter Akt, den ich wenigstens zum viertenmal umarbeite beziehungsweise neu schreibe, heißt derzeit noch immer: Arons Tod. Hier haben mir bisher einige fast unverständliche Widersprüche der Bibel die größten Schwierigkeiten bereitet.«[10] Dann kommt er auf die kontrastierenden Berichte des biblischen Textes zu sprechen, wo einmal gefordert wird, das Wasser aus dem Felsen herauszuschlagen, ein andermal jedoch vom »Besprechen« des Felsens durch das Wort die Rede ist. Schönberg hatte die Widersprüche dadurch dramaturgisch nutzen wollen, daß er die Aktion des Schlagens dem Hohenpriester Aron zuordnete, die des wundertätigen Wortes aber dem Moses. Dennoch blieben Zweifel. Sie haben schließlich dazu geführt, daß Schönberg den dritten Akt nicht vertonte und wohl auch das Libretto, trotz aller Umarbeitungen, als provisorisch empfand.

Seitdem gibt es bei Theateraufführungen von »Moses und Aron« die Alternative, bloß die vertonten zwei Akte aufzuführen und damit die Oper als Fragment zu präsentieren oder einen formalen Abschluß des Geschehens dadurch zu erzwingen, daß man den dritten Akt zwar als dramatischen, doch eben nicht mehr als musikdramatischen Vorgang auf die Bühne bringt.

Es bleibt aber zu fragen, ob jenseits der persönlichen Motivationen, die Schönberg zum Verzicht auf eine Komposition des dritten Aktes zwangen, *im Werk selbst* ein Element zu finden ist, das – vielleicht seit Beginn der Arbeit – die Unvollendbarkeit voraussetzte. Arnold Schönberg hatte sich in »Moses und Aron« ein ähnliches Lebensproblem gestellt wie sein österreichischer Landsmann *Robert Musil: Die Synthese herbeizuführen zwischen der Exaktheit und der Ekstase.* Vielleicht ist es mehr als der Zufall von Biographien, wenn beide Werke, die einen solchen Versuch unternahmen, als Fragment auf uns gekommen sind: der Roman vom »Mann ohne Eigenschaften« und die Oper »Moses und Aron«. Zwei Werke, vor denen die These verteidigt werden darf, daß sie von Anfang an unvollendbar sein mußten.

Arnold Schönberg hatte als Tonsetzer die Möglichkeit, mit Hilfe von strengen musikalischen Formen die äußerste Irrationalität des Bühnengeschehens gleichzeitig walten zu lassen *und* dialektisch »aufzuheben«. Das Zwischenspiel zwischen dem ersten und zweiten Akt der Oper, das einem kleinen Chor vor dem Vorhang die Aufgabe gestellt hat, die divergierenden und scharf antithetischen Auffassungen des jüdischen Volkes während der Abwesenheit des Propheten auszudrücken, wurde von Schönberg in großartiger Weise zum Träger einer solchen Synthese aus Exaktheit und Ekstase. Die Meinungen werden leise und eindringlich vorgetragen, bisweilen in jüdischem Tonfall: »Moses? Nie kehrt er wieder! Wo ist sein Gott? Wo ist der Ewige?« Musikalisch aber hat Schönberg alle Divergenzen in der strengen Form einer Doppelfuge zusammengefaßt. Es war wohl ein analoger Einfall, ohne daß Schönberg daran gedacht haben mochte, der Richard Wagner veranlaßte, das Chaos der nächtlichen Prügelei zu Nürnberg gleichfalls mit Hilfe der Fugentechnik zu bewältigen.

In ähnlicher Weise wurde auch der musikalische Aufbau des zweiten Aktes von »Moses und Aron«, das sich steigernde Geschehen nämlich um das Goldene Kalb, die erotische Raserei, die Blutorgie, als ein Nacheinander von oratorischen Formen absoluter Musik konzipiert. Die musikalische Analyse stellt fest: »Die ganze Szene kann verstanden werden als eine Vokalsinfonie in fünf Sätzen mit vorausgehendem Rezitativ.«[11] Fanfaren leiten sie ein, diese Sinfonie, die dann zum »Tanz der Geschlechter« führt. Ein zweiter Satz als Adagio. Ein Marsch beim Einzug der Stammesfürsten. Der Tanz im Walzertakt um das Goldene Kalb, ein gewaltiges sinfonisches Finale schließlich, das leise ausklingt. Das Bühnengeschehen wird offensichtlich bestimmt durch den musikalischen Ablauf. »Alle Bewegung auf der Bühne hat aufgehört.«

Wie konnte dies musikalisch fortgesetzt werden? War ein weiteres Zwischenspiel geplant zwischen dem zweiten und dritten Akt? Es hätte den Umschlag der Machtverhältnisse darstellen müssen: den Weg des Moses aus der Ohnmacht zu neuer Macht. Das aber hätte vorausgesetzt, daß Moses die Ältesten, und mit ihnen das Volk, abermals für sich gewinnen und gegen Aron aufbringen konnte. Doch mit welchen Mitteln? Wohl nur mit dem Wort, das ihm nicht zu Gebote stand, also mit den Mitteln des Bruders Aron. Ein Prinzip der Bildlosigkeit hätte sich des Wortes bedienen müssen und damit des Bildes, wie Aron dem Bruder vorhalten durfte.

Musik aber konnte eine solche Wortlosigkeit nicht aufheben: weder in Form der musikdramatischen Sprache, die das Wort voraussetzt, noch als absoluter Tonsatz. Das Konzept der Oper »Moses und Aron« erwies sich als unausführbar. Die reine, bildlose und sogar wortlose Gotteslehre ließ sich nicht mitteilen: sie blieb innere Vision des erleuchteten Propheten. Das Fehlen des Wortes führte zur Einsamkeit und dadurch, wie Schönbergs dritter Akt demonstriert, zur Tyrannei. Gott hat sich am Schluß der Oper abgewandt von seinem Propheten. Was Schönberg geplant haben mochte als ein Werk von der Entstehung und temporalen Unsterblichkeit des Volkes Israel, war ihm unter den Händen zum *Endspiel* geraten. Das Spiel vom Propheten Moses und vom Hohenpriester Aron ist gleichsam ein Endspiel der Oper, auch eine Oper in Form eines Endspiels. Vielleicht hat der einsame und exilierte Schönberg das gespürt, so daß er keinen neuen Versuch unternahm, die terroristische Ekstase des Propheten durch Musik abermals aufzuheben. Der dritte Akt von »Moses und Aron« ist kein Spiel von Menschen und für Menschen. Das Volk ist bloß noch ausführendes Organ von Befehlen, die keine Göttlichkeit mehr verraten. Sogar der Dialog zwischen den Brüdern bricht ab. Moses ist allein geblieben: bildlos, wortlos, mächtig und einsam. Es ist die Welt einer Götterdämmerung, der die musikalische Katharsis verweigert wurde.

Anmerkungen

Anmerkungen zu: »Cosi fan tutte« und die Endzeit des Ancien Régime

1 Brief Friedrich Schillers an Christian Gottfried Körner vom 28. Mai 1789. In: Friedrich Schiller. *Briefe*. München 1955. S. 205/7

2 Friedrich Schiller, *Was heißt und zu welchem Ende studiert man Universalgeschichte? Eine akademische Antrittsrede*. In: Friedrich Schiller, *Sämtliche Werke. Vierter Band*. München 1960. S. 749 ff.

3 Schiller a. a. O., S. 766

4 Schiller a. a. O., S. 766/7

5 Alfred Einstein, *Mozart, his character, his work*. Oxford University Press. Northampton, Massachusetts 1945. S. 444

6 Ernst Lert, *Mozart auf dem Theater*. Berlin 1921. S. 369/70

7 Wolfdietrich Rasch, *Annalen der deutschen Literatur*. Stuttgart 1952. S. 465

8 Friedrich Nietzsche, *Über Wahrheit und Lüge im außermoralischen Sinn*. In: Friedrich Nietzsche. *Werke in drei Bänden*. Dritter Band. München 1966. S. 309 ff.

9 Choderlos de Laclos, *Œuvres Complètes*. Texte établi et annoté par Maurice Allem. (Bibliothèque de la Pléiade) Paris 1951. Die Angaben über den Lebenslauf von Laclos und über das Schicksal der »Liaisons dangereuses« sind der historisch-philologischen Einleitung von Maurice Allem entnommen.

10 Heinrich Mann, *Choderlos de Laclos*. Zuerst in: *Die Zukunft* vom 25. März 1905, dann in dem Sammelband *Geist und Tat* und als Vorwort zu Heinrich Manns Übersetzung des Romans unter dem Titel »Die schlimmen Liebschaften«. Jetzt in: Heinrich Mann, *Essays*. Hamburg 1960. S. 21 ff.

11 Heinrich Mann a. a. O., S. 31

12 Laclos a. a. O., S. 3

13 Laclos a. a. O., S. 123

14 Laclos a. a. O., S. 322

15 Laclos a. a. O., S. 5 (Avertissement de l'Editeur)

16 Laclos a. a. O., S. 178/9

17 Friedrich Schiller, *Die Räuber*, I. 1

18 K. J. Obenauer, *Die Problematik des ästhetischen Menschen in der
    deutschen Literatur*. München 1933. Die Rezension Walter Benja-
    mins erschien unter dem Titel »Rückblick auf 150 Jahre deutscher
    Bildung«, gezeichnet mit den Initialen des Pseudonyms Detlef
    Holz, im Literaturblatt der *Frankfurter Zeitung* vom 25. März
    1934. Jetzt in: Walter Benjamin, *Gesammelte Schriften III*. Frank-
    furt 1972. S. 408/9. Übrigens kommt Benjamin in seiner Rezension
    des Buches *Jean Paul* von Max Kommerell abermals auf Obenauer
    zu sprechen (*Schriften* a. a. O., S. 413). K. J. Obenauer ist nebenbei
    der Adressat von Thomas Manns berühmtem Brief an den Dekan
    der Philosophischen Fakultät der Universität Bonn.

19 Hölderlin, *Werke und Briefe*. Herausgegeben von Friedrich Beiss-
    ner und Jochen Schmidt. Band 2. Frankfurt 1969 S. 856/7.

20 Wilhelm Heinse, *Ardinghello und Die Glückseligen Inseln*. Mit
    einem Nachwort von Erich Hock. Insel Verlag Leipzig o. J. S. 349

21 Walter Benjamin a. a. O.

22 Die Literatur über den *Ardinghello* hat sich vor allem bemüht, die
    Beziehungen Heinses rückwärts zu den großen Staatsromanen
    und Inselutopien einerseits, zur späteren vitalistischen Philo-
    sophie Nietzsches andererseits zu erforschen. Die blasse Inseluto-
    pie in Heinses Roman erwies sich dabei als wenig ergiebig. Vgl.
    Walter Brecht, *Heinse und der ästhetische Immoralismus*. Mün-
    chen 1911; Max L. Baeumer, *Die Insel-Utopie bei Heinse*, in:
    Heinse-Studien, Stuttgart 1966. S. 36 ff.; Harold von Hofe, *Hein-
    se, America and Utopianism*, in: *PMLA* LXXII (1957), S. 390.
    Wichtiger ist, seit der Studie von Walter Brecht, die Frage nach
    dem Verhältnis von Ästhetizismus und Immoralismus bei Heinse.
    Obenauer (a. a. O., S. 170 ff.) versteht die beiden Begriffe als
    antithetisch und will den Autor des *Ardinghello* nicht eigentlich
    einer »Geschichte der ästhetischen Typen« zuordnen. Heinse ver-
    trete einen renaissancehaften Immoralismus. Allein der Kult der
    starken Aktion und Person im »Ardinghello«, die evidente Billi-
    gung von Untaten, wenn sie von Heroen begangen werden, ist
    unverkennbar als Ausdruck einer ästhetischen Lebenskonzeption
    zu verstehen.

23 Heinse a. a. O., S. 347

24 Heinse a. a. O.

25 Wilhelm Heinse, *Ardinghello e le Isole Felici. Una storia italiana del Cinquecento.* A cura di Lorenzo Gabetti. Bari 1969. Vgl. Gabettis Einleitung p. LIV.

26 William Beckford, *Vathek.* Mit den Episoden. Frankfurt 1964. Mit einer Übersetzung des berühmten Vorworts zum *Vathek* von Stéphane Mallarmé und einem Nachwort von Reinhold Grimm. Die gekürzte und durch unablässiges Dazwischenreden der Herausgeberin Gisela Dischner für den Leser nahezu unbrauchbare Neuausgabe (Berlin 1975) übernimmt die Frankfurter Übersetzung unter folgendem Titel: »Die Geschichte des Kalifen Vathek. Ein Schauerroman aus dem britischen Empire. Kommentare von Gisela Dischner.« Warum beides in die Irre führt: der Hinweis auf ein noch nicht bestehendes Empire und die Gattungsbezeichnung »Schauerroman«, wird im Text ausgeführt.

27 Die Geschichte des Kalifen Vathek a. a. O., S. 31

28 William Beckford, *Vathek* a. a. O., S. 343

29 Gisela Dischner a. a. O., S. 28/9

30 William Beckford a. a. O., S. 19

31 Stéphane Mallarmé a. a. O., S. 6

32 Reinhold Grimm a. a. O., S. 338

33 William Beckford a. a. O., S. 330

34 The Marquis de Sade, *Philosophy in the Bedroom.* Translated by Richard Seaver and Austryn Wainhouse. New York 1966. Es wird hier nach der englischen Ausgabe zitiert, da eine ungekürzte Originalausgabe nicht zu beschaffen war. To Libertines S. 185

35 Max Horkheimer und Theodor W. Adorno, *Dialektik der Aufklärung. Philosophische Fragmente.* Frankfurt 1969. S. 88 ff.

36 *Dialektik der Aufklärung* a. a. O., S. 98. Dazu auch: »Die Hand der Philosophie hatte es an die Wand geschrieben, von Kants Kritik bis zu Nietzsches Genealogie der Moral; ein einziger hat es bis in die Einzelheiten durchgeführt. Das Werk des Marquis de Sade zeigt den ›Verstand ohne Leitung eines anderen‹, das heißt, das von Bevormundung befreite bürgerliche Subjekt.« A. a. O., S. 93

37 Zitiert in: *Dialektik der Aufklärung* a. a. O., S. 104

38 Ernst Lert, *Mozart auf dem Theater* a. a. O., S. 362

39 Zur Wirkungsgeschichte siehe: *Cosi fan Tutte. Beiträge zur Wirkungsgeschichte von Mozarts Oper.* Bayreuth 1978. Es handelt

sich um Referate eines Symposions über »Cosi fan tutte«, das vom Forschungsinstitut für Musiktheater der Universität Bayreuth im Sommer 1976 veranstaltet wurde. Hier besonders interessant der Beitrag von Horst Weber über: *Mozarts ›Reigen‹: Zur Wirkungsgeschichte im Fin de siècle.* Mozarts »unmoralische« Oper wird in ihrer Wirkung auf das Publikum der Wende zum 20. Jahrhundert gezeigt: gleichsam als Parallelskandal zum *Reigen* von Arthur Schnitzler.

Anmerkungen zu: Sarastro und Papageno

1 Goethes berühmte Bemerkung zu Eckermann vom 13. April 1823, in Verteidigung des Librettos der *Zauberflöte* – »es gehört mehr Bildung dazu, den Wert dieses Opernbuches zu erkennen als ihn abzuleugnen« –, hat in dem Mozart-Buch von Wolfgang Hildesheimer neuerdings eine höhnische Replik erhalten. Hildesheimer hält alle ernsthafte Analyse des Librettos, vor allem seiner aufklärerischen und freimaurerischen Bestandteile, die er übrigens nicht auf Rechnung Schikaneders setzt, sondern des späteren Naturwissenschaftlers Karl Ludwig Giesecke, der um 1790 zu Schikaneders Truppe gehörte und dort Textbücher zu entwerfen hatte, für müßig. Zornig beklagt Hildesheimer »die innere Unwahrhaftigkeit, die ganz und gar unreflektierte, ja, törichte Rede des Werkes«. (Wolfgang Hildesheimer, *Mozart*, Frankfurt 1977. S. 319 ff.) Die Negativität dieser These wäre nur durch eine Auseinandersetzung mit konkreten Vorwürfen gegen Struktur und Aussage der »Zauberflöte« zu widerlegen. Das jedoch setzte eine genauere Begründung des Verrisses voraus, der bei Hildesheimer im wesentlichen aus der Entstehungsgeschichte der Oper, nicht jedoch aus dieser selbst abgeleitet wird.

2 Sören Kierkegaard, *Entweder – Oder*. Herausgegeben von Hermann Diem und Walter Rest. Deutsch von Heinrich Fauteck. Köln und Olten 1868. S. 95 ff.

3 Kierkegaard a. a. O., S. 106 ff. Übrigens beginnt Kierkegaard seine

Verteidigung Papagenos mit der These: »Natürlich gilt es auch hier wieder, den mythischen Papageno zu beschwören und die im Stück wirkliche Person zu vergessen ...«. (S. 95)

4 Montaigne, *Œuvres Complètes*, Bibliothèque de la Pléiade, Paris 1962. S. 200 ff.

5 Montaigne a. a. O., S. 651/54

6 A. a. O., S. 690/91. D'un enfant monstrueux.

7 A. a. O., S. 203

8 A. a. O., S. 213

9 Gustav Landauer, *Shakespeare,* Herausgegeben von Martin Buber. Hamburg 1962. S. 383

10 Henry James, *The Tempest.* 1907. In: Henry James, *Selected Literary Criticism.* Edited by Morris Shapira. London etc. 1963. S. 302

11 James a. a. O., S. 304

12 Landauer a. a. O., S. 384

13 Jan Kott, *Shakespeare heute.* Übersetzt von Peter Lachmann. München – Wien 1964. S. 264

14 A. a. O., S. 259

15 Leslie A. Fiedler, *The Stranger in Shakespeare.* New York 1972. S. 234

Anmerkungen zu: Musik als Luft von anderem Planeten

1 Ernst Bloch, *Zur Philosophie der Musik.* Suhrkamp Verlag, Frankfurt 1974. Bibliothek Suhrkamp 398.
   Ferruccio Busoni, *Ästhetik der Tonkunst.* Suhrkamp Verlag, Frankfurt 1974. Bibliothek Suhrkamp 397.
   Ferruccio Busoni, *Entwurf einer neuen Ästhetik der Tonkunst.* Insel Verlag, Frankfurt 1974.

2 Ernst Bloch, *Das Prinzip Hoffnung,* Gesamtausgabe Band 5, Frankfurt 1959. S. 1628

Anmerkungen zu: *Die Oper als Endspiel*

1 Pierre Boulez, *Schönberg ist tot*, in: Pierre Boulez, *Anhaltspunkte. Essays*. Aus dem Französischen übertragen von Josef Häusler. Stuttgart/Zürich 1975. S. 295/96.

2 Pierre Boulez, *Lexikon-Artikel Schönberg*. a. a. O. S. 305 ff.

3 Boulez a. a. O., S. 317.

4 H. H. Stuckenschmidt, *Schönberg. Leben – Umwelt – Werk*. Zürich/Freiburg i. Br. 1974. S. 320.

5 Michael Gielen im Gespräch mit Jonathan Ellis, in der Textbeilage zu Michael Gielens Plattenaufnahme von »Moses und Aron«, mit Chor und Sinfonieorchester des Österreichischen Rundfunks, Philips 6700084, S. 3.

6 Michael Gielen a. a. O., S. 3.

7 Das Libretto wird zitiert nach der in der oben erwähnten Plattenbeilage abgedruckten vollständigen Fassung in drei Akten.

8 Arnold Schönberg, *Moses und Aron*. Oper in drei Akten. Studien-Partitur Edition Schott 4590, Mainz, S. 41.

9 Arnold Schönberg, *Studien-Partitur* a. a. O., Vorwort zum Abdruck des unkomponierten dritten Aktes (ohne Seitenzahl).

10 Zitiert im Einführungsaufsatz von Gerhard Schuhmacher zur Textbeilage der oben erwähnten Plattenaufnahme von Michael Gielen, S. 2.

11 Gerhard Schuhmacher, a. a. O.

Anhang

Der »Freischütz« ohne Ausflüchte

Mit Webers romantischer Oper geht es nicht viel anders als
mit dem »Lohengrin«. Auch der »Freischütz« wirkt, von
heute aus gesehen, beleuchtet mithin durch unsere Erfahrungen mit deutscher Geschichte, giftig und komisch zugleich. Gerade die positiven Figuren, die weiße Taube
Agathe und der zwischen Liebesuntertänigkeit und Für-
stenuntertänigkeit herumgezerrte Jägerbursche Max, sind,
als Prototypen verstanden, fast unerträglich. Sentimentali-
tät ist noch der mindeste Einwand. Daß es dem Publikum
bei Aufführungen des »Freischütz« ungefähr so ergeht wie
beim »Faust« oder bei Schillers »Räubern«, ist gleichfalls
nicht zu leugnen: daß nämlich das Scheusal Kaspar viel
mehr Anteilnahme auf sich zieht (ganz wie Mephistopheles
oder Franz Moor), als das rührselige Liebespaar und der
sonore Untertan von Erbförster. Da hatte, ganz wie im
Falle des »Lohengrin«, die Parodie von vornherein gewon-
nenes Spiel. Kaum ein Werk ist so oft und gern und volkstümlich parodiert worden wie der »Freischütz«.

Deshalb häufen sich die Ausflüchte der Kritiker und auch
der Spielleiter. Wem soll man die Schuld geben? Die meisten Anklagen richten sich gegen einen Hofrat in Dresden,
der unter dem Dichternamen Friedrich Kind das Frei-
schütz-Libretto abfaßte. Man pflegt über Carl Maria von
Webers schlechten literarischen Geschmack zu klagen, ver-
weist auf die Autorin Helmine von Chézy und ihr Textbuch zur »Euryanthe«. Allein Weber war nicht zufällig mit
Kind und der Chézy einverstanden. Seine Musik, so er-
schreckend diese Behauptung klingen mag, verrät überall
ein tiefes Einverständnis mit der Grundhaltung seiner Libretti. Keine Rede davon, daß er die Texte nur als Vorwand

der musikalischen Inspiration genommen hätte: gleichsam ein Libretto komponierend, das ihm vorschwebte, auch wenn es im Wortsinne gar nicht vorhanden war. So etwa wäre der Fall Beethovens und des »Fidelio« zu interpretieren. Mit Weber steht es anders. Er fühlt sich eins mit seinem Text: auch mit dessen bedenklichen Aspekten. Das hat mit der Vielschichtigkeit des Begriffs »Deutsche Romantik« zu tun: mit ihrer vertrackten Mischung aus Neuem und Rückwärtsgerichtetem. Randbereiche dieser Romantik – in der Literatur wie der Musik, der bildenden Kunst übrigens auch – grenzten an die Schauerkolportage, die süßliche Erbaulichkeit, den Aberglauben. Alles hatte Friedrich Kind als Textverfasser bewußt einkalkuliert. Er war darin ebenso bedenkenlos wie Heinrich von Kleist als Verfasser des »Käthchen von Heilbronn« oder der Geschichte des »Bettelweibs von Locarno«. Nur war Kind leider kein Genie.

Weber war eines, weshalb seine Musik all diese Bedenklichkeiten aus innigem Einverständnis mitmusiziert. In raffinierter Weise, so daß eine Schauermusik gelegentlich hart mit der Parodie einer solchen konfrontiert wird, etwa in Ännchens Gruselballade vom Kettenhund, wo Weber gleichsam selbst die Freischützmusik für Augenblicke verspottet.

Diese Mischung aber muß auf die Bühne gebracht werden, falls man überhaupt daran denkt, das Werk zu inszenieren und nicht den – bequemen – Ausweg einer konzertanten Aufführung vorzieht. Wie aber wäre dies gleichzeitig großartige, giftige und nachgerade komisch gewordene Mischgebilde darzubieten? An Ausflüchten der Interpreten fehlt es nicht. Man kann einen *stilisierten* »Freischütz« präsentieren. Das expressionistische Klischee bietet sich an. Nur hat man sich in solchen Fällen um die geistige Auseinandersetzung mit dem »Freischütz« gedrückt. Auch zerfiel dann – bei solchen Bemühungen um geschmackvolle Dämpfung eines monströsen Kunstwerks – die Oper in ein stilisiertes Bühnenbild und eine konzertant dargebotene Musik. Es war die diskrete Art, vor Weber und Friedrich Kind zu versagen.

Dann gibt es die Ausflucht, den Freischütz aus angeblicher *Natursymbolik* zu inszenieren. Allein bei Weber gibt es keine objektive Natur, sondern die Verwandlung von Außenwelt in subjektive Angstvisionen der Operngestalten. Die Wolfsschlucht ist kein geographischer Begriff, sondern Landschaft eines Albtraums. Dämonisierte, angstvoll durchlittene Natur. Wer mit Requisiten von deutschem Wald und wütenden Bergschluchten arbeitet, gibt Stimmungszauber statt der Angstvisionen.

Besonders abgefeimt ist es natürlich, einen *modisch »verfremdeten«* »Freischütz« zu bieten. Dann inszeniert man aus der ironischen Distanz: die Komik von Jägerchor, Brautjungfern, Samiel und Wolfsschlucht wird mitgeliefert. Auch dies ist Verniedlichung eines schockhaft wirkenden Kunstwerks: durch Entzauberung.

Soll ernsthaft noch von der Ausflucht des *Historismus* gesprochen werden? Scheinbar kann man sich dabei auf Angaben im Text stützen: Nachwirkungen des dreißigjährigen Krieges, Jägerbursche Kaspar als ehemaliger Landsknecht, der kleinfürstliche Absolutismus des 17. Jahrhunderts und so fort. Dadurch wird abermals, und zwar durch wegrückende Historisierung, der geschichtliche Standort der Oper verfehlt. Das 17. Jahrhundert ist im »Freischütz« nur Requisit. Die historische Position hingegen ist frühes 19. Jahrhundert: als Folge von Kriegen, Revolutionen und gerade einsetzenden Restaurationen.

All diese Ausflüchte helfen nicht: weder Stilisierung noch Ironisierung, nicht eine Aufführung im Stile historischer Bilderbogen und auch nicht eine solche, deren Ehrgeiz danach strebt, Gemälde von Caspar David Friedrich zu inszenieren statt der Freischütz-Oper von Kind und Weber.

Wie also? Nur der integrale »Freischütz« ist möglich oder gar keiner. Man hat das Werk ernst zu nehmen und alle Anweisungen auszuführen. Keine Zauberei und Gruselei darf ausgespart werden, denn sie gehören zur Welt der Liebenden und ihrer – himmlischen wie höllischen – Gegenspieler. Erst wenn die Vision Webers *und* Kinds theatralisch verwirklicht wurde, entfaltet sich die bedrohliche Eigenart dieses Kunstwerks. Außerdem ist die Freischütz-Problematik durchaus nicht einzigartig. Eine Realisierung des »Käthchen von Heilbronn« stellt ähnliche Anforderungen. Auch Grabbes Lustspiel »Scherz, Satire, Ironie und tiefere Bedeutung«, das gleichfalls nur integral inszeniert werden kann. Das macht: die romantische Oper, das romantische Ritterschauspiel Kleists und Grabbes romantisch-antiromantische Lustspielpersiflage gehören insgeheim zusammen. Sie alle präsentieren ein Übernatürliches als selbstverständlichen Bestandteil der Alltagswelt. Zauber, Vorhersagen, welche eintreffen, Determinierungen gehören zum Lebensablauf der Figuren. Wenn Samiel und Grabbes Teufel auftreten, erwecken sie kein Entsetzen, sondern verursachen nur Unbequemlichkeiten. Kaspar behandelt Samiel nicht als Höllenfürsten, sondern wie einen lästigen Gläubiger. Die Extreme des einstigen Welttheaters, Engel und Teufel, sind bei Grabbe und Weber in philiströser Weise verbürgerlicht. Freilich: Bei Grabbe liegt darin Absicht, nicht so im »Freischütz«.

Eine säkularisierte Bürgerwelt tut sich auf, worin die eigentliche Teufelei dem Menschen vom Menschen angetan wird. Daher die bestürzende Anhäufung von Roheit und Unvernunft im Verlauf der Opernhandlung. Servilität vor dem Fürsten; Roheit des Schützenkönigs gegenüber dem unterlegenen Max; klägliches Jungmädchenleben und hierarchisches Zusammenwirken von Fürst und Eremit, weltlicher und geistiger Obrigkeit. Eine unerlöste Welt. Der »Freischütz« handelt von deutscher Misere.

Darum wird von den Figuren der Oper auch die Natur als unerlöst und bedrohlich empfunden. Sie ist allenthalben vermenschlicht. Naturkatastrophen werden in der Wolfsschlucht zur bloßen Anschärfung benutzt, damit die Freikugel dem Schützen Max zu Ehefrau und bürgerlicher Versorgung verhelfen kann. Alles ist determiniert – und alles konspiriert miteinander: Natur und Gesellschaft. Himmel und Hölle sind bloße Erweiterungen einer ausweglosen Lebensweise, die bloß am Schluß durch ein bißchen Licht der Aufklärung beschienen wird: der Fürst wird von nun an auf die durch Überlieferung geheiligte Einrichtung des Hochzeitsschusses verzichten ...

Noch einmal: ein integraler »Freischütz« oder gar keiner. Dies ist keine erbauliche Oper, und sie sollte auch kein Ausruhen bei schönen Stellen gestatten. Die lyrischen Höhepunkte in den Arien des Max und der Agathe sind in Wirklichkeit Angstschreie, man denke nur an die Stelle »Lebt kein Gott?!« in der Arie des Tenors. Der Schlußjubel der Ouverture und schließlich des Finales gibt nichts anderes als gerettete Bürgerwelt, ganz ohne Utopie und Futurisches, wenn man Webers Ouverturenschluß mit dem Abschluß der Leonoren-Ouverture oder der Egmont-Ouverture vergleicht. Restaurierte Bürgerlichkeit, dank himmlischer Beihilfe.

Wer den integralen »Freischütz« ohne Anfechtung zu genießen vermag, genießt die Restauration aus gestern und heute. Wer den integralen »Freischütz« belacht, flieht vor dem eigenen Mißbehagen. Ein ernstgenommener »Freischütz« ist nichts zum Lachen.

Die Wirklichkeit als Operette, die Operette als Wirklichkeit

(Anmerkung zur »Großherzogin von Gerolstein« von Jacques Offenbach)

Ein Bild vom Jahre 1867 zeigt den feierlichen Einzug der Monarchen in die Pariser Weltausstellung. Louis Bonaparte, der dritte Napoleon und Kaiser der Franzosen, als Gastgeber mit dem kleinen Sohn an der Seite, dem Prince Impérial. Zur Rechten des Hausherrn der Sultan Abdul Aziza aus Konstantinopel und Alexander II., le Tsar de toutes les Russies. In der zweiten Reihe der einmarschierenden Gäste der österreichische Kaiser Franz Joseph; der König von Portugal und der preußische König Wilhelm, damals bereits ein Mann von siebzig Jahren. In der dritten Reihe der Sohn der Königin Victoria, Edward, Prinz von Wales; der König Leopold von Belgien; der Vizekönig von Ägypten, formell immer noch ein Untertan des Sultans von Konstantinopel; schließlich in feierlicher Festkleidung, also nicht, gleich den anderen Potentaten, in irgendeiner Uniform, der kleine »Taikun«, der Bruder des japanischen Kaisers.

Drei Jahre später war der Gastgeber Louis-Napoléon ein Kriegsgefangener seines Gastes aus der zweiten Reihe, des Königs von Preußen, der bald darauf in Versailles zum deutschen Kaiser ausgerufen werden sollte. Der Zar Alexander wurde später ermordet; Kaiser Franz Joseph, der Besiegte des preußisch-österreichischen Krieges vom Vorjahr 1866, der hier mit seinem »Sieger« zusammentraf, mußte beim deutsch-französischen Krieg von 1870 neutral bleiben und konnte den Gastgeber aus den Tagen der Weltausstellung nicht retten. Der Prinz von Wales aber in der dritten Reihe, später König Edward VII., nach dem ein Platz in Paris benannt ist, schloß ein Bündnis mit der Dritten Französischen Republik im Geist einer »Entente Cordiale«. So wurde der Sieg über den Enkel des Königs von Preußen im Ersten Weltkrieg vorbereitet.

Le Passage des Princes. Das war, trotz Weltausstellung und vielen Vergnügungen, für den Gastgeber und seine fürstlichen Gäste eine sehr ernste Sache. »Je veux m'en fourrer jusque là«, die Parole des Operettenbarons Gondremark in Offenbachs Erfolg vom Jahre 1866, der »Vie parisienne«, galt kaum mehr für die europäischen Machthaber, auch wenn sich Bismarck und sogar der schweigsame General Moltke gewaltig bei der Festaufführung von Offenbachs »Großherzogin von Gerolstein«, dem Sensationserfolg des Jahres 1867, amüsiert hatten.

Diese Weltausstellung war glanzvoll, doch der Zustand des zweiten napoleonischen Kaiserreichs war es keineswegs. Mitten in den Festtrubel platzte die Nachricht, man habe in Mexico den »Kaiser von Mexico« von Louis-Napoléons Gnaden füsiliert: den Bruder des Kaisers von Österreich. Der dritte Napoleon trug Schuld daran. Der Untergang des Second Empire war voraussehbar. Emile Zola, der damals gerade an der grausigen Kleinbürgergeschichte »Thérèse Raquin« arbeitete, bereitete seinen Roman-fleuve über dies Kaiserreich vor und brauchte nur noch das fällige »Débâcle« abzuwarten, um an die Ausarbeitung zu gehen. Der Krieg mit französischen Truppen im fernen Mexico war ein sinnloser Operettenkrieg mit vielen Toten: nicht unähnlich dem Operettenkrieg, zu welchem der General Boum und seine Großherzogin von Gerolstein bei Offenbach gegen irgendeinen »Feind« aufrufen.

Hatte Offenbach dies alles gewußt und bedacht, als er die Affaire seiner Großherzogin, eine deutsche Affaire zwischen zwei winzigen Monarchien, gerade zur Weltausstel-

lung spielen ließ: Ein Jahr nach der Schlacht von Sadowa/
Königgrätz, und drei Jahre vor der Schlacht bei Sedan? Ja
und nein!

Die moderne Offenbach-Forschung vor allem in
Deutschland, wo man sich, nicht mit Unrecht, an dem
Buch des Soziologen Siegfried Kracauer über »Jacques Offenbach und das Paris seiner Zeit« orientiert, übersieht bei
allem berechtigten Hinweis auf die politischen Anspielungen und Frechheiten dieser Meisterwerke, daß Offenbachs
politische Ansichten meist von seinen Freunden und Librettisten Meilhac und Halévy ausgelacht wurden. Die Ge-
nialität der »Großherzogin von Gerolstein« beruht nicht
auf jenen Aktualitäten von damals, die heute nichts mehr
bedeuten, sondern auf dem Verhältnis der Musik Offenbachs zur scheinbar »ernsten« und damit ernstgenomme-
nen Musik seiner Epoche. Auch die Musik zur »Großherzogin von Gerolstein« zeigt den Unernst im Ernst. Damit
ist sie aktuell geblieben, denn Offenbachs Operette verrät
die Wahrheit der tragischen Oper, die ihrerseits dem Publikum die Tragik des Lebens vortäuschen möchte.

Meilhac, Halévy und Offenbach bedienen sich in der
»Großherzogin« des beliebten und erwarteten Klischees.
Zuerst das umgestülpte Verhältnis der Geschlechter zueinander. Die junge Fürstin erwählt sich ihre Günstlinge in
durchaus »männlicher« Weise. Elisabeth von England und
die Zarin Katharina, die auch eine deutsche Prinzessin gewesen war. Dann das Vorbild von Eugène Scribes Lustspiel
»Un verre d'eau« vom Jahre 1840. Auch dort hatte die
Liebe der beiden jungen Leute von niedrigem Stand über
den Appetit der Hohen Damen auf den hübschen jungen
Mann triumphiert: auf den Fähnrich Masham bei Scribe,
auf den Füsilier Fritz vom Dorf, der nicht lesen kann, aber
Lehrer werden möchte, um es zu lernen, bei Offenbach
und seinen Librettisten.

Im übrigen besitzt die Geschichte zwischen Großherzogin, Fritz, Wanda und den mächtigen Verschwörern Boum, Puck und Prinz Paul alle Möglichkeiten zu einer tragischen Oper von Donizetti, sogar von Verdi. Auch General Fritz kehrt siegreich heim, wie später Radames, zu seiner Aida: trotz aller Verheißung der Prinzessin Amneris. Racheschwüre wie in den »Hugenotten« von Meyerbeer. Der Marsch vom siegreichen Säbel des Vaters Großherzog, wobei auch an anderes gedacht werden darf, ist ein Marsch von Meyerbeer, den Offenbach komponiert hat.

Bis kurz vor Schluß könnte alles auch tragisch ausgehen. Dann würde Fritz erdolcht und hätte Gelegenheit zu einer schönen Sterbearie wie im »Don Carlos« oder »Maskenball«. Allein die Großherzogin hat inzwischen ein Auge auf den Baron Grog geworfen, dem seine Freunde zureden, er solle »un Grog brûlant« sein. So wandelt sie blitzschnell die tragische Oper zurück zur Operette. Mit dem simplen Befehl: »On ne frappera pas!«

In der Großen Oper Meyerbeers und auch des jungen Verdi wollte der bürgerliche Theaterbesucher den »Ernst des Lebens« als Kunstwerk genießen. Im Roman quälte sich Flaubert mit dem gleichen Problem. Offenbach verwandelt die Oper in eine Operette. Damit widerlegt er den angeblichen Lebensernst und erweist ihn als Unernst. Umgekehrt wird gleichzeitig demonstriert, daß nur eine bewußt unernste Kunst, diejenige der Operette nämlich, einer unernsten Wirklichkeit angemessen sein kann. Eine operettenhafte Wirklichkeit erblickt ihr eigenes Bild in der Operettenwirklichkeit.

Hinweise

»Cosi fan tutte« und die Endzeit des Ancien Régime – Bisher
ungedrucktes Kapitel aus einem noch nicht vollendeten Buch
über den Ausklang des Ancien Régime und die Folgen der Französischen Revolution.

Sarastro und Papageno – Auch dieser Text ist bisher ungedruckt
und gehört in den oben erwähnten Zusammenhang. Der hier ab-
gedruckte Text bricht jedoch ab, wenn von Shakespeare und Mozart der Gedankengang wegführt, um sich Immanuel Kant und
seinen Gedanken über die Caliban, Papageno und Monostatos
zuzuwenden.

Beethoven und das Prinzip Hoffnung – Vortrag, gehalten am
11. Juni 1979 auf Einladung der Hamburgischen Staatsoper. Erstdruck im Programmheft zur Neuinszenierung des »Fidelio«. Premiere am 17. Juni in der Hamburgischen Staatsoper.

Tannhäuser als Außenseiter – Geschrieben auf Einladung der Bayreuther Festspiele für das Programmheft zum »Tannhäuser«
(1978).

*Parnaß und Paradies. Anmerkung zu den »Meistersingern von
Nürnberg«* – Vortrag, gehalten am 6. Juli 1979 auf Einladung der
Bayerischen Staatsoper. Erstdruck im Programmheft zur Neuin-
szenierung der »Meistersinger« bei den Münchener Festwochen.
Premiere am 8. Juli 1979.

Die Frau ohne Schatten – Vortrag, gehalten am 26. September
1977 auf Einladung der Hamburgischen Staatsoper aus Anlaß einer Neuinszenierung der »Frau ohne Schatten«. Premiere am
Abend des 26. September. Erstdruck im Jahrbuch 1977 der Hamburgischen Staatsoper.

Musik als Luft von anderem Planeten – Erstdruck in der *Frankfurter Allgemeinen Zeitung* vom 5. Oktober 1974, Nr. 231 als Rezension von Neuausgaben der »Neuen Ästhetik der Tonkunst« von Ferruccio Busoni und der »Philosophie der Musik« von Ernst Bloch in den Bänden 397 und 398 der Bibliothek Suhrkamp, Frankfurt 1974.

Franz Schreker und die Literatur – Vortrag, gehalten in Graz am 18. Oktober 1976 im Rahmen eines Schreker-Symposions beim Steirischen Herbst. Erstdruck in den Protokollen des Symposions, Graz 1977.

Die Verurteilung des Lukullus – Vortrag, gehalten am 19. Juni 1975 in freier Rede im Theater Kiel auf Einladung der Gesellschaft der Freunde des Theaters in Kiel e. V. aus Anlaß einer Inszenierung der »Verurteilung des Lukullus« von Bertolt Brecht und Paul Dessau. Erstdruck in Heft 2 der *Kieler Vorträge zum Theater*, Kiel 1975.

Die Oper als Endspiel: »Moses und Aron« von Arnold Schönberg – Bisher ungedruckter Text, der für die vorliegende Ausgabe der »Versuche über die Oper« geschrieben wurde (1980).

Der »Freischütz« ohne Ausflüchte – Geschrieben auf Einladung der Württembergischen Staatsoper für das Programmheft zu einer Neuinszenierung des »Freischütz« durch Walter Felsenstein am 13. Dezember 1967.

Die Wirklichkeit als Operette, die Operette als Wirklichkeit – Geschrieben auf Einladung des Grand Théâtre in Genf für die Silvesterinszenierung 1976 der »Grande-Duchesse de Gerolstein« von Jacques Offenbach. Französische Fassung des Textes im Genfer Programmheft. Die deutsche Textfassung ist bisher ungedruckt.